AF384094

LEÇONS DE CHOSES

ET

LECTURES

PAR

PAUL ROUSSELOT

ANCIEN PROFESSEUR AGRÉGÉ DE PHILOSOPHIE
INSPECTEUR D'ACADÉMIE

« Donnez aux enfants des ressources d'esprit qui
puissent durer autant que leur existence même ; des
habitudes que le temps améliore et ne détruise pas ;
des goûts et des occupations qui leur rendent la
maladie tolérable, la politesse agréable, la vieillesse
respectable, la vie digne et utile, et la mort même
moins terrible. » (Sidney Smith.)

HUITIÈME ÉDITION, REVUE ET CORRIGÉE

PARIS

LIBRAIRIE CH. DELAGRAVE
15, RUE SOUFFLOT, 15

1888

Tout exemplaire de cet ouvrage non revêtu de ma griffe sera réputé contrefait.

AVERTISSEMENT

DE LA SIXIÈME ÉDITION

Si l'éducation est l'apprentissage de la vie réelle, l'école doit donner aux enfants une idée exacte des réalités qui les attendent, lorsqu'ils entreront de leur personne dans « le combat de la vie ». Elle doit, dans ce but, les habituer à regarder autour d'eux, à se rendre compte des faits, à se laisser instruire « sous la dictée des choses », selon le mot de Bacon. Ainsi entendue, l'éducation générale devient une préparation à l'éducation professionnelle ; elle y conduit, on pourrait même dire qu'elle en est comme le premier degré.

. Tel est l'esprit dans lequel ce livre a été présenté pour la première fois, en 1875, au public scolaire. Le favorable accueil dont il a été l'objet nous imposait le devoir de chercher à le rendre plus digne des témoignages honorables qu'il a reçus de la part des juges les plus autorisés.

Avril 1881.

DU MÊME AUTEUR

PROJET D'ORGANISATION PÉDAGOGIQUE DES ÉCOLES PRIMAIRES DU DÉPARTEMENT DU JURA, in-4°, 1869.

ORGANISATION PÉDAGOGIQUE DES ÉCOLES PRIMAIRES DU DÉPARTEMENT DU DOUBS, in-8°, 1870-1872.

ORGANISATION PÉDAGOGIQUE DES ÉCOLES PRIMAIRES DU DÉPARTEMENT DE MEURTHE-ET-MOSELLE, in-8°, 1874.

LEÇONS DE CHOSES ET LECTURES, in-12, 1875. Ouvrage adopté pour les écoles de la ville de Paris et pour les bibliothèques scolaires de France.

LITTÉRATURE, HISTOIRE, MORALE, EXERCICES DE RÉCITATION ET DE COMPOSITION FRANÇAISE, in-12, 1876. Ouvrage adopté pour les bibliothèques scolaires.

L'ÉCOLE PRIMAIRE, ESSAI DE PÉDAGOGIE ÉLÉMENTAIRE, in-12, 1877. Ouvrage adopté pour les bibliothèques scolaires et honoré de la souscription du ministère de l'Instruction publique.

ORGANISATION PÉDAGOGIQUE DES ÉCOLES PRIMAIRES DU DÉPARTEMENT DU PUY-DE-DÔME, in-8°, 1878.

L'INSTRUCTION PRIMAIRE DANS LE DÉPARTEMENT DU PUY-DE-DÔME, in-8°, 1878-1879.

L'OBLIGATION DE L'ENSEIGNEMENT PRIMAIRE, in-12, 1879.

PÉDAGOGIE A L'USAGE DE L'ENSEIGNEMENT PRIMAIRE, in-12, 1881. Ouvrage adopté pour les bibliothèques pédagogiques.

0961-87. — CORBEIL. Imprimerie CRÉTÉ.

LEÇONS DE CHOSES

ET

LECTURES

PREMIÈRE PARTIE

CHOSES DU VILLAGE

I

La Maison d'école.

Henri était un petit garçon de six ans, qui n'était pas encore entré à l'École. Le premier lundi d'octobre 1880, ses parents, cultivateurs au village de***, en Lorraine, le conduisirent chez l'instituteur pour qu'il fût inscrit sur le registre d'appel, en promettant qu'il viendrait bien exactement en classe. L'enfant, un peu intimidé, restait assis en présence d'une ardoise et d'un crayon dont il ne savait que faire, et regardait autour de lui d'un air étonné. Le maître, homme d'expérience, l'avait d'abord accueilli avec de bonnes paroles ; mais, sachant que le meilleur moyen de l'encourager était de l'intéresser à la classe sans avoir l'air de s'occuper de lui trop directement, il résolut de lui faire comprendre ce que c'est qu'une École, et quelle en est l'utilité, au moyen d'une *leçon de choses*.

Appelant un élève plus âgé, il lui fit cette question :

« — Édouard, où sommes-nous en ce moment ?

« — Dans la salle de classe, Monsieur.

« — Qu'est-ce qu'une salle de classe ?

« — C'est une salle qui fait partie de la maison d'école, et où les enfants se réunissent pour apprendre à lire à écrire, à compter.

« — Qu'est-ce qu'on y apprend encore ?

« — L'orthographe, la géographie, l'histoire de France...

« — Quels sont les objets dont on a besoin pour apprendre tout cela ? »

Édouard montra successivement les tableaux de lecture suspendus au mur, les cahiers, les plumes, les encriers,

Fig. 1. — L'École.

les ardoises, les crayons placés sur les tables, les cartes géographiques, la série des poids et mesures, en expliquant l'usage de chacun de ces objets. Il montra aussi deux armoires vitrées : dans l'une étaient des livres soigneusement rangés et composant la bibliothèque scolaire ; dans l'autre, des collections empruntées aux trois règnes de la nature, surtout au règne végétal et au règne minéral ; l'instituteur s'en servait pour illustrer, en quelque sorte, les leçons et les lectures de chaque jour. Il y avait aussi des tableaux résumant les grands événements de l'histoire de France, des images représentant les animaux et les insectes utiles ou nuisibles à l'agriculture, etc.

Vous voyez, mes enfants, reprit alors l'instituteur, que rien ne vous manque ici pour vous instruire; sachez donc en profiter. Un ignorant est sans cesse exposé à se tromper; il lui manque quelque chose, il est inférieur aux autres hommes. Aussi les anciens appelaient-ils « esclave » l'homme sans instruction : en effet, à quoi bon être libre, si l'on est incapable d'user des droits que la loi garantit ? Autrefois, il y a bien longtemps, un père demandait à un savant quelle somme il exigerait de lui pour faire l'éducation de son fils; trouvant la somme trop forte : « Pour ce prix-là, dit-il, j'achèterais un esclave. — Achetez, achetez, répondit le savant; au lieu d'un esclave vous en aurez deux. » Cela est si vrai, qu'une loi des États-Unis défendait aux nègres esclaves d'aller à l'école. Lors de leur affranchissement il y a quelques années, on demandait aux premiers d'entre eux qui furent libres ce qu'ils désiraient : « Des Écoles, répondirent-ils, pour apprendre à lire et à écrire. »

Tous les élèves, qui étaient bien élevés et dociles, écoutaient le maître en silence; ils n'étaient peut-être pas tous bien convaincus des mérites de l'École, mais le maître parlait pour tous, pensant avec raison que, dans une classe nombreuse, plusieurs exercices doivent être communs, et il s'arrangeait de manière à ce que tous y trouvassent quelque chose à leur portée. Ainsi, dans la leçon de ce jour-là, les plus jeunes n'avaient peut-être bien compris que le commencement, mais les plus grands avaient compris le commencement et la fin.

L'heure de la récréation ayant sonné, les enfants quittèrent la salle de classe en chantant, et, marchant en bon ordre au pas militaire, ils s'arrêtèrent dans la cour, où était établi un gymnase. L'instituteur, qui avait appris la gymnastique à l'École normale, ne cherchait pas à obtenir des *tours de force* de ses élèves, mais simplement à les rendre plus adroits dans leurs mouvements, plus dégagés dans leur démarche, moins embarrassés dans toute leur attitude.

Il aimait mieux les voir monter sous ses yeux à l'échelle de corde ou faire les exercices du trapèze, que grimper aux arbres, détruire les nids d'oiseaux ou marauder dans les vergers.

A côté de la cour, était un jardin de moyenne étendue, dans lequel l'instituteur cultivait quelques fleurs, des légumes et des fruits, en sorte qu'il pouvait montrer à ses élèves comment on utilise un terrain pour la culture maraîchère, comment on taille les arbres, comment on obtient par la greffe de bons produits. Quelquefois, le jeudi, il leur faisait faire dans la campagne des promenades, qui étaient à la fois une distraction et un moyen d'enseignement.

Les enfants avaient paru s'intéresser à la leçon faite sur la maison d'école : l'instituteur poursuivit ce procédé et leur parla successivement des *choses* mêmes du village, la maison commune, la fontaine publique, puis la maison d'habitation, la ferme, les animaux domestiques, les travaux de la campagne. Plus tard il en fit autant, avec non moins de succès, sur les choses de la ville, puis sur les objets usuels, sur l'emploi du temps, ce qui l'amena à toucher à toutes sortes de sujets : commerce, industrie, art, science. Pour aider l'attention de l'esprit par celle des yeux, d'avance il avait soin de dessiner sur le tableau noir, en tout ou en partie, les objets dont il devait parler ; ces dessins étaient reproduits d'abord sur l'ardoise, ensuite sur le papier, par les jeunes auditeurs. De plus, il leur montrait les objets eux-mêmes, toutes les fois que cela était possible. Procédant par interrogations, variant et graduant ses questions selon l'âge et l'intelligence des enfants, il amenait ceux-ci à nommer les choses, à les comparer, à les reconnaître par leurs caractères distinctifs, à en apprécier l'usage et la valeur tant au point de vue moral qu'au point de vue de la vie matérielle, puis il résumait les observations faites dans le cours de la séance et les leur faisait rédiger. En outre, il choisissait comme texte de lecture ou de dictée un morceau en rapport avec la leçon, l'expliquait avec soin et souvent le faisait apprendre par cœur.

LECTURE.

Les Enfants.

C'est là [1] que l'homme est lui, que nul art ne déguise
De ses premiers penchants la naïve franchise.
L'un, docile et traitable après le châtiment,
Laisse apaiser d'un mot son court ressentiment ;
Il essuie en riant une dernière larme ;
Un affront l'irritait, un souris le désarme :
L'autre ferme, inflexible, affecte un froid dédain,
Et garde obstinément un silence mutin.
Mais l'heure des jeux sonne : observez-les encor
Dans ces jeux où l'instinct prend son premier essor.
L'un, apprenti Rubens [2], charbonne la muraille ;
L'autre, Chevert [3] futur, met sa troupe en bataille ;
L'autre, Euclide [4] nouveau, confie au sol mouvant
Ses cercles, ses carrés, dont s'amuse le vent ;
L'autre de ses châteaux fait, défait l'assemblage ;
L'autre est l'historien, le conteur du village.
Celui-là, sans songer à son destin futur,
Se montre satisfait si, lancé d'un bras sûr,
Le caillou sur les eaux court, tombe et se relève,
Ou si par un bon vent son cerf-volant s'enlève.
Dès qu'un heureux hasard vient l'offrir à ses yeux,
Hâtez-vous, saisissez ce germe précieux.
Tels ces jeunes œillets n'attendent pour éclore
Qu'un des rayons du jour, qu'un des pleurs de l'aurore,
Tels, d'un lis s'élevant dans le fond des déserts,
Les parfums négligés se perdent dans les airs.
Cultivés, protégés par vos secours propices,
Ces jeunes sauvageons croîtront sous vos auspices ;
Hâtés par vos bienfaits, leurs fruits seront plus doux,
Et leur succès flatteur rejaillira sur vous.

(DELILLE.)

[1] C'est-à-dire : à l'École, pendant l'enfance.
[2] Peintre illustre.
[3] Général célèbre, né en Lorraine (à Verdun, en 1695).
[4] Géomètre de l'antiquité.

1.

II

La Maison commune.

Un enfant vient de naître : on le présente à la mairie et le maire en fait un citoyen. Comment cela ? En l'inscrivant avec ses nom et prénoms, ceux de ses parents, en présence de témoins, à la date du jour de sa naissance, sur un registre spécial, appelé registre de l'État civil. Dès lors, l'enfant existe civilement, c'est-à-dire qu'il est reconnu comme membre d'une famille et d'une société ; la loi, qui lui imposera plus tard des obligations à remplir, le prend dès le berceau sous sa protection : elle lui constitue un *état civil.*

Un mariage a lieu : il est prononcé au nom de la loi par le maire, qui en inscrit l'acte sur le registre de l'état civil. Ainsi sont consacrés les droits et les devoirs du mari et de la femme, et ceux des enfants qui naîtront d'eux.

Un décès arrive : c'est encore le maire qui inscrit l'acte de décès sur ce même registre où sont déjà consignés les mariages et les naissances.

Ce registre est déposé à la mairie ou *Maison commune.*

Quand le conseil municipal se réunit, c'est aussi dans la maison commune.

Par maison commune, il ne faut donc pas entendre un lieu où tout le monde aurait le droit de s'installer comme chez soi : c'est la maison de tous, parce qu'elle a été achetée ou construite aux frais de la commune, parce que les élus de la commune s'y assemblent pour délibérer sur les affaires d'intérêt commun, enfin parce que c'est là que viennent aboutir les actes essentiels de la vie des habitants de la commune.

Dans la plupart des villages, l'école et la mairie sont réunies dans un même bâtiment, celui de la maison commune, chacun de ces deux services devant avoir d'ailleurs un local distinct. C'est une image des rapports qui unissent l'École et la Mairie, c'est-à-dire la maison où l'on instruit et la maison qui personnifie pour ainsi dire la communauté des habitants réunis en société. L'École éveille l'idée du travail et du devoir, car l'étude est la première forme du travail et du devoir pour les enfants ; c'est elle d'ailleurs qui les rend capables de remplir plus tard les devoirs qui leur incomberont comme chefs de famille et

Fig. 2. — Le Village.

comme citoyens. La Maison commune éveille l'idée de la loi, instituée pour assurer le respect des droits de chacun et le maintien du bon ordre et de l'harmonie dans la société.

Ainsi le plus humble village peut fournir à l'homme ce dont il a besoin pour accomplir sa destinée ici-bas ; dans le plus humble village, on peut s'instruire, élever une famille, exercer les droits du citoyen. A quoi bon dès lors quitter le pays où l'on est né, pour aller chercher bien loin des avantages qu'on ne trouve pas toujours, mais dont on paie toujours chèrement la poursuite ? Rien ne vaut le pays natal.

LECTURE.

Le retour au pays natal.

Oui, je reviens à toi, berceau de mon enfance,
Embrasser pour jamais tes foyers protecteurs ;
Loin de moi les cités et leur vaine opulence :
    Je suis né parmi les pasteurs.

Enfant, j'aimais comme eux à suivre dans la plaine
Les agneaux pas à pas, égarés jusqu'au soir ;
A revenir comme eux baigner leur blanche laine
    Dans l'eau courante du lavoir.

J'aimais les voix du soir dans les airs répandues,
Le bruit lointain des chars gémissant sous leur poids,
Et le sourd tintement des cloches suspendues
    Au cou des chevreaux dans les bois.

Beaux lieux, recevez-moi sous vos sacrés ombrages ;
Vous qui couvrez le seuil de rameaux éplorés,
Saules contemporains, courbez vos longs feuillages
    Sur le frère que vous pleurez.

(LAMARTINE.)

III

La Fontaine. — L'Eau.

La fontaine du village est ordinairement située sur la place, pour que tout le monde puisse y venir facilement. C'est une construction d'utilité publique, car elle procure à tout le monde, sans frais et sans peine, une eau saine et pure. L'eau est en effet une chose précieuse ; un poète ancien l'appelait « la meilleure des choses ».

Elle est la première et la plus naturelle des boissons : l'homme succomberait s'il en était privé, et rien ne pourrait la remplacer. Pour lui un verre d'eau est parfois plus précieux que l'or et l'argent : uh roi de l'antiquité nommé Darius, mourant de soif et de fatigue après une grande bataille, demandait de l'eau ; on n'en trouva que dans un fossé bourbeux et en quantité à peine suffisante pour remplir son casque. Au moment de boire : « En reste-t-il pour mes soldats ? » demanda-t-il.— « Non. » — Alors il jeta le casque par terre sans se désaltérer, ne voulant pas être mieux traité que ses soldats.

L'eau n'est pas moins nécessaire au point de vue de l'alimentation, pour la cuisson des aliments. et au point de vue de l'hygiène, pour entretenir la propreté du corps, celle des habitations, celle des vêtements et des objets usuels. Elle est une des premières conditions de la vie de tous les êtres. Tout aussi indispensable aux végétaux qu'aux animaux, elle est un des grands auxiliaires de l'agriculture pour la multiplication et le développement des

Fig. 3. — L'Eau.

plantes. Dans les contrées où les pluies sont fréquentes, la nature se charge du soin des irrigations en fournissant à la culture l'eau dont celle-ci a besoin ; dans celles où la sécheresse menacerait la végétation, l'homme amène dans les champs, au moyen de barrages et de canaux de dérivation, l'eau qui est nécessaire pour les arroser. En un mot, l'eau, dans l'économie agricole, prend place à côté des engrais, et forme avec eux la base de la nourriture des plantes.

Ce n'est pas tout, elle figure au premier rang parmi les agents de l'industrie. C'est elle qui fournit par ses

chutes une force mécanique immense, facile à discipliner
et à diriger. Au bout de cette vallée, voilà un moulin ; la
meule mise en mouvement transforme le blé en farine ;
cette meule est mue par une roue ; quel est l'agent qui
fait tourner la roue ? C'est l'eau, ainsi point d'eau point de
moulin, ou bien il faudrait faire comme chez les anciens,
où des esclaves tournaient la meule. Il est vrai qu'on a remplacé quelquefois les moulins à eau par des moulins à vent. La force du vent agit sur les ailes du moulin comme l'eau sur la roue ; mais ce moyen n'est pas praticable en tous lieux, et il offre moins d'avantages que le premier.

Fig. 4. — Un Moulin.

Il y a même aujourd'hui des moulins à vapeur, car la vapeur remplace
l'eau dans bien des cas, mais pour avoir cette vapeur, qui
est devenue chez les modernes le principe d'une force
admirable, il faut de l'eau. Or, il suffit d'entrer dans une
usine, ou de voir passer un train sur un chemin de fer,
pour avoir une idée du profit que l'industrie à déjà su tirer
de la vapeur, soit dans les machines fixes, soit dans les lo-
comotives et les bateaux à vapeur.

Mais l'eau, par elle-même, est déjà un moyen de communication et de transport, car nos rivières et nos fleuves
sont des chemins qui marchent. On comprend sans peine
quelles ressources trouve le commerce, non-seulement

dans un cours d'eau naturel, mais dans les rivières faites de main d'homme, les canaux, qui, dirigés par le génie humain, unissent l'un à l'autre des bassins que la nature avait séparés.

Enfin parmi tous ces bienfaits de l'eau, pourquoi ne pas en signaler un de plus dans le spectacle des beautés qu'elle offre à nos regards dans toute la nature? Dispersée dans

Fig. 5. — Les Nuages.

l'atmosphère, elle produit la magnificence du soleil à son lever et à son coucher ; c'est elle qui forme ces brillantes et légères perspectives de nuages qui sont la plus ravissante décoration des zones tempérées ; c'est elle qui donne à l'arc-en-ciel ses fraîches couleurs. Sur la terre, elle produit les ruisseaux, les fontaines, les lacs, les fleuves, la mer enfin, qui fournit à l'homme une image de l'immensité sans bornes.

LECTURE.

L'Eau.

L'eau remplit à la surface de notre planète des bassins d'une etendue considérable, dont le rôle principal paraît être d'entretenir dans l'atmosphère l'humidité qui est nécessaire à l'accomplissement des phénomènes météorologiques[1], et par suite à l'économie générale de la nature. L'Océan, avec ses ramifications, occupe les trois quarts de la superficie totale de la terre, et sa profondeur moyenne paraît être de mille mètres. En le supposant détaché de la terre et lancé dans l'espace, il y formerait une planète d'environ 350 lieues de diamètre. C'est une masse énorme. De l'Océan qui est son réservoire principal, et dans lequel elle tend sans cesse à retourner, l'eau se répand par l'atmosphère sur les parties solides de la terre, et, sauf quelques exceptions, on en trouve partout dès qu'on creuse le sol. Il en existe à divers états de combinaison dans le corps de tous les êtres organisés et dans plusieurs minéraux, dont quelques-uns, comme le gypse[2] par exemple, forment des massifs considérables dans l'intérieur du globe. Les variations de l'Océan dans les temps primitifs forment un des sujets les plus importants de la géologie [3], tant à cause de la variation correspondante des terres qu'à cause de l'influence des changements de ce grand réservoir sur l'état météorologique du globe. C'est dans cette eau que les êtres vivants paraissent avoir fait leur première apparition sur notre globe.

(J. REYNAUD.)

IV

La Maison d'habitation.

La première destination d'une maison est de donner un abri à la famille qui l'habite, de lui assurer le repos et la sécurité ; mais comme elle doit répondre aux besoins de la vie de chaque jour et de chaque heure dans le jour, il faut qu'elle soit distribuée et appropriée en conséquence.

Plus ou moins grande, selon le désir ou les moyens de ceux qui l'occupent, elle se compose au moins de trois parties indispensables : la cave ou sous-sol, le rez-de-chaussée, le grenier. La cave, creusée sous la maison et voûtée,

---

[1] Tous les phénomènes qui se passent dans l'atmosphère ; la météorologie est la science qui traite des phénomènes atmosphériques.

[2] Pierre à plâtre, ou sulfate de chaux.

[3] Science qui a pour objet l'histoire naturelle de la terre, la connaissance de la forme du globe, l'étude des différentes sortes de terrain, de leur formation et de leur position actuelle.

reçoit le vin et les objets qui doivent être au frais pour se
conserver. Au rez-de-chaussée, ainsi appelé parce que le
plancher est au niveau du sol, se trouvent les chambres
d'habitation ; dans le grenier, qui est immédiatement sous
le toit, on place le grain, le fourrage, ce qui doit être tenu
au sec. Quand la maison est grande, il y a, entre le rez-de-
chaussée et le grenier, un ou plusieurs étages.

Chaque pièce de la maison est garnie de meubles et d'ustensiles appropriés à la destination de la pièce : ainsi, à la

Fig. 6. — La Maison d'habitation.

cuisine, on voit la huche à mettre le pain, le buffet à poser
la vaisselle, la table à manger ; dans les chambres à coucher, se trouvent les lits, les armoires à linge, etc. Ce qui
fait l'agrément et même la beauté d'une maison habitée, c'est
moins la nature des meubles qui la garnissent que l'ordre,
la symétrie et la propreté. Une maison bien tenue est toujours belle ; elle fait honneur à ceux qui l'habitent, et ils
s'y plaisent davantage. Une place pour chaque chose, et

chaque chose à sa place, c'est une maxime qu'il faut s'habituer de bonne heure à mettre en pratique.

La maison d'habitation n'a pas seulement une utilité matérielle: quand on dit le *foyer domestique*, on n'entend pas seulement les murs et le toit qui abritent la famille, mais le lien moral qui en unit tous les membres, les affections, les souvenirs, les espérances et jusqu'aux douleurs qui leur sont communes. Le foyer ne fonde pas la famille, mais il la fixe, la groupe, et en un sens la perpétue, puisqu'il est une propriété transmissible, propriété qui devient pour elle un principe de liberté, d'ordre et de prospérité.

Un sentiment naturel nous attache aux lieux où nous sommes nés ; si nous les avons quittés, nous y revenons avec bonheur ; si nous sommes privés de les revoir, nous ne les oublions jamais, et tout ce qui nous les rappelle nous cause une émotion profonde. Châteaubriand [1], dans un voyage en Palestine, rencontra un jour des enfants arabes faisant l'exercice du fusil avec des bâtons et criant en français : *En avant marche !* « Le cœur me battit de joie, dit-il ; voir de petits Bédouins [2], dans les montagnes de la Judée, imiter nos exercices militaires et garder le souvenir de notre valeur ; les entendre prononcer ces mots qui sont pour ainsi dire le mot d'ordre de nos armées, il y aurait de quoi toucher un homme moins amoureux que moi de la gloire de sa patrie. » Bernardin de Saint-Pierre [3], revenant des Indes en France, raconte qu'aux approches du port, les matelots étaient tellement émus par la vue du sol de leur patrie, qu'ils devenaient incapables d'aucune manœuvre : les uns pleuraient, les autres parlaient tout seuls comme transportés de joie.

----

[1] Célèbre écrivain français, né en 1768, mort en 1848.
[2] Nom qu'on donne aux Arabes nomades.
[3] Écrivain français, né en 1737, mort en 1814.

LECTURE.

La Patrie.

France! ô belle contrée! ô terre généreuse
Que les dieux complaisants [1] formaient pour être heureuse,
Tu ne sens point du Nord les glaçantes horreurs ;
Le Midi de ses feux t'épargne les fureurs ;
Tes arbres innocents n'ont point d'ombres mortelles [2] ;
Ni des poisons épars dans tes herbes nouvelles
Ne trompent une main crédule, ni tes bois
De tigres frémissants ne redoutent la voix,
Ni les vastes serpents ne traînent sur tes plantes
En longs cercles hideux leurs écailles sonnantes.
Les chênes, les sapins et les ormes épais
En utiles rameaux ombragent tes sommets ;
Et de Beaune et d'Aï les rives fortunées,
Et la riche Aquitaine, et les hauts Pyrénées [3],
Sous leurs bruyants pressoirs font couler en ruisseaux
Des vins délicieux mûris sur tes côteaux.
Sur tes rochers touffus la chèvre se hérisse,
Tes prés enflent de lait la féconde génisse,
Et tu vois tes brebis, sur le jeune gazon,
Épaissir le tissu de leur blanche toison.
Dans les fertiles champs voisins de la Touraine,
Dans ceux où l'Océan boit l'urne [4] de la Seine,
S'élèvent pour le frein des coursiers belliqueux.
Ajoutez cet amas de fleuves tortueux :
L'indomptable Garonne aux vagues insensées ;
Le Rhône impétueux, fils des Alpes glacées,
La Seine au flot royal, la Loire dans son sein
Incertaine, et la Saône, et mille autres enfin,
Qui nourrissent partout, sur leurs nobles rivages,
Fleurs, moissons et vergers, et bois et pâturages...
Dirai-je ces travaux, source de l'abondance,
Ces ports, où des deux mers l'active bienfaisance

[1] Forme de langage imitée des poètes de l'antiquité.

[2] Il y a dans le Nouveau-Monde des arbres dont les émanations sont mortelles : il suffit de s'arrêter sous leur ombrage pour être empoisonné, du moins on le prétend ; par exemple, le mancenillier qui croit dans les Antilles.

[3] Pyrénées est féminin ; l'adjectif s'accorde ici avec le mot monts, qui est sous-entendu.

[4] Expression imitée des anciens, dont la mythologie attribuait à chaque fleuve un dieu et représentait ce dieu appuyé sur une urne d'où s'échappait l'eau du fleuve.

Amène les tribus du rivage lointain
Que visite Phœbus le soir ou le matin ?
Dirai-je ces canaux, ces montagnes percées,
De bassins en bassins ces ondes amassées
Pour joindre au pied des monts l'une et l'autre Téthys ?...
Ton peuple industrieux est né pour les combats.
Le glaive, le mousquet n'accablent point ses bras.
Le ciel les fit humains, hospitaliers et bons...

(A. CHÉNIER.)

Oui, nous sommes tombés, vaincus par notre faute !
Nous avons manqué d'âme et quitté les sommets :
L'abîme est bien profond, car la cime était haute...
Ceux qui rampent toujours, seuls ne tombent jamais...

Mais plus nos doigts sanglants sonderont de blessures,
Plus il apparaîtra de hontes au grand jour,
Plus la sainte Patrie aura subi d'injures,
Plus le deuil sera grand,... plus grand sera l'amour !

Je t'aimais glorieuse, et t'adore insultée ;
Je me sens mieux ton fils en pleurant tes revers,
France ! O mère ! O grandeur que j'ai trop peu chantée,
A toi mon dernier souffle, à toi mon dernier vers !

(V. DE LAPRADE.)

V

La Construction d'une maison.

Pour construire une maison, il faut d'abord un architecte ou du moins un entrepreneur qui trace le plan, distribue et surveille le travail, ensuite des ouvriers et des matériaux.

Il n'y a pas de maison dans la construction de laquelle il n'entre de la pierre, du bois, du fer.

La pierre s'extrait des *carrières* qui existent dans le sol, mais pas partout, en sorte qu'il faut quelquefois aller la chercher très-loin. La pierre brute a besoin d'être coupée, taillée, polie : c'est l'affaire des tailleurs de pierres. Les fondements de la maison et les gros murs se font ordinai-

rement, pour plus de solidité, en pierres de taille ou en
moellons : ce sont les maçons qui les posent et les cimentent

Fig. 7. — Scieur de pierres.

à l'aide du mortier et de la chaux. La chaux se fait avec
des pierres dites calcaires calcinées à feu nu dans des
fours en briques,
et tenues pen-
dant plusieurs
jours au-dessus
du rouge cerise.

Les murs in-
térieurs, destinés
à séparer les dif-
férentes pièces,
se font souvent
en briques. La
brique est une
pierre aussi, mais

Fig. 8. — Tailleurs de pierre.

fabriquée par l'industrie de l'homme avec une terre argileuse, rougeâtre, pétrie, moulée, séchée au soleil et cuite dans un four.

La forêt donne le bois : le chêne, abattu par le bûcheron, scié par le scieur de long, coupé et préparé par le charpentier, est transformé en grosses poutres pour soutenir la toiture, et en solives pour supporter les planchers, faits aussi en chêne ou en sapin.

Fig. 9. — Scieurs de long.

Quand la charpente de la toiture est montée, le couvreur y pose les ardoises ou les tuiles.

L'ardoise est une pierre schisteuse, de couleur bleuâtre, et qui se divise en feuillets très-minces, de 3 à 4 millimètres d'épaisseur; c'est par conséquent une couverture relativement légère. Il y a des carrières d'ardoises comme des carrières de pierres de taille. La tuile se fabrique au moyen de l'argile commune ou terre glaise ; sa fabrication comprend la préparation de la pâte, le moulage, le séchage, et la cuisson.

Au couvreur se joignent le fumiste, qui s'occupe des cheminées, et le ferblantier qui pose les conduits nécessaires à la descente des eaux pluviales.

La maison, élevée et couverte, n'est pas encore habitable ; il y faut des plafonds, des portes, des fenêtres, des boiseries, des papiers de tapisserie sur les murs ; alors arrivent le plâtrier, le menuisier, le serrurier, le vitrier, le peintre.

On a inventé, il y a quelques années, en Amérique, des habitations portatives.

Elles sont formées de panneaux en planches, percés de portes, de fenêtres, et de sections de toit correspondantes aux panneaux. Toutes ces parties s'ajustent les unes aux autres, au moyen d'attaches en cuir épais et recourbé, qui s'appliquent exactement sur les jointures et sont main-

Fig. 10. — Menuisier.

tenues au moyen de boulons. Ces boulons se terminent en forme de doubles agrafes s'accrochant intérieurement dans le bois des panneaux. Les sections du toit peuvent se terminer en pointe ou bien par un cône mobile, qui, au besoin, remplit l'office de ventilateur ou de tuyau de cheminée. On peut recouvrir la toiture avec de forte toile goudronnée, comme défense contre la pluie.

Fig. 11. — Habitation portative.

Ces constructions reposent directement sur le sol, qu'il suffit d'aplanir, ou sur un socle qui sert de plancher.

Ainsi on peut transporter sa maison avec soi en changeant de place. Ces habitations légères, à bon marché, facilement montées et démontées, sont très-commodes pour les personnes qui sont obligées de vivre dehors, de se transporter d'un endroit à un autre, trop loin de leur domicile pour pouvoir y rentrer chaque jour : par exemple, aux ouvriers des chemins de fer, à ceux qui travaillent sur les routes, aux bergers, etc.

Mais, quelle que soit l'habitation à construire, il faut, même pour la plus modeste, le concours d'un grand nombre de bras. Pourquoi le même homme ne la fait-il pas plutôt tout entière ? Parce que le même homme ne peut pas tout savoir. Chacun cultive un art ou un métier et peut y devenir habile, tandis que si l'on voulait tout faire, on ne serait en réalité capable de rien. Qui trop embrasse mal étreint. Les hommes ont besoin les uns des autres, et comme dit le fabuliste,

> Il se faut entr'aider, c'est la loi de nature.

Cette loi est en effet conforme à la nature physique comme à la nature morale des hommes, car elle suppose la bonne harmonie entre tous, en même temps qu'elle contribue à l'entretenir. Chacun, en accomplissant sa tâche personnelle, rend service à ses semblables, et le travail d'un seul profite à tous les autres.

Dans un ouvrage intitulé *Aventures de Robinson Crusoé*, on voit un homme jeté par une tempête sur le rivage d'une île déserte, seul, sans secours, sans vivres, sans abri. Il est obligé, avec ses seules forces, de pourvoir à tous ses besoins, et avant tout, il doit se mettre à l'abri des bêtes sauvages. Il couche d'abord sur un arbre, où il s'installe le mieux possible, jusqu'à ce qu'il se soit construit une demeure, et il lui faut plus d'un an pour terminer seulement le mur d'enceinte. On comprend par là le peu que vaut le travail isolé.

LECTURE.

La Maison de Robinson Crusoé.

Je plantai en demi-cercle deux rangs de fortes palissades, que j'enfonçai en terre jusqu'à ce qu'elles fussent fermes comme des piliers ; leur gros bout était pointu, et s'élevait de terre à la hauteur de cinq pieds et demi ; il n'y avait pas plus de six pouces de distance de l'un à l'autre rang. Je pris ensuite les pièces de câble que j'avais coupées à bord du vaisseau, et je les rangeai les unes sur les autres, dans l'entre-deux du double rang, jusqu'au haut des palissades ; puis j'y ajoutai d'autres pieux d'environ deux pieds et demi. appuyés contre les premiers, et leur servant d'appui en dedans du demi-cercle. Je fis, pour entrer dans cette enceinte, une petite échelle. Quand j'étais dedans, j'enlevais et je retirais cette échelle après moi. C'est là que je transportai mes provisions, mes munitions, en un mot tout ce que je possédais. Je m'y dressai une grande tente que je fis double pour me garantir des pluies ; et je la couvris d'une toile goudronnée que j'avais sauvée avec les voiles du vaisseau. Il me manquait quantité d'outils ; cela était cause que je n'allais que lentement dans tout ce que je faisais, et il se passa plus d'un an avant que j'eusse entièrement achevé mon enclos.

(Traduit de Daniel de Foe.)

VI

Histoire de l'Habitation.

Qui donc a inventé les maisons ? demandait un petit garçon à son père. — Personne et tout le monde, mon enfant; c'est-à-dire que la nécessité d'un abri où l'on se reposât, soit seul, soit avec les siens, s'est fait sentir d'abord et partout. Les animaux eux-mêmes en ont besoin : ne voit-on pas l'oiseau faire son nid, l'abeille construire sa ruche, la marmotte se creuser un souterrain oblique où elle dort pendant tout l'hiver, l'écureuil se bâtir une petite tourelle pour se défendre de la pluie, le castor établir sa demeure sur pilotis[1], et même l'élever de plusieurs étages

[1] Gros pieux enfoncés en terre pour asseoir les fondements d'une construction établie sur l'eau ou sur un sol mouvant.

quand il pressent la crue des eaux? L'homme en fait autant; seulement, c'est par un effort de volonté et de réflexion, tandis que les animaux obéissent à un instinct en vertu duquel ils ne changent rien à leur architecture : les hirondelles de cette année ne font pas leur nid autrement que celles qui vivaient il y a deux mille ans.

L'homme n'est pas arrivé de prime-saut à construire des maisons et des édifices comme nous en voyons aujourd'hui; le castor, l'abeille sont des architectes sans le savoir; l'homme l'est devenu parce qu'il l'a voulu et à force d'intelligence. Il y a loin du palais du Louvre à la hutte d'un sauvage, et c'est par la hutte qu'il a débuté.

La *hutte* fut la demeure primitive faite de main d'homme, refuge informe, construit avec de la boue, du bois, des feuilles ou de la paille; c'est encore la demeure du sauvage le plus étranger à toute civilisation. Au-dessus d'elle vient la *cabane*, réduit déjà moins misérable et qui marque un progrès, de même que la *chaumière* en est un sur la cabane. Elle contient des pièces séparées et admet déjà l'idée d'une certaine aisance. Enfin à mesure que les hommes gagnèrent en expérience, ils arrivèrent à concevoir l'idée d'une maison et à la réaliser. Rien ne montre mieux combien ils avaient déjà acquis de connaissances et dequoi ils étaient capables.

On peut dire, en effet, que l'histoire des diverses habitations de l'homme est en grande partie celle de la civilisation, car chacune d'elles, depuis la hutte jusqu'à la maison, montre ce qu'était non-seulement l'homme pris individuellement, mais une réunion plus ou moins nombreuse de familles. Dès les premiers temps, on a cherché à se grouper en société, car on n'est fort que lorsqu'on est uni. Or, la famille primitive était nomade; après s'être abritée quelque temps sous les huttes, elle allait plus loin chercher de quoi vivre. Un peu plus tard, laissant la chasse pour la culture, elle s'est fixée, en utilisant la nature du pays et en accommodant sa demeure aux nécessités locales. Ainsi l'habitant des régions polaires a profité de la neige elle-même pour s'abriter contre le froid intense du dehors ; on a retrouvé en Asie et en Amérique, dans de grandes plaines exposées à des inondations périodiques, des habitations aériennes construites sur des arbres. Aujourd'hui encore, des peuplades mélanésiennes construisent leurs villages sur pilotis, comme le faisaient autrefois certaines tribus, parmi les Gaëls [1].

Fig. 12. — Habitation lacustre.

Pour se prémunir contre leurs ennemis et contre les bêtes sauvages, ces tribus s'étaient établies sur des lacs, de manière à être entièrement isolées de la terre et à l'abri de tout danger. C'est pourquoi leurs habitations sont appelées *lacustres* ; elles étaient bâties sur pilotis, au milieu des eaux, et formaient de petits villages, reliés à la terre ferme par des ponts.

Il y en avait en France et surtout en Suisse, où les lacs sont si nombreux ; on peut encore en visiter une dans le canton de Zurich, près du village de Robenhausen, dans une vaste tourbière [2] sur la rive méridionale du lac de Pfœffikon. Grâce à la formation de la tourbe qui commençait déjà à l'époque des établissements lacustres, les traces eu ont été conservées presque intactes : en ôtant la tourbe,

---

[1] Les plus anciens habitants de la Gaule.

[2] Les tourbières sont des couches de terrain où l'on recueille la tourbe. La tourbe est une sorte de bois fossile formé par des plantes herbacées et surtout par des plantes marécageuses. C'est pourquoi on la trouve soit dans le fond des vallées qui ont été des marais, soit au fond des marais, où elle continue à se former tous les jours. Il y a une variété nommée tourbe pyriteuse, et existant à une certaine profondeur, sous des couches de sable et de craie. La tourbe est en général une substance légère, spongieuse, de couleur brune ou grisâtre. On l'emploie comme combustible.

on a mis à découvert les pilotis et on a retrouvé des haches et des couteaux de pierre, des pointes de flèches, différents instruments en corne et en os, des tresses et des tissus de lin; de la poterie, des os d'animaux domestiques, jusqu'à des restes de vivres, grains de blé, pommes sèches, graines de framboises, noisettes, morceaux de pain.

C'est déjà l'indice d'un certain degré d'industrie, degré bien inférieur à celui où nous sommes parvenus, mais il ne faut pas perdre de vue ces grossiers débuts de la civilisation : ils attestent les efforts de ceux qui nous ont précédés, leur persévérance, leur travail. Nous nous trouverions bien malheureux aujourd'hui, même les plus pauvres d'entre nous, si nous étions encore réduits à la dure existence de nos ancêtres, exposés aux intempéries des saisons, aux attaques des bêtes féroces, n'ayant guère pour se vêtir et se couvrir que le produit de leur chasse, à peine abrités sous des huttes sauvages ou contraints de s'établir au milieu des eaux comme dans une forteresse : sous le coup de la nécessité, ils ont déployé toutes les ressources de leur intelligence, toutes les forces de leur corps pour lutter contre les obstacles, pour se procurer ce qui est nécessaire à la vie ; ils ont frayé le chemin où leurs descendants ont marché péniblement encore, mais moins péniblement qu'eux. Considérons donc avec un respect reconnaissant ces vestiges du temps passé, et félicitons-nous d'être nés dans des conditions plus heureuses.

LECTURE.

Un Village royal au sixième siècle.

A quelques lieues de Soissons, sur les bords d'une petite rivière, se trouve le village de Braine. C'était au sixième siècle, une de ces immenses fermes où les rois francs tenaient leur cour, et qu'ils préféraient aux plus belles villes de la Gaule. L'habitation royale n'avait rien de l'aspect militaire des châteaux du moyen âge ; c'était un vaste bâtiment, entouré de portiques d'architecture romaine, quelquefois construit en bois poli avec soin, et orné de sculptures qui ne manquaient pas d'élégance.

Autour du principal corps de logis se trouvaient disposés par
ordre les logements des officiers du palais, soit barbares, soit
Romains d'origine, et ceux des chefs de bandes qui, selon la coutume germanique, s'étaient mis avec leurs guerriers dans la
truste du roi, c'est-à-dire sous un engagement spécial de vasse-
lage et de fidélité. D'autres maisons de moindre apparence étaient
occupées par un grand nombre de familles qui exerçaient,
hommes et femmes, toutes sortes de métiers, depuis l'orfévrerie
et la fabrique des armes jusqu'à l'état de tisserand et de corroyeur, depuis la broderie en soie et en or jusqu'à la grossière
préparation de la laine et du lin. Des bâtiments d'exploitation
agricole, des haras, des étables, des bergeries et des granges, les
masures des cultivateurs et les cabanes des serfs du domaine
complétaient le village royal, qui ressemblait parfaitement,
quoique sur une plus grande échelle, aux villages de l'ancienne
Germanie. Dans le site même de ces résidences, il y avait
quelque chose qui rappelait le souvenir des paysages d'outre-
Rhin ; la plupart d'entre elles se trouvaient sur la lisière et
quelques-unes au centre des grandes forêts mutilées depuis par
la civilisation, et dont nous admirons encore les restes.

Braine fut le séjour favori de Clotaire, le dernier des fils de
Clovis.

(AUGUSTIN THIERRY.)

VII

La Ferme.

L'agriculture nourrit les hommes, elle fournit à une
foule d'industries les matières premières, elle est la source
primitive de toute richesse. Les peuples primitifs étaient
pasteurs et agriculteurs ; les Romains tenaient l'agriculture en tel honneur, qu'ils allaient chercher dans les
champs leurs chefs et leurs généraux. Les palais préférés
des rois francs de la première race n'étaient autre chose
que de vastes fermes ; ce sont les Gaulois qui ont introduit
en Europe le blé et l'orge. Pour quiconque réfléchit, ce
qui fait le plus de plaisir à voir quand on se promène dans
la campagne, ce n'est pas un château, un parc, ce sont de
belles moissons, de belles prairies, de bons bâtiments de
ferme.

2.

La dénomination de ferme exprime en général une certaine étendue de terres exploitées soit par le propriétaire, soit par un homme qui les a prises à bail et qu'on appelle le fermier; dans l'origine elle indiquait un lieu fermé, et par conséquent des bâtiments à côté des terres.

Une ferme d'importance moyenne, en exploitation, offre l'image à peu près complète de la vie agricole, car elle comprend jardin, verger, champs, prairies; le fermier a des chevaux, des troupeaux de gros et de petit bétail; il a besoin d'ouvriers pour l'aider dans ses travaux. On trouve dans une ferme, outre la maison destinée à l'habitation du fermier, de sa famille et de ses domestiques, la bergerie, l'étable, l'écurie et la basse-cour.

Fig. 13. — La Ferme.

LECTURE.

Une Maison de ferme dans les Vosges.

A l'ombre des grands pins, comme un nid sous la branche,
A mi-flanc de Parmont, c'est une maison blanche :
Volets verts, tuile rouge, une fontaine auprès,
A gauche en arrivant, dans une auge de grès
Recueille du vieux mont une eau légère et pure,
Qui filtre de la roche avec un lent murmure,
Et d'un flot qui déborde et ne tarit jamais
Sur le devant arrose un jardin vert et frais.
Un grand portail cintré, que la nuit seule ferme,
Sous le toit donne accès, et montre de la ferme,
Dans la simplicité de son vaste détail.

Le ménage rustique et l'agreste attirail,
Grange, étable, cellier, dont la senteur de chaume
Et de fruits et de lait tout d'abord nous embaume ;
Charrettes, jougs, harnais, le long des murs rangés,
Au-dessous de la paille et du foin engrangés ;
Fourches, pelles, hoyaux, faulx et trains de charrue,
Dont le bel ordre charme et réjouit la vue.....
Une grande cuisine où, splendide, étincelle
Sur des bahuts luisants une immense vaisselle,
Et qu'une table en chêne à pieds massifs emplit,
A droite tout d'abord nous accoste et nous rit.
La cheminée en face, aussi large que haute,
Sous son vaste manteau rassemble côte à côte,
Autour des grands chenêts aux pieds hospitaliers,
De retour de l'ouvrage un peuple d'ouvriers,
Qui, le jour par les champs dispersés à leur tâche,
Près du foyer le soir ensemble font relâche.

(A. CAMPAUX.)

VIII

La Bergerie.

La bergerie est le lieu où l'on renferme les moutons.
Une bergerie suppose un berger.

Le premier devoir du berger est de garder les moutons
et de veiller à leur sûreté, de les écarter des pâturages où
croissent en trop grande abondance les plantes malfai-
santes ; de plus, il doit avoir les connaissances nécessaires
pour soigner ses bêtes dans les accidents et les maladies,
savoir lire et écrire pour tenir en ordre ses livres et l'état
du troupeau. Il est le directeur, le médecin, l'administra-
teur des animaux qui lui sont confiés.

Aussi, quoique n'étant pas assujetti à un exercice aussi
laborieux que le laboureur ou le faucheur, il n'a pas moins
d'importance dans l'économie d'une exploitation agricole.
Il est responsable de son troupeau, et toute responsabilité
est à la fois une charge et un honneur. Les bergers ont été
en grande estime dès l'antiquité. La première richesse des

hommes a consisté en troupeaux ; les patriarches de la Chaldée étaient des pasteurs. Les anciens donnaient aux rois le nom de pasteurs de peuples, et le premier sceptre a été une houlette de berger.

Comment parler du berger et ne rien dire de son compagnon, de son ami, du chien ? Si le berger est le roi du troupeau, le chien est son ministre. Intelligent, docile,

Fig. 14. — Le Troupeau de moutons.

fidèle, ce n'est point par la beauté qu'il brille. Voyez-le : ses formes sont sans grâce, sa taille est moyenne, ses oreilles droites, son poil long, abondant, négligé, coloré particulièrement le soir. Mais quel instinct merveilleux développé par l'éducation ! Quel dévouement infatigable ! De tous temps, le chien a été apprécié, comme on le voit par la fable suivante, qui est bien ancienne.

Du temps que les bêtes parlaient, une brebis dit à son maître : Je trouve bien étrange qu'à nous qui vous procurons de la laine, du lait, des agneaux, vous ne donniez jamais que ce que nous arrachons à la terre, tandis que vous partagez le pain dont vous mangez vous-même avec votre chien, qui ne vous rapporte aucun profit. Le chien l'écoutait : — Le maître a-t-il si grand tort ? dit-il. N'est-ce pas moi qui vous garde, et qui vous empêche de devenir la proie des voleurs ou le repas des loups ? — La brebis fut convaincue, et ne se plaignit plus que le chien lui fût préféré.

Le chien de berger n'est pas le seul à rendre des services ; le chien de garde, le chien de chasse en rendent également, mais à des degrés divers.

LECTURE.

Le Chien de berger et le Chien de chasse.

Le chien, fidèle à l'homme, conservera toujours une portion de l'empire, un degré de supériorité sur les autres animaux ; il leur commande, il règne lui-même à la tête d'un troupeau ; il s'y fait mieux entendre que la voix du berger : la sûreté, l'ordre et la discipline sont les fruits de sa vigilance, de son activité : c'est un peuple qui lui est soumis, qu'il conduit, qu'il protége, et contre lequel il n'emploie jamais la force que pour y maintenir la paix. Mais c'est surtout à la guerre, c'est contre les animaux ennemis ou indépendants qu'éclate son courage, et que son intelligence se déploie tout entière. Ses talents naturels se réunissent ici aux qualités acquises. Dès que le bruit des armes se fait entendre, dès que le son du cor ou la voix du chasseur a donné le signal d'une guerre prochaine, brillant d'une ardeur nouvelle, le chien marque sa joie par les plus vifs transports ; il annonce par ses mouvements et par ses cris l'impatience de combattre et le désir de vaincre ; marchant ensuite en silence, il cherche à reconnaître le pays, à découvrir, à surprendre l'ennemi dans son fort ; il recherche ses traces, il le suit pas à pas, et par des accents différents, indique le temps, la distance, l'espèce, et même l'âge de celui qu'il poursuit.

(BUFFON.)

IX

L'Étable.

L'Étable est le lieu où l'on abrite le gros bétail, destiné au labourage, au charroi, ou à la vente, comme le bœuf et la vache : celle-ci est surtout nourrie pour son lait. La propreté, si nécessaire partout, est ici de première nécessité : aussi faut-il que l'étable soit pourvue de ventilateurs et de fenêtres qui permettent l'issue des gaz qui vicient l'air, et le renouvellement de celui-ci. Pour éviter l'infiltration des urines, l'étable doit être pavée ou plutôt dallée, en donnant au sol une pente légère qui facilite leur écoulement dans les rigoles destinées à les recevoir. Pour la confection des mangeoires, la pierre est préférable au bois, parce qu'elle s'imprègne moins des odeurs et du suc des aliments, et qu'alors elle offre moins de prise à la fermentation acide ou putride. On ne saurait prendre trop de précautions contre les maladies qui menacent le bétail et qui causent de si grandes pertes aux cultivateurs.

Parmi les hôtes de l'étable, il n'y en a pas qui soient plus utiles que le bœuf, et Buffon va jusqu'à dire que, sans le bœuf et la vache, l'espèce humaine, agglomérée comme elle l'est sur quelques points du globe, ne pourrait pas subsister. Les anciens voyaient en lui le compagnon de l'homme dans ses travaux rustiques, et, comme ils disaient dans leur langage mythologique, le ministre de Cérès. Aussi dans certains pays, comme chez les Athéniens, par exemple, il y avait peine de mort contre celui qui aurait tué un bœuf. Les Égyptiens l'adoraient comme un Dieu.

Tout le monde connaît les services qu'il rend à l'agriculture ; mais après sa mort il n'est pas moins utile que pendant sa vie. Comme nourriture, sa chair est un aliment des plus sains, des plus substantiels, des plus agréables ; le manche du couteau avec lequel vous la découpez sur la table est fait très-souvent avec la corne qu'il portait au front. La chandelle qui éclaire la veillée provient de sa graisse, et la lanterne dans laquelle on la place quelquefois est encore de la corne de bœuf ; les peignes dont vous vous servez sont de même provenance. Voilà un bœuf qui passe ; dans quelques années d'ici, vous marcherez peut-être dans un morceau de sa peau préparée par le tanneur et le corroyeur, et dont le cordonnier aura fait des souliers. Avec cette même corne, avec les cartilages et les rognures de sa peau, on fait de la colle forte. Enfin avec ses poils on fait de la bourre, et son sang sert au raffinage du sucre et à la fabrication du bleu de Prusse.

LECTURE.

Les Bœufs laboureurs.

LE MATIN.

Courage, mes braves bœufs ! courage ! Le froid du matin vous pique, et fait paraître votre haleine comme des jets de fumée blanche ; mais on se réchauffe à travailler, courage ! Nous sommes partis bien avant l'aube, et il est dur de creuser son sillon sous un ciel pâle, où s'effacent les dernières étoiles ; mais voici le jour qui vient ; l'orient prend des teintes d'orange et les nuages s'ornent d'une frange d'or. Tout à l'heure, le beau soleil va paraître et nous ranimer de ses rayons. Courage, mes braves bœufs !

Il faut travailler, c'est la vie ; que l'on soit triste ou gai, heureux ou malheureux, il faut travailler. Si l'on est gai, le travail augmente votre gaieté, car il vous met au cœur la belle fierté de vous sentir utile ; si l'on est triste, il vous distrait et vous console. Les plus malheureux en ce monde sont ceux qui, dans le chagrin, n'ont pas autre chose à faire que compter leurs larmes

Fig. 15. — Les Bœufs laboureurs.

Il faut travailler, c'est la loi : tout travail profite à quelqu'un. Le sillon que nous traçons est le berceau de la moisson pro-

chaine : il faut préparer la moisson longtemps d'avance. Il faut
que le grain dorme dans la terre, où les pluies l'amolliront et le
feront germer ; il faut que bien des soleils l'éclairent avant qu'il
livre aux moissonneurs l'épi nourricier. Traçons donc nos sillons,
mes braves bœufs ; à cette heure, la ménagère, après avoir servi
aux enfants leur repas du matin, leur met à chacun un livre dans
la main et les envoie à l'école. Eux aussi, ils sont la semence de
l'avenir ; que les conseils et les bonnes leçons fassent germer le
bien dans leurs âmes, pour qu'ils deviennent capables d'accomplir
leur tâche en ce monde! Creusons notre sillon, et que Dieu donne
une bonne récolte au père et au laboureur.

LE SOIR.

Courage ! mes braves bœufs ! Vous êtes las, vous traînez péniblement la herse qui recouvre le grain ; mais ayez patience, nous
voici au bout de notre tâche.

Fig. 16. — Le Retour à la maison.

Le ciel est tout rouge au couchant, et les mottes de terre ont
l'air de charbons de feu sous les derniers rayons du soleil. Le

voilà qui baisse encore, il disparaît, et le croissant de la lune qui brille, blanc et mince, nous annonce la nuit et le repos. Rentrons : l'étable nous attend ; vous et moi nous n'avons pas perdu notre journée.

Là-bas, au pied du clocher, est le village ; les amis, les parents, les voisins y reviennent, eux aussi, rapportant leurs outils, ramenant leur attelage. Mon cœur se réchauffe, et je ne sens plus la fatigue quand je pense à ce que je vais trouver au logis : mon escabeau près du foyer, les enfants sur mes genoux, la soupe fumante sur la table, et le bon sourire de la ménagère accueillant mon retour.

La cloche de l'église tinte trois fois : pour Dieu, pour les vivants et pour les morts ; découvrons-nous et prions. Pensons à Dieu, qui nous a donné en cette journée la force de gagner notre pain quotidien ; pensons à ceux qui marchent auprès de nous dans la vie, et remercions Dieu qui n'a pas voulu que l'homme fût seul ; pensons à ceux qui ont labouré avant nous cette terre, et qui sont allés où nous irons.

Puisse le soir de ma vie ressembler à celui-ci ! Quand on se couche avec le corps fatigué et la conscience pure, on ne redoute pas les mauvais rêves : les méchants seuls craignent la nuit. Qu'est-ce que la vie, sinon une longue journée de travail ? Pour quiconque l'a bien remplie, le soir doit être le bienvenu.

(Magasin pittoresque.)

X

L'Écurie.

L'écurie est le lieu destiné à loger les chevaux et les autres solipèdes [1], tels que l'âne et le mulet, que l'homme a pliés à son usage.

Comme l'étable, l'écurie doit être tenue avec la plus grande propreté, et le cheval a droit aux soins les plus assidus. A la campagne, à la ville, en temps de paix, en temps de guerre, le cheval est toujours utile : il sert aux plaisirs de l'homme comme animal de selle, à la promenade, à la chasse ; à ses besoins, comme bête de trait, pour

---

[1] Quadrupèdes, ou animaux à quatre pieds, dont le pied est enveloppé dans un seul sabot.

le transporter souvent à de grandes distances, ou pour charrier les produits de ses champs et de ses prés ; quelquefois même on l'attelle à la charrue, dans les régions où la terre n'est pas trop forte. Il semble que la Providence l'ait créé tout exprès pour être, parmi les animaux, le plus noble compagnon de l'homme et en particulier de l'agriculteur. Quand on songe à tous les services qu'il rend, on est indigné des mauvais traitements auxquels il est souvent exposé, surtout dans les villes, de la part de conducteurs cruels. Un poète, Delille [1], a exprimé ces sentiments dans les vers suivants :

La nature en frémit ! J'ai vu des animaux [2]
Courbés injustement sous d'énormes fardeaux,
L'homme s'armer contre eux, et, comme leur paresse,
Par de durs traitements châtier leur faiblesse.
J'ai vu, les nerfs raidis et les jarrets tendus,
Tomber ces malheureux sur la terre étendus ;
J'ai vu du fouet cruel les atteintes funestes
De leurs esprits mourants solliciter les restes,
Et, de coups redoublés accablant leur langueur,
Par l'excès des tourments ranimer leur vigueur.

« Quand j'ai commencé à aimer mon cheval, a dit un autre écrivain, c'est parce qu'il conduisait bien ma voiture. Peu à peu je l'aimais pour lui-même. Je crois que, s'il m'avait conduit de travers je l'aurais aimé tout de même. Quand il devint vieux, aveugle, incapable de me rendre aucun service, je l'aimais encore plus qu'auparavant. Par reconnaissance ? Non, par habitude de l'aimer. Nous avions vécu ensemble, nous avions supporté ensemble le froid et le chaud, la pluie et le vent : je ne me sentais pas seul quand j'étais avec lui. Eh ! mon pauvre vieux cheval, c'était presque un ami. »

Dans la commune de Morfontaine, vivaient il y a plusieurs années deux frères dénués de fortune, et exerçant la pro-

---

[1] Né en 1738, mort en 1813, auteur du poème des *Jardins*, de *l'Homme des champs*, de *l'Imagination*, et traducteur du poète latin Virgile.

[2] Il s'agit des chevaux.

fession de petits marchands ambulants. Ils avaient un âne
pour porter leurs marchandises. Depuis, ils sont devenus
très-riches, et en même temps leur âne est devenu très-
vieux ; ils l'ont mis aux invalides, dans une belle ferme

Fig. 17. — Le Cheval.

achetée dans la même commune, et le compagnon de leur
vie laborieuse a participé longtemps à leur bien-être.

L'âne, en effet, n'est pas moins utile que le cheval, et
pourtant il est réputé paresseux, bien à tort ; ses longues oreilles, emblème de la nonchalance, étaient jadis
imitées dans une coiffure bien connue des écoliers. Son
entêtement n'est pas moins célèbre. Cependant malgré ses
défauts, qu'on a exagérés à plaisir, il rend de grands services comme bête de somme et quelquefois de trait ; le lait
d'ânesse est recommandé aux malades atteints de phthisie

ou de gastrite chronique. Moqué, maltraité, il est patient
et résigné ; gourmand par nature, il est sobre par nécessité ; son palais est endurci contre les herbages les plus
grossiers, et le chardon fait ses délices. Sa voix est prover-
biale : on dit encore braire comme un âne ; le bruit peu
harmonieux qu'elle produit a été quelquefois utile. Du

Fig. 18. — L'Âne.

temps des anciens Grecs, la ville de Delphes [1] était assiégée par les Thessaliens [2] ; un âne qui venait de la campagne à la ville se mit à braire si fortement que les assié-
geants effrayés se retirèrent au plus vite. Comme les Grecs
employaient souvent l'âne à transporter les bagages militaires, les Thessaliens avaient pu croire qu'une troupe
ennemie venait les prendre à dos.

[1] Ville de l'ancienne Grèce.
[2] Peuple du nord de la Grèce.

Aujourd'hui l'âne ne sonne plus la charge de son vivant, mais les tambours la battent sur sa peau après sa mort.

Le mulet est un animal de somme et de trait ; il est utilisé dans les pays montagneux, et on s'en sert pour les transports militaires.

LECTURES.

1. — L'Éducation du Poulain.

Le poulain nouvellement né sera laissé auprès de sa mère, et avec elle renfermé dans l'étable pendant sept ou huit jours, pour après, la suivre au pâtis... Ayant le poulain atteint la seconde année on l'éloignera de sa mère, le faisant nourrir quelque temps en pâtis séparé avec les autres de son âge, afin de commencer dèslors à jeter les fondements de la science requise à tant noble animal .. Il ne faut que souvent et doucement manier le poulain avec la main, par tous les endroits de son corps, lui lever une jambe après l'autre, lui frapper de la main contre le pied comme si on le ferrait ; lui passer doucement l'étrille, le peigne, l'époussette et le bouchon sur le dos ; lui faire voir et ouïr le bruit des ferrures de la bride ; entendre la voix de son gouverneur pour le connaître et accoutumer ; le flatter de la parole ; lui donner quelque peu de pain avec la main ; ne le point battre ni rudoyer et en somme lui arracher par douceur l'aigreur de son naturel.

(OLIVIER DE SERRES.)

2. — Le Cheval.

La plus noble conquête que l'homme ait jamais faite est celle de ce fier et fougueux animal, qui partage avec lui les fatigues de la guerre et la gloire des combats. Aussi intrépide que son maître, le cheval voit le péril et l'affronte ; il se fait au bruit des armes, il l'aime, il le cherche, et s'anime de la même ardeur. Il partage aussi ses plaisirs; à la chasse, aux tournois, à la course, il brille et étincelle. Mais docile autant que courageux, il ne se laisse point emporter à son feu, il réprime ses mouvements ; non-seulement il fléchit sous la main de celui qui le guide, mais il semble consulter ses désirs, et, obéissant toujours aux impressions qu'il en reçoit, il se précipite, se modère ou s'arrête, et n'agit que pour y satisfaire. C'est une créature qui renonce à son être pour n'exister que par la volonté d'une autre, qui sait même la prévenir ; qui, par la promptitude et la précision de ses mou-

vements, l'exprime et l'exéute, qui sent autant qu'on le désire,
et ne rend qu'autant qu'on veut ; qui, se livrant sans réserve, ne
se refuse à rien, sert de toutes ses forces, s'excède, et même meurt
pour mieux obéir.

(BUFFON.)

XI

La Basse-Cour.

Les grandes divisions de la basse-cour sont la porcherie,
le poulailler, le colombier, le clapier, à quoi il faut
joindre encore les canards, les oies, les dindons.

La porcherie est l'étable spéciale réservée à un animale
fort laid, fort malpropre, mais fort utile, le porc. La Gaule

Fig. 19. — Le Porc.

a de tout temps été renommée pour son industrie à en
tirer parti ; les jambons, les saucissons et les langues de la
Gaule étaient très-estimés des Romains. L'auteur ancien
qui a constaté ce fait dans un livre écrit il y a environ dix-
neuf cents ans prétend avoir vu une truie tellement
grasse que non-seulement elle ne pouvait plus se lever,

mais qu'une souris s'était logée sur elle, avait fait un trou
dans sa graisse et y avait déposé ses petits [1].

La poule, l'oie, le canard, le dindon, le pigeon, le faisan
commun, ne sont pas moins utiles ; le duvet de presque
tous ces volatiles sert à faire des oreillers, des édredons ;

Fig. 20. — Le Coq.

autrefois, avant l'invention des plumes de métal, on écrivait avec des plumes d'oie.

Le clapier est le lieu où l'on élève les lapins. Cet animal est un article de commerce très-répandu. En 1845, il
s'était vendu à Paris 177,000 lapins ; en 1863, il s'en est
vendu 1,914,500 ; à Londres, il s'en consomme 26,000,000
chaque année.

On a calculé [2], d'après les *Annales du Commerce*,

1 Varron, *de l'Économie rurale*, livre II.
2 *Lièvres et Lapins*, par M. Gayot.

ce que les basses-cours rapportent en France année moyenne :

Fig. 21. — La Poule.

Fig. 22. — Le Dindon.

La vente des œufs produit..................	120,000,000 fr.
Les poulets, poules, chapons, poulardes........	50,000,000
Les dindons..............................	115,000,000
Les oies.................................	80,000,000
Les canards..............................	45,000,000
Les pigeons..............................	70,000,000
Les lapins...............................	120,000,000

La basse-cour doit être tenue avec autant de propreté que l'écurie et l'étable. Le vieil agriculteur, Olivier de Serres [1] va jusqu'à conseiller les bains en eau claire pour les porcs, mais pour la volaille il exige un redoublement de soins : les poulaillers doivent être nettoyés « jusqu'aux juchoirs, échelettes (petites échelles) et montées, afin qu'aucune saleté n'y séjourne » ; il faut même, dit-il, les parfumer au moyen d'herbes odoriférantes, y brûler de temps en temps du benjoin et autres substances semblables « pour en chasser le mauvais air et les malignes senteurs (odeurs) ».

LECTURE.

L'Oie

Si le cheval n'existait pas, l'âne assurément ne serait pas si méprisé. Il en est de même pour l'oie : le cygne lui a fait tort. C'est lui, c'est ce roi des oiseaux aquatiques, cet incomparable modèle de noblesse et de grâce, qui nous empêche de tenir compte à l'oie de sa respectable corpulence, de sa prestance qui ne manque pas de dignité, de son plumage net et lustré ; c'est lui qui l'a chassée des parcs, des pièces d'eau, des bassins de marbre, et reléguée parmi les volailles, à la basse-cour, où on ne la juge plus bonne qu'à être plumée à outrance et engraissée à mort.

La plus criante injustice que l'on ait faite à l'oie, ç'a été de la déclarer stupide, au point de la donner pour un type d'imbécillité. Ici, nous protestons de toutes nos forces, et nous soutenons qu'il n'est pas, au contraire, d'oiseau plus sagace, plus avisé. Tous les actes de sa vie dénotent une intelligence hors ligne. Quand les oies font leurs grands voyages d'émigration (du nord vers le sud en automne, du sud vers le nord au printemps),

[1] Né en 1539, mort en 1619 ; le plus célèbre agriculteur de son temps, et l'inventeur des prairies artificielles.

3.

voyez quelle ingénieuse tactique elles emploient pour traverser
l'espace avec le moins de fatigue possible : elles se rangent sur
deux lignes obliques, qui forment en avant un angle aigu, ou
sur une seule ligne si le bataillon n'est pas nombreux : l'oiseau
qui se trouve à la pointe de l'angle fend l'air le premier, ouvre
le passage aux autres, puis, quand il est fatigué, se retire aux

Fig. 23. — L'Oie.

derniers rangs pour se reposer, et chacun à son tour prend
la première place ; les faibles seuls restent toujours à l'arrière-
garde. Et lorsqu'elles s'abattent dans un marécage, quelles précautions ne prennent-elles pas ? Il y a toujours deux ou trois
mâles qui font sentinelle, qui ne cessent d'avoir l'œil et l'oreille
au guet. Que là-bas, bien loin, le pas d'un homme froisse
quelques feuilles sèches, ce bruit à peine perceptible est aussitôt
saisi et reconnu ; vite l'alarme est donnée par les sentinelles, tous
les cous se dressent, on se tait, on écoute ; le danger approche-t-
il, la bande entière se met à l'eau dans le plus grand silence,
vogue au large vers la rive opposée, où elle disparaît, tête baissée,
sous les roseaux et les grandes herbes. Si l'ennemi décidément

les poursuit, nouveau coup de trompette retentissant, impératif, et vite, pêle-mêle, on décampe, on s'envole, au grand désappointement du chasseur. Même dans les basses-cours, chacun le sait, au moindre mouvement, au moindre bruit, l'une des oies pousse un cri d'avertissement auquel toute la troupe répond par une acclamation générale. Aussi Columelle [1] les regardait-il comme les plus sûres gardiennes de la ferme, et Végèce [2] comme les meilleurs factionnaires que l'on pût poser dans une ville assiégée. Et ce n'était pas là une hypothèse d'auteur. La vieille Rome ne dut-elle pas son salut aux oies du Capitole [3] ?

(Magasin pittoresque.)

XII

Les Céréales.

L'homme mange son pain à la sueur de son front : telle est la première formule de la loi universelle du travail et du devoir, loi aussi sage qu'elle est juste, car sans elle il n'y aurait pour l'homme ni responsabilité, ni mérite, ni bonheur. Nous demandons à la terre notre nourriture quotidienne : elle répond à nos efforts, elle se couvre de moissons et de plantes utiles.

C'est par la culture que nous obtenons ce qu'on appelle les fruits de la terre ; c'est par la culture que nous transformons les produits sauvages en produits précieux et nécessaires à la vie. C'est ainsi que le blé ne se trouve plus à l'état natif ; il en est de même pour d'autres céréales : on donne ce nom aux graminées dont les graines sont plus particulièrement la base de la nourriture de l'homme. Ce mot *céréales* vient du nom de *Cérès*, divinité du paganisme, à qui les anciens attribuaient le don des premiers

---

[1] Écrivain latin, auteur d'un *Traité d'agriculture*. Il vivait au premier siècle de notre ère.

[2] Écrivain latin, vivait au quatrième siècle après J.-C.

[3] L'an 390 avant J.-C., les Gaulois assiégeaient le Capitole, qui était la citadelle de la ville de Rome. Ils en escaladaient les murs à la faveur de la nuit, lorsqu'ils furent signalés à la garnison par des oies que l'on y nourrissait.

épis de blé. En parcourant toute la terre à la recherche de sa fille qu'elle avait perdue, Cérès s'était arrêtée chez un roi grec, qui la reçut avec honneur : pour le récompenser de son hospitalité, elle fit présent à Triptolème, son fils,

<table>
<tr><td>Fig. 24.
Épi de froment.</td><td>Fig. 25.
Épi d'orge.</td><td>Fig. 26.
Épi de seigle.</td></tr>
</table>

des épis de blé qu'elle avait à la main, et lui enseigna aussi l'art de les faire fructifier. Cette fable montre le prix que les premiers hommes attachaient à la découverte du blé, puisqu'ils l'attribuaient à une divinité.

. Dans les zones tempérées et septentrionales, les principales céréales sont les suivantes :

Le blé ou froment, qui l'emporte sur toutes les autres et qui sert à faire le pain le plus pur et le plus nourrissant;

Le seigle, qui remplace le froment au nord, étant plus dur que lui et par suite supportant mieux une température plus froide ; quoique donnant une farine de qualité inférieure, il fait encore de bon pain ;

L'orge, dont on obtient un pain rude et grossier, mais sain et nourrissant ;

L'avoine, employée à la nourriture des chevaux ;

Le sarrasin, ou blé noir, qu'on donne aux bestiaux, que les chevaux et les moutons préfèrent à l'avoine, et qui entre même dans la nourriture des hommes, en Bretagne et en Normandie ;

Le maïs et le riz, qui exigent des climats plus chauds.

Le blé, pris comme type des céréales, produit un épi au sommet de la tige ; décomposez-le, vous y trouverez trois parties : la graine, la glume et la barbe ; de plus il y a le fourreau dès la naissance de l'épi. La graine est le corps solide enveloppé de la glume ; celle-ci est formée d'une petite peau et c'est d'elle que s'élève la barbe, sous forme d'aiguillons qui sont propres à défendre la graine contre les oiseaux.

L'avoine fournit de très-nombreuses espèces, mais celles-là seulement sont importantes à connaître qui sont utiles ou incommodes à l'homme. Parmi les premières, il y en a que l'on cultive régulièrement pour en récolter les grains et la paille, et d'autres qu'on met en prairies. Les espèces granifères généralement cultivées sont l'avoine commune et ses variétés, l'avoine d'Orient ou à grappes, et qu'on nomme encore avoine de Sibérie, l'avoine de Hongrie, de Hollande, d'Écosse, etc. On propage volontiers dans les prés, pour la nourriture des bestiaux, le fromental ou avoine élevée, appelée aussi fenasse, mais on extirpe avec soin la folle avoine ou avron.

Pour obtenir ces différents produits, il faut préparer la terre à en recevoir les semences. Or, on laboure avec la charrue, dont le soc en fer, soulevant les mottes de terre, ouvre des cavités où tombe le grain ; avec la herse, ou large râteau, on brise les mottes, on arrache les herbes coupées par la charrue, on mêle au sol les semences et les engrais ; avec les rouleaux, on tasse le sol, on en égalise la surface et on achève de l'ameublir.

Ainsi l'homme industrieux fait sortir du sein de la terre nourricière les trésors qu'elle renferme et se rend maître de la nature : plus il travaille, plus il recueille, et, selon la belle expression d'Olivier de Serres, retire le fruit de ses peines, c'est-à-dire « contentement avec modéré profit et honnête plaisir. La terre semble se réjouir, quand on la voit augmenter son rapport à mesure du nombre des bêtes qu'on lui donne à nourrir. » Cette transformation de la nature par le travail est si merveilleuse que l'imagination a peine à la comprendre ; aussi les hommes, avant d'être éclairés comme ils le sont aujourd'hui, ont-ils pu l'attribuer à des procédés surnaturels : on en voit la preuve dans le singulier procès que voici.

Du temps des anciens Romains, un agriculteur nommé Caïus Furius Crésinus retirait d'un très-petit fonds de beaucoup plus belles récoltes que ses voisins n'en retiraient de leurs grands domaines. Jaloux de lui, ils l'accusèrent d'employer des sortilèges pour attirer dans son champ les moissons d'autrui. Cité devant le peuple et menacé d'une condamnation, il amena au tribunal tout son attirail de laboureur, ses serviteurs robustes, bien nourris, bien vêtus, ses outils parfaitement faits, de lourds hoyaux, des socs pesants, des bœufs bien repus. — Voilà, dit-il, mes sortilèges : je ne puis vous montrer en même temps ni amener devant vous mes veilles, mes fatigues, mes sueurs. Il fut absous par une sentence unanime.

LECTURE.

L'Agriculture chez les peuples lacustres.

Les habitants des cités lacustres connaissaient l'usage du froment et de l'orge ; ils les conservaient probablement dans de grands vases d'argile, dont on retrouve encore beaucoup de fragments. Nous voyons par là que ces céréales ont été cultivées en Europe à une époque bien plus ancienne qu'on ne l'a cru jusqu'à présent. Mais on sait comment le froment fut travaillé pour servir à la nourriture. Les peuples de l'âge de pierre ne possédaient naturellement pas de moulins, et pour préparer les céréales ils se servaient de pierres rondes polies, entre lesquelles ils brisaient et écrasaient le grain. On a trouvé une grande quantité de ces pierres dans presque toutes les habitations aquatiques. Il est probable que les grains étaient préalablement grillés, puis broyés et introduits dans un vase, humectés, puis mangés.

La culture des céréales suppose un travail du sol, mais nous ne savons en aucune façon de quelle manière il était pratiqué, car on n'a encore jusqu'à présent trouvé dans les anciens établissements aucun instrument d'agriculture. Il est probable qu'ils employaient comme charrue un tronc d'arbre à branche recourbée. Nous savons tout aussi peu de quelle manière ils préparaient et récoltaient les fourrages pour le bétail.

La culture des arbres fruitiers remonte aussi à ces temps reculés. On a trouvé des pommes et des poires carbonisées ; elles sont ordinairement coupées en deux, rarement en quatre morceaux, et avaient été évidemment desséchées pour provisions d'hiver. Les poires, qu'on n'a encore trouvées qu'à Wanger, appartiennent à l'espèce du poirier sauvage ; elles sont petites et se rétrécissent graduellement vers la tige. Les pommes sont beaucoup plus nombreuses, non-seulement à Wanger, mais aussi à Robenhausen sur le lac de Pfœffikon, et à Conciso sur le lac de Neuchâtel. Toutes sont semblables de forme et de grosseur ; elles sont sphériques, grandes comme des noix. On rencontre dans nos forêts plusieurs espèces de pommes sauvages dont la plus petite parait être celle des habitants lacustres.

(C. VOGT.)

XIII

Les Auxiliaires du Cultivateur.

L'homme est aidé dans la culture de la terre par les êtres qui l'entourent, et d'abord par les animaux domestiques. Il ne faudrait pas croire que le cheval est venu de lui-même se placer sous le harnais, ni le bœuf devant la charrue : leur présence à l'étable et à l'écurie, leurs travaux dans les champs prouvent au contraire que l'homme a dû faire pour eux ce qu'il a fait pour les fruits sauvages, c'est-à-dire les soumettre à une espèce de culture et d'éducation qu'on appelle la domestication.

On ne compte que quarante-sept espèces d'animaux domestiques, sur plus de cinquante mille espèces d'animaux sauvages qui partagent avec nous le séjour de notre globe. Mais si l'on réfléchit que ces quarante-sept espèces ont fourni une multitude de variétés, que leur population dépasse la population sauvage dans une proportion considérable, que les services divers auxquels nous les avons adaptés et habitués sont presque innombrables, on admire l'heureuse inspiration de ceux qui, les premiers, à l'origine des temps, ont su choisir, dans la masse des animaux terrestres, les types qui étaient les plus propres à devenir utiles.

L'ordre des carnassiers [1] a fourni à la domestication trois espèces : le chien, le chat et le furet.

Fig. 27. — Le Chien.

Le chien est au premier rang par son utilité, comme par ses bonnes qualités. Vraisemblablement originaire de

[1] Animaux qui se nourrissent de chair.

l'Asie centrale [1], et issu du chacal, il a été assujetti dès la plus haute antiquité : sa domestication remonte à l'âge des premiers chasseurs et des premiers pasteurs.

Le chat domestique n'a guère d'autre usage que d'animer nos demeures, tout en faisant la chasse aux rats et aux souris ; moins ancien que le chien, moins généralement répandu, il est vraisemblablement originaire d'Afrique.

Le furet, qui ne sert qu'à chasser au lapin, est encore moins utile que le chat, et sa domestication est aussi plus réduite. Un siècle environ avant l'ère chrétienne, les lapins existaient en telle abondance au midi de l'Europe, que l'on dut aviser aux moyens de les détruire, et l'idée vint d'employer le furet à cet usage. Le furet est dérivé du putois, auquel il ressemble beaucoup.

Le lapin, qui appartient à l'ordre des rongeurs [2], est connu depuis dix-neuf cents ans ; il est originaire de l'Espagne, d'où il a passé en Provence, puis dans toute l'Europe. Le lapin est un article de consommation abondante.

Croisé avec le lièvre il donne une race nouvelle, désignée sous le nom de léporides.

L'ordre des rongeurs fournit encore un autre type à la domestication : le cobaye, ou cochon d'Inde, originaire du Pérou et importé en Europe au seizième siècle par les conquérants de cette contrée. Il n'est guère employé que comme objet d'amusement à montrer aux enfants.

Dans l'ordre des pachydermes [3], le porc est le seul animal domestique. Il est probablement originaire de l'Asie, et il a été introduit en Occident par les tribus celtiques qui sont venues s'y fixer à des époques très-reculées. Sa domestication est en effet très-ancienne : d'après les livres chinois, elle remonterait à près de cinq mille ans ; il devait

---

[1] L'instituteur aura soin de montrer sur la mappemonde ou sur le globe terrestre, l'Asie centrale, et plus loin l'Afrique, le Pérou, etc.

[2] Les rongeurs ont à chaque mâchoire deux longues dents incisives fort tranchantes, avec lesquelles ils rongent les substances dont ils se nourrissent ; de là de nom qu'on leur donne. Ils n'ont pas de dents canines.

[3] Animaux recouverts d'un cuir épais.

être très-commun dans l'Asie occidentale au temps de Moïse, puisque ce législateur en interdisait la chair aux Hébreux ; enfin il constituait une des principales richesses des Gaulois, longtemps avant l'ère chrétienne. Tout le monde sait quels services le porc rend dans l'alimentation.

On doit aux solipèdes, animaux dont le pied est enveloppé d'un seul sabot, deux espèces : le cheval et l'âne. Originaire de l'Asie centrale, connu, à l'état domestique, plusieurs milliers d'années avant notre ère, le cheval couvre aujourd'hui toute la terre, sauf les régions polaires où il ne pourrait pas vivre à cause du froid.

L'âne a vraisemblablement été assujetti à la domestication en même temps que le cheval, car il rend des services analogues, le remplace dans bien des cas, est plus docile et plus sobre : c'est le cheval des classes pauvres. Sa patrie primitive est au Sud-Ouest de l'Asie et au Nord-Est de l'Afrique. Connu chez les Hébreux longtemps avant le cheval, il n'a été introduit en Europe que longtemps après.

Le cheval et l'âne réunis produisent le bardot et le mulet, animaux qui participent des caractères propres à leurs deux souches.

Quatre espèces parmi les ruminants [1] sont soumises à la domestication. Le chameau et le dromadaire sont utilisés en Asie, dans l'Afrique septentrionale, en Amérique et en Australie, comme bêtes de somme et d'alimentation, et même comme bêtes à laine. Mais les espèces qui intéressent le plus directement le cultivateur de nos contrées sont le bœuf, le mouton et la chèvre : le mouton au point de vue de l'alimentation et du vêtement, le bœuf au point de vue de l'alimentation et du labourage, la chèvre pour son lait et par son pelage qui donne un produit utile dans le commerce.

---

[1] Quadrupèdes à pieds fourchus, dont l'estomac a quatre poches, et qui ont la faculté de faire revenir leurs aliments dans leur bouche après les avoir avalés.

Enfin il ne faut pas oublier les oiseaux de basse-cour, les habitants du poulailler et du colombier.

Un dernier service que rendent tous ces auxiliaires de l'homme est le fumier qu'ils produisent et qui sert à amé-

Fig. 28. — Le Mouton.

liorer la terre ; c'est pourquoi l'on dit *fumer* la terre, ce qui veut dire l'engraisser au moyen de matières animales ou végétales.

A propos du fumier, il n'est pas inutile de remarquer qu'on le voit souvent dans la campagne en tas énormes devant les maisons, et presqu'à l'entrée ; c'est une coutume ancienne, mais qui a des inconvénients graves sous le rapport de l'hygiène. Les vapeurs qui en émanent pénètrent dans l'intérieur, vicient l'air qu'on y respire, et ne peuvent être que nuisibles. La propreté est une condition de la santé, et la santé la première condition d'un bon travail ; il vaut mieux, selon un vieux dicton, courir à la miche qu'au médecin ; en effet, c'est moins cher et plus profitable à tous égards.

Le mot *domestique* vient du latin *domus*, qui signifie maison ; il y a donc un sens profond dans ce mot appliqué aux animaux dont nous venons de parler. Il marque qu'ils font partie de la maison, comme des serviteurs utiles, fidèles, patients, résignés, sans défense contre nous, si nous abusons contre eux de la force que nous donne la

Fig. 29. — La Chèvre.

supériorité de notre intelligence. Nous devons au contraire les traiter avec bonté : la loi [1] nous l'ordonne, mais l'humanité nous l'a prescrit avant la loi. L'homme s'endurcit et se dégrade en maltraitant les animaux.

L'historien de Thou [2] attribue la cruauté de Charles IX à l'excès de sa passion pour la chasse et au plaisir qu'il prenait à maltraiter les animaux. Le même roi, rapporte Brantôme [3], allait tuer le mulet de son favori Lanjac, lorsque celui-ci le retint et lui dit : « Eh ! sire, quelle

[1] La loi Grammont.
[2] Né à Paris en 1553, mort en 1617.
[3] Chroniqueur du seizième siècle, né en 1527, mort en 1611.

querelle est donc survenue entre Votre Majesté et ma mule? »

. Le maréchal de Saxe [1] disait qu'il s'était fort occupé de rechercher, dans les querelles des charretiers et des chevaux, quels étaient ceux qui avaient tort, et qu'il avait presque toujours trouvé que c'étaient les charretiers.

Qui ne sait de quel dévouement le chien est capable, quelle est la force de son attachement pour son maître? Moins noble et moins beau que le cheval, il lui est supérieur par les qualités intérieures, car chez l'animal comme chez l'homme, ce sont les plus précieuses, et la perfection de l'animal, a dit Buffon, dépend de la perfection du sentiment : plus le sentiment est étendu, plus l'animal a de facultés et de ressources.

LECTURE.

Le Chien domestique.

Le chien, indépendamment de sa beauté de formes, de sa vivacité, de sa force, de sa légèreté, a par excellence toutes les qualités intérieures qui peuvent lui attirer les regards de l'homme. Un naturel ardent, colère, même féroce et sanguinaire, rend le chien sauvage redoutable à tous les animaux, et cède dans le chien domestique aux sentiments les plus doux, au plaisir de s'attacher et au désir de plaire ; il vient en rampant mettre aux pieds de son maître son courage, sa force, ses talents ; il attend ses ordres pour en faire usage ; il le consulte, il l'interroge, il le supplie : un coup d'œil suffit ; il entend les signes de sa volonté. Sans avoir, comme l'homme, la lumière de la pensée, il a toute la chaleur du sentiment ; il a de plus que lui la fidélité, la constance dans ses affections ; nulle ambition, nul intérêt, nul désir de vengeance, nulle crainte que celle de déplaire ; il est tout zèle, tout ardeur et tout obéissance ; plus sensible au souvenir des bienfaits qu'à celui des outrages, il ne se rebute pas par les mauvais traitements ; il les subit, les oublie, ou ne s'en souvient que pour s'attacher davantage ; loin de s'irriter ou de fuir, il s'expose de lui-même à de nouvelles épreuves; il lèche cette main, instrument de douleurs, qui vient de le frapper : il ne lui oppose que la plainte, et la désarme enfin par la patience et la soumission.

(BUFFON.)

[1] Maurice de Saxe, a gagné la bataille de Fontenoy en 1745.

XIV

Les Oiseaux.

Les animaux domestiques ne sont pas les seuls auxiliaires du cultivateur ; celui-ci en trouve d'autres parmi les oiseaux, et même parmi les insectes, à l'aide desquels il peut vaincre ses ennemis.

Oui, le cultivateur a des ennemis aussi redoutables que la grêle, la pluie, la gelée : ce sont les animaux des jardins et des champs, les rats app.lés mulots ou surmulots, les insectes, les vers blancs (larves des hannetons), qui tous s'attaquent avec acharnement au blé et à la plupart des plantes agricoles Or, il n'a guère à leur opposer que les

Fig. 30. — L'Oiseau.

oiseaux, tels que les corbeaux et les hiboux pour les premiers, les petits oiseaux pour les autres. Les corbeaux vont jusque sur le dos des bœufs chercher les insectes qui s'y trouvent, mais c'est aux petits oiseaux que revient la tâche de faire aux insectes une guerre à mort.

Au printemps l'ennemi s'élève de tous côtés, et si rien ne l'arrête tout est perdu, car nos contrées ont leurs sauterelles comme celles de l'Afrique. Ainsi dans la vallée de

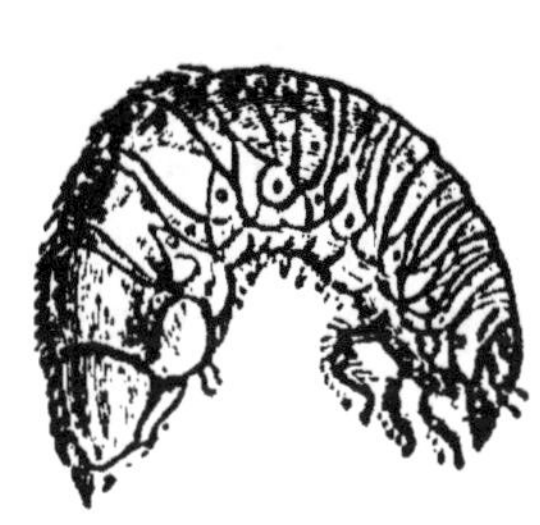

Fig. 31. — Le Ver blanc.

Fig. 32. — Le Hanneton.

Monville près de Rouen, les corneilles avaient été proscrites,

Fig. 33. — Hirondelles.

et les larves des hannetons furent en si grand nombre

qu'une prairie entière fut dévorée, ses racines rongées et sa surface mise à nu. En Hongrie on avait proscrit le moineau, qui sauve plus de grain qu'il n'en vole ; on fut obligé de le rappeler pour l'opposer aux hannetons et autres insectes qui pullulent sur les basses terres. On trouve des exemples semblables de tous côtés, mais de tous côtés aussi on trouvera le remède. Il faut à une seule hirondelle plus de mille mouches par jour ; la mésange consomme quotidiennement pour sa couvée trois cents chenilles ou scarabées ; dans une semaine, un couple de moineaux en donne quatre mille trois cents en pâture à ses petits : qu'on multiplie ces chiffres par le nombre des oiseaux et l'on verra quel secours ils procurent à l'homme, s'il est assez raisonnable pour savoir en profiter.

Ce n'est pas tout : les bergeronnettes, les étourneaux vont manger jusque sur le dos des bestiaux les insectes qui leur sucent le sang ; les engoulevents, les martinets font disparaître les blattes, les phalènes, et une foule de rongeurs qui ne travaillent que la nuit ; le guêpier fait la guerre aux guêpes qui dévorent nos fruits dans nos jardins ; les fauvettes, les pinsons, les bruants, les mésanges délivrent les arbrisseaux et les grands arbres des pucerons, des chenilles, des scarabées. La plupart de ces insectes passent l'hiver à l'état d'œuf ou de larve, mais alors ils ont affaire aux merles, aux roitelets, aux troglodytes (espèce de passereaux). Les uns retournent les feuilles qui jonchent le sol, les autres émouchent le tronc des arbres ou grimpent aux plus hautes branches. Dans les prairies humides, on voit les corbeaux piocher la terre pour s'emparer du ver blanc.

Après tant de services rendus, faut-il faire un crime aux oiseaux de quelques mesures de grain, de quelques fruits mangés dans nos champs ou dans nos vergers ? Toute peine mérite salaire, et ne sommes-nous pas payés cent et cent fois de celui que nous devrions leur laisser prendre ? Agir autrement c'est aller contre nos intérêts et contre le bon sens, et c'est cependant ce qui a lieu ; les enfants prennent les petits et les pères font la chasse aux grands avec le filet et le fusil.

En 1844 on fit une loi protectrice des oiseaux, mais on en a tant détruit depuis que cette loi les protége, qu'en Provence, par exemple, les chasseurs, à défaut d'oiseaux mangeables, tuent les hirondelles, et uniquement pour tuer, puisque l'hirondelle ne se mange pas. Plusieurs espèces d'oiseaux tendent à disparaître ; en revanche, les insectes prospèrent à merveille.

En résumé, le cultivateur trouve dans l'oiseau un auxiliaire si précieux que sans lui il perdrait en grande partie, souvent même en totalité, le fruit de ses travaux.

LECTURE.

L'Instinct des Oiseaux. Migrations des Hirondelles.

On croit à tort que ces migrations se font en leur saison, sans choix précis du jour, à époques indéterminées. Nous avons pu observer la nette et lucide décision qui y préside, pas une heure plus tôt ni plus tard.

Quand nous étions à Nantes (octobre 1851), la saison étant très-belle encore, les insectes nombreux et la pâture des hirondelles facile et plantureuse, nous eûmes cet heureux hasard de voir la sage république en une immense et bruyante assemblée, siéger, délibérer sur le toit d'une église, Saint-Félix, qui domine l'Erdre et, de côté, la Loire. Pourquoi ce jour, cette heure plutôt qu'une autre ? Nous l'ignorions, bientôt nous pûmes le comprendre.

Le ciel était beau le matin, mais avec un vent qui soufflait de la Vendée. Mes pins se lamentaient, et de mon cèdre ému sortait une basse et profonde voix. Peu à peu, le temps se voila, le ciel devint fort gris, le vent tomba, tout devint morne. C'est alors, vers quatre heures, qu'en même temps de tous les points, et du bois, et de l'Erdre, et de la ville et de la Loire, d'infinies légions à obscurcir le jour vinrent se condenser sur l'église avec mille voix, mille cris, des débats, des discussions. Sans savoir cette langue, nous devinions très-bien qu'on n'était pas d'accord. Peut-être les jeunes, retenus par ce souffle tiède d'automne, auraient voulu rester encore. Mais les sages, les expérimentés, les voyageurs éprouvés insistaient pour le départ. Ils prévalurent ; la masse noire, s'ébranlant à la fois comme un immense nuage, s'envola vers le sud-est, probablement vers l'Italie. Ils n'étaient pas à trois cents lieues (quatre ou cinq heures de vol) que toutes les cataractes du ciel s'ouvrirent pour abîmer la terre ; nous crûmes un moment au déluge. Retiré dans notre maison qui tremblait aux vents furieux, nous admirions la sagesse des devins ailés qui avaient si prudemment devancé l'époque annuelle.

Évidemment ce n'était pas la faim qui les avait chassés. En présence d'une nature belle et riche encore, ils avaient senti, saisi l'heure précise sans la devancer. Le lendemain c'eût été tard. Tous les insectes, abattus par cette immensité de pluie, étaient devenus introuvables ; tout ce qui en subsistait vivant s'était réfugié sous la terre.

(MICHELET.)

XV

Les Insectes utiles.

Toutes les espèces d'insectes ne sont pas nuisibles, il y en a qui rendent de grands services à l'agriculture.

Dans le nombre il faut citer la libellule ou demoiselle, qui détruit mille insectes par jour, et qu'à la campagne on s'empresse de tuer par ignorance. Il en est de même de deux insectes du genre des coléoptères, la cicindèle et le carabe. La cicindèle, sans pouvoir s'élever très-haut dans

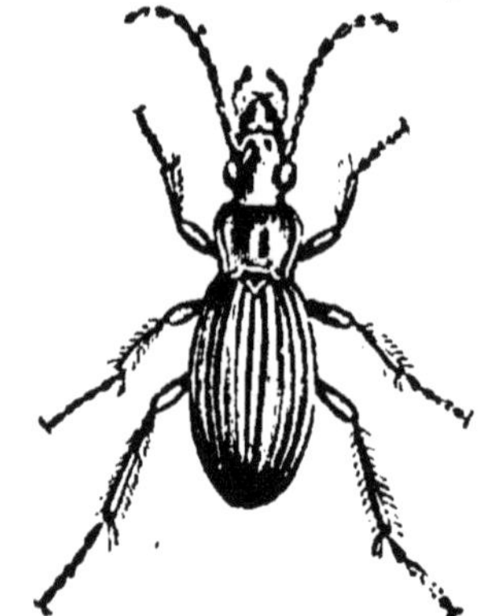

Fig. 34. — Le Carabe doré   Fig. 35. — Larve du carabe doré.

son vol, est un insectivore précieux. On peut en dire autant du carabe (en France le *carabe doré*, désigné ordinairement sous le nom de *jardinier*, *vinaigrier*, etc). Il détruit non-seulement les insectes et leurs larves, mais encore les limaces et d'autres mollusques, qui font tant de tort aux jardins potagers. Au lieu de voir en eux des bienfaiteurs, les cultivateurs en général se croient obligés de les écraser quand ils en rencontrent; le jardinier n'y manque jamais. Un autre insecte, le drilus, fait la guerre au limaçon ; il monte sur lui, entre avec lui dans sa maison et le mange. Pour le dire en passant, le crapaud rend des services analogues, et c'est à tort qu'on tue ceux qu'on trouve dans les jardins.

La fourmi elle-même, qui est fort désagréable et surtout très-incommode dans une foule de circonstances, a aussi parfois son utilité. Les fourmis dévorent les chenilles et les poursuivent avec un très-grand acharnement. En voici la preuve.

Des choux étaient dévorés par des quantités considérables de chenilles qui se renouvelaient sans cesse. Le propriétaire, ne sachant que faire pour s'en débarrasser, eut l'idée d'envoyer chercher une de ces fourmilières que l'on trouve souvent dans les bois de sapins, et qui logent dans les tas d'aiguilles tombées de ces conifères. On lui apporta un plein sac de fourmis qu'il jeta au pied des choux attaqués. Immédiatement ces fourmis se mirent à l'œuvre ; chacune d'elles prit une chenille par la tête et ne la lâcha plus ; les autres chenilles disparurent pour ne plus revenir, comme si elles avaient eu l'instinct du danger qui les menaçait. Le lendemain, il ne restait plus aucun de ces insectes dans les choux, et au bas des murs du jardin on voyait des tas de chenilles mourantes.

Les forestiers allemands protégent les fourmis, car ils savent bien que ces petits animaux rendent des services. Les œufs des fourmis sont d'ailleurs très-recherchés pour la nourriture des petits faisans, des perdreaux, des rossignols, et, malgré cela, il est défendu, sous peine d'amende, de prendre des fourmilières dans les forêts. Il ne faut pas perdre de vue que la fourmi est infatigable pour chercher sa proie ; elle monte jusqu'à la cime des arbres et détruit une très-grande quantité d'insectes nuisibles. Voilà bien une preuve que tout est réglé dans la nature par des lois providentielles.

En parlant des insectes utiles, il est impossible de passer sous silence l'abeille, que les enfants appellent souvent mouche à miel. Son utilité ne consiste pas, comme celle des insectes que nous avons cités, à détruire ceux qui sont nuisibles ; elle a un caractère plus positif et qui frappe les sens. L'abeille, qu'on voit voltiger au milieu des jardins, des vergers, des prairies, puise dans le suc des fleurs les éléments du miel qu'elle distille dans sa demeure. La de-

Fig. 33. — Rucher.

meure des abeilles se nomme une ruche, et tout le peuple ailé qui habite la ruche forme un essaim ; il obéit à une abeille plus belle et plus grande que les autres, et qui en est la reine. Tout se passe avec le plus grand ordre chez ce peuple, qui semble vraiment doué d'un instinct extra-ordinaire ; les abeilles sont laborieuses, disciplinées, sobres ; elles savent se défendre contre les frelons paresseux et gourmands. Si on les attaque, elles piquent l'agresseur de leur aiguillon, ce qui cause une douleur très-vive ; la blessure doit être immédiatement lavée avec de l'alcali, ou du moins avec de l'eau salée et mélangée de vinaigre.

Il faut donc bien des précautions pour enlever le miel

des ruches, mais les éleveurs d'abeilles connaissent les moyens à employer. La masse du miel déposée dans une ruche porte le nom de gâteau ; on en extrait d'abord la partie la plus liquide, la plus fine et la plus pure, qui est le miel vierge ; ensuite, deux autres sortes de miel plus épais ; enfin le résidu est la cire, qu'on emploie, après l'avoir fait fondre, à différents usages, comme le vernissage, la fabrication de cierges ou de bougies, etc.

L'élevage des abeilles s'appelle *l'apiculture* ; c'est un art utile, car le miel est non-seulement un aliment agréable, mais encore il entre dans la préparation de certains remèdes. Dans l'antiquité et jusqu'à la découverte du Nouveau-Monde, où l'on trouva la canne à sucre, le miel était seul employé pour sucrer les aliments ou les breuvages.

Les services rendus par les abeilles les protégent ordinairement contre la brutalité des hommes, mais combien d'autres insectes y sont exposés sans motifs !

On détruit les insectes sans y penser, même ceux qui sont inoffensifs ; on les broie sous le pied, on les étouffe avec la main, souvent les enfants les torturent par amusement. C'est un amusement barbare, et qui endurcit le cœur : quand on a pris l'habitude de la cruauté, ou simplement de l'insensibilité à l'égard des êtres inférieurs, on est moins porté à aimer ses semblables. La cruauté envers les animaux, même les plus humbles et les plus bas placés dans l'échelle de la création, est l'indice d'un mauvais cœur. Domitien, empereur romain célèbre par ses crimes, s'amusait à tuer des mouches par passe-temps à l'aide d'un poinçon ; c'est lui qui disait : « Je voudrais que mon peuple n'eût qu'une seule tête, pour pouvoir l'abattre d'un coup. »

Le peintre Gros [1] vit un jour entrer dans son atelier un de ses élèves, avec un joli papillon piqué à son chapeau et se débattant encore. Indigné, il se mit dans une violente colère : « Quoi ! malheureux, dit-il, voilà le sentiment que vous inspirent les belles choses ! vous trouvez une créature

[1] Célèbre peintre français, né à Paris en 1771, mort en 1835.

4.

charmante, et vous ne savez que la faire souffrir ! Sortez d'ici et n'y rentrez plus ! » Un naturaliste renommé, Lyonnet [1], se félicitait d'avoir pu mener à bien de vastes études sans avoir eu besoin de tuer plus de huit ou neuf chenilles.

Le fabuliste La Fontaine, étant à la campagne chez des amis, revint un jour si fort en retard d'une promenade qu'il avait faite, que tout le monde avait dîné lorsqu'il rentra. On lui demanda d'où il venait : « Je viens, répondit-il, de l'enterrement d'une fourmi ; j'ai suivi le convoi jusqu'au cimetière, et j'ai reconduit la famille jusque chez elle. »

LECTURE.

Industrie des Insectes.

L'histoire des insectes est un vaste, je puis dire un immense pays qu'on peut parcourir dans différentes vues. La partie à laquelle on sera plus généralement sensible, c'est celle qui embrasse

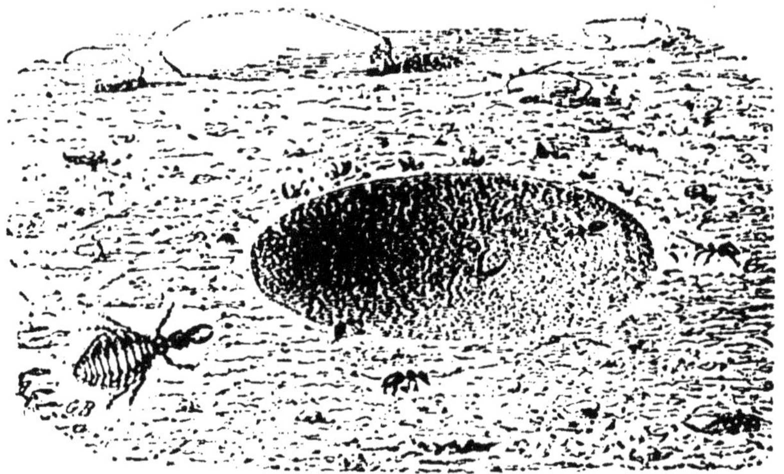

Fig. 37. — Le Fourmi-lion.

tout ce qui a rapport au génie, aux mœurs, pour ainsi dire, aux industries de tant de petits animaux. Ceux même à qui une arai-

[1] Naturaliste, né à Maëstricht en 1707, mort en 1789.

gnée paraît le plus hideuse aimeront à apprendre qu'il y en a une
espèce qui renferme ses œufs dans une petite boîte de soie qu'elle
porte toujours avec elle ; que, lorsque les petits sont nés, ils
montent sur le corps de leur mère ; qu'ils s'y arrangent les uns
auprès des autres; qu'ils s'y tiennent cramponnés lorsqu'elle court
avec le plus de vitesse. On sera touché du soin qu'ont les abeilles
et certaines guêpes de porter plusieurs fois chaque jour la bec-
quée à leurs petits, comme le font les oiseaux. Des insectes
naissent avec une peau tendre que l'air dessécherait, et qui ne
résisterait pas aux frottements qu'elle serait exposée à essuyer. La
nature leur a appris à se faire de véritables habits. Les uns se les
font de laine, les autres de soie, d'autres de feuilles d'arbres, et
d'autres de différentes autres matières. Les uns les savent al-
longer et élargir dans le besoin ; les autres savent s'en faire de
neufs quand les leurs sont devenus trop courts et trop étroits. Un
insecte, c'est le formica-leo [1], est obligé de vivre de proie ; quoi-
qu'il ne puisse marcher qu'à reculons, la ruse lui donne ce que
les autres obtiennent au moyen d'une meilleure disposition de
leurs jambes. Il sait se faire un trou, en manière d'entonnoir,
dans un sable roulant ; il se porte à l'affût au fond de ce trou,
ayant les deux cornes toujours ouvertes et prêtes à saisir les insectes qui y tombent pour avoir imprudemment marché sur les
bords d'un précipice toujours prêt à s'ébouler. De pareils traits
paraîtront admirables à qui sait le moins admirer.

(RÉAUMUR.)

XVI

La Vigne.

Après le champ de blé et la prairie, vient la vigne. On
dit et avec raison, en parlant de ces formes de la culture,
que « l'homme fait la terre » ; cela n'est pas moins vrai
du vigneron. La culture de la vigne est une de celles qui
exigent de l'homme le plus de travail personnel.

On sait que la France est en quelque sorte la terre du
vin par excellence. La vieille Gaule l'avait déjà prouvé,
mais un caprice d'un des plus mauvais empereurs romains,
Domitien, voulut lui enlever cet avantage. Il ordonna par

---

[1] Ou *fourmi-lion.*

un édit d'arracher toutes les vignes de ce pays et la vigne
en disparut pendant deux siècles ; ce fut un autre empereur, Probus, qui la fit replanter. C'était lui rendre ce qui
lui appartenait en quelque sorte par droit de nature,
puisque le sol y est propice à cette culture, et préparer à
la France une des sources les plus abondantes de sa prospérité. Il est vrai que, depuis quelques années, la maladie
a fait grand tort à nos vignobles. La dernière récolte en
vins, celle de 1880, a été de 29,677,472 hectolitres, 4 mil-

Fig. 38. — La Vigne.

lions de plus qu'en 1879, mais **22** millions de moins que
la moyenne des dix dernières années:

Les vignobles sont irrégulièrement distribués en France:
ils occupent de grandes surfaces dans le midi et dans l'est,
et sont moins nombreux au nord-est et au centre. Les vins
les plus renommés sont ceux de Bourgogne, de Bordeaux
et de Champagne.

De même que le grain de blé confié à la terre ne donne

pas le pain tout fait, de même la grappe de raisin ne donne pas d'elle-même le vin déposé sur la table. Et déjà pour obtenir la grappe, que de travail et de soucis ! Rien ne prouve mieux peut-être que la culture de la vigne que si la nature livre à l'homme la matière première, c'est pour qu'il apprenne à en tirer parti à force d'intelligence et de labeur.

Quand la vendange est faite et le raisin dans la cuve, le jus extrait de la grappe n'est pas encore du vin, il ne renferme pas encore d'alcool ; il a une saveur douce et sucrée qui donne le *vin doux*. Pour obtenir le produit désiré, la vendange est d'abord soumise au *foulage ;* puis vient la *fermentation*, qui a lieu dans la substance du sucre que contient le raisin, et ce sucre se décompose petit à petit en alcool et en gaz carbonique. Alors, l'alcool restant dans le liquide, celui-ci perd peu à peu la saveur douce qu'il avait d'abord, et prend le goût vineux.

Quand la fermentation est terminée, on soutire le vin, qui demande encore bien des soins pour être préservé des maladies auxquelles il est sujet.

On met le vin, pour le garder, dans des tonneaux, vaisseaux de bois formés de planches appelées douves et contenues par des cercles. On le met aussi quelquefois dans des outres faites de peau de bouc, ou dans des vases en terre ; cette coutume était surtout pratiquée chez les peuples de l'antiquité.

Toutes les sortes de bois ne sont pas convenables pour la fabrication des tonneaux, tant à cause de la conservation du vin que de son transport. Le chêne seul, et le chêne vieux, remplit toutes les conditions nécessaires : il ne communique au liquide aucun goût étranger, se rejoint bien, n'est pas spongieux, et résiste aux chocs. On appelle *merrain* les planchettes de chêne dont l'assemblage forme un tonneau. En 1826, la pièce de merrain valait en France 30 centimes, aujourd'hui elle vaut plus du double. On estime à 500,000 le nombre de mètres cubes de chêne nécessaires à la confection annuelle des barriques, et comme nous ne trouvons chez nous qu'un cinquième de cette quantité, nous sommes obligés d'acheter le reste à l'étranger, particulièrement en Autriche. On voit par là quelle est, au point de vue du vin, l'utilité des forêts de chêne et quel rapport il y a entre la vigne et la forêt.

LECTURE.

La Vigne dans l'ancienne France.

On a longtemps discuté sur ce point de savoir par qui et à quelle époque la vigne fut naturalisée dans les Gaules. L'opinion la plus plausible est celle qui veut que la culture de la vigne ait été d'abord pratiquée sur le sol gaulois par la colonie grecque fondatrice de Marseille[1], et se soit répandue de proche en proche sur toute l'étendue du territoire, jusqu'aux régions où le climat ne convient plus à cette culture. Toujours est-il que Pline [2] signale comme fort estimés plusieurs vins des Gaules. Sous la domination des Francs, qui tenaient le vin en grande estime, la propriété vignoble fut une de celles que les lois barbares protégèrent avec le plus de sollicitude. On trouve dans le code des Saliens et dans celui des Visigoths des peines très-sévères édictées contre celui qui se permettrait seulement d'arracher un cep ou de voler une grappe de raisin. La culture de la vigne devint générale, et les rois eux-mêmes en plantèrent jusque dans l'enclos de leur palais de la Cité. En 1160, il y avait encore dans Paris, auprès du Louvre, un vignoble assez étendu pour que Louis VII pût assigner, sur la vendange annuelle de ce clos, six muids de vin au curé de Saint-Nicolas. Philippe-Auguste possédait une vingtaine de vignobles d'excellents crus sur les divers points de son royaume.

La culture de la vigne ayant pris un semblable développement, le commerce des vins acquit en France une importance énorme. La Gascogne, l'Aunis et la Saintonge envoyèrent leurs vins dans les Flandres ; la Guyenne transportait les siens en Angleterre. Peu s'en fallut cependant que ce commerce florissant ne reçût la plus grave atteinte au seizième siècle, car une affreuse disette ayant désolé la France en 1566, Charles IX ne craignit pas de rappeler le triste souvenir de Domitien, et ordonna d'arracher presque toutes les vignes pour les remplacer par la culture des céréales ; mais Henri III ne tarda pas à modifier cette prescription, en recommandant seulement aux gou-

[1] Marseille a été fondée vers l'an 600 avant J.-C. par une colonie venue de Phocée, ville grecque de l'Asie Mineure.

[2] Écrivain latin, qui vivait dans le premier siècle de l'ère chrétienne.

verneurs de province de veiller à ce que « sur leurs territoires
les labours ne fussent délaissés pour faire plants excessifs de
vignes ».

(PAUL LACROIX.)

XVII

Les Forêts.

Les céréales, les fourrages, la vigne, n'occupent pas tout
le terrain où se déploie l'activité agricole : une grande
partie est couverte par les forêts. Si les forêts sont données
par la nature, et si en apparence elles ont moins besoin
des soins de l'homme, elles ne peuvent pas se passer de son
intervention, quand on veut en retirer tout l'avantage
qu'elles peuvent fournir, soit pour importer des espèces
nouvelles, soit pour conserver celles qui existent et dont
la présence est en certains cas si nécessaire. Ainsi, déboiser
une montagne, c'est vouloir que la vallée qu'elle domine
soit dévastée, qu'il se forme en différents endroits des marais et des sources de pestilence. Les montagnes boisées
retiennent les eaux, les empêchent d'entraîner la terre et
de mettre les rochers à nu. Un terrain sans bois est desséché
par le soleil, il devient aride et improductif. On voit combien les arbres sont utiles, et quels services ils rendent
déjà : ce ne sont pas les seuls, et ce que nous avons à
ajouter s'applique généralement à tous les végétaux, mais
en particulier aux plus grands, aux arbres.

Les arbres sont pourvus de feuilles, et ce n'est pas sans
raison que, d'après les fonctions qu'elles remplissent, on
les a comparées aux poumons chez les animaux. En effet,
quoique toutes les parties vertes des végétaux puissent
respirer, les feuilles jouent le plus grand rôle dans cette
fonction, mais ce rôle est double, et c'est de quoi il importe de bien se pénétrer, car autant l'un est bienfaisant,
autant l'autre peut être funeste. Pendant le jour, les
parties vertes décomposent l'acide carbonique, absorbent le

carbone et exhalent l'oxygène, sous l'influence des rayons solaires ; par conséquent elles purifient l'air en absorbant l'acide carbonique, et en versant autour d'elles des torrents d'oxygène ; pendant la nuit au contraire, elles rendent à l'atmosphère le carbone dont elles se sont nourries durant le jour : de là les accidents arrivés à des personnes endormies dans des serres, des orangeries ou des fruiteries, où l'air ne pouvait pas se renouveler. Ajoutons que l'acide carbonique décomposé dans la plante provient de trois sources : de l'air ambiant ; de l'eau absorbée par les racines et qui contient toujours de ce gaz en proportion plus ou moins grande ; de la combinaison du carbone, provenant des engrais et qui a pénétré dans les végétaux, avec l'oxygène absorbé pendant la nuit par les parties vertes et les parties colorées.

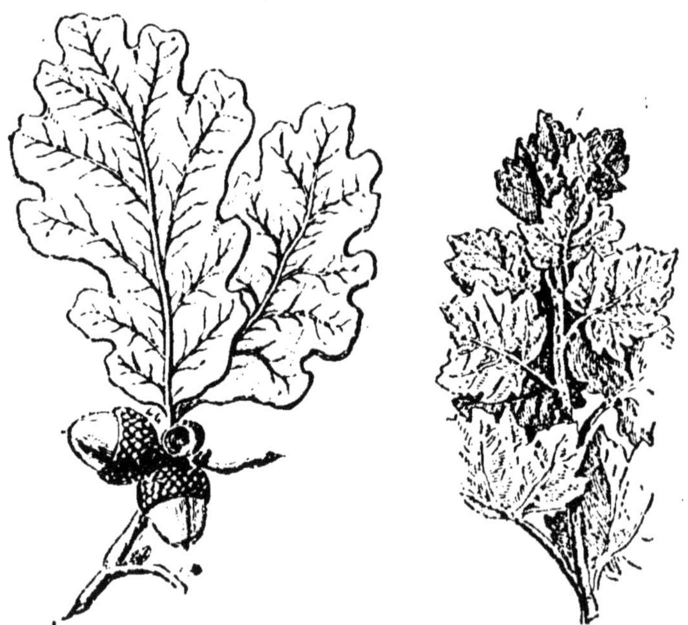

Fig. 39. — Feuille de chêne.   Fig. 40. — Feuille de peuplier.

Les principaux genres d'arbres qui peuplent nos forêts, dit M. Levasseur, sont divisés : — en *bois durs*, compre-

nant le chêne, qui pousse dans toutes les parties tempérées
de notre climat et dans les terres suffisamment compactes
et profondes; l'orme champêtre, qu'on voit souvent om-
brager nos routes et qui fournit, ainsi que le frêne et le
charme, un excellent bois ; le hêtre ou fayard, qui est,
avec le chêne, le roi de nos forêts ; — en *bois blancs*,
comprenant l'aune, le peuplier, le tremble et le saule, qui
aiment les lieux frais ; le bouleau à la blanche écorce et
aux feuilles ténues et tremblotantes, plante rustique qui
vient volontiers dans tous les terrains, même les plus
maigres et les plus froids, etc.; — en *bois résineux*, ou
arbres verts, ainsi nommés parce que leurs feuilles étroites

Fig. 41. — Feuille d'orme.   Fig. 42. — Feuille de bouleau.

et allongées en forme d'aiguilles, ne tombant qu'au bout
de plusieurs années, leur conservent une verdure perpé-
tuelle : le sapin, le mélèze, plus rare en France ; le pin, que
l'on rencontre dans nos régions montagneuses et dans les
Landes. Les massifs forestiers, qui comprennent huit millions et demi d'hectares, sont inégalement répartis sur la

R. — Leç. de Ch.   5

surface de notre sol. On les trouve : dans les régions du nord-est et de l'est, c'est-à-dire dans la Lorraine, la Franche-Comté, la Bourgogne et le Nivernais, sol généralement montagneux et pauvre, qui forme comme un vaste demi-cercle d'où partent les affluents de la Seine ; dans le bassin de la Seine où sont plusieurs forêts isolées, réser-

Fig. 43. — Branche de sapin.

Fig. 44. — Branche de pin.

vées dans des terres sablonneuses ; dans les Alpes, dans les Pyrénées, dans les Landes, celui des départements de France qui compte le plus d'hectares boisés, à cause des plantations de pins maritimes par lesquelles [1] on a utilisé son sol rebelle à la culture.

LECTURES.

1. — Le Chêne.

Voilà ce chêne solitaire
Dont le rocher s'est couronné :
Parlez à ce tronc séculaire,
Demandez comment il est né.

[1] La plantation du pin maritime y a été introduite à la fin du dernier siècle par l'ingénieur Brémontier, à qui un monument a été élevé sur les Dunes.

Un gland tombe de l'arbre et roule sur la terre :
L'aigle à la serre vide, en quittant les vallons,
S'en saisit en jouant et l'emporte à son aire,
Pour aiguiser le bec à ses jeunes aiglons.
Bientôt du nid désert qu'emporte la tempête,
Il roule confondu dans les débris mouvants
Et, sur la roche nue, un grain de sable arrête
Celui qui doit un jour rompre l'aile des vents.
      L'été vient ; l'aquilon soulève
La poudre des sillons, qui pour lui n'est qu'un jeu,
Et sur le germe éteint où couve encor la sève
      En laisse retomber un peu.

      Le printemps de sa tiède ondée
      L'arrose comme avec la main ;
      Cette poussière est fécondée,
      Et la vie y circule enfin.

      Il vit, ce géant des collines ;
      Mais avant de paraître au jour,
      Il se creuse avec ses racines
      Des fondements comme une tour.
      Il sait quelle lutte s'apprête,
      Et qu'il doit contre la tempête
      Chercher sur la terre un appui ;
      Il sait que l'ouragan sonore
      L'attend au jour..... ou, s'il l'ignore,
      Quelqu'un du moins le sait pour lui.

      Il vit ! Le colosse superbe,
      Qui couvre un arpent tout entier,
      Dépasse à peine le brin d'herbe
      Que le moucheron fait plier.
      Mais sa feuille boit la rosée ;
      Sa racine fertilisée
      Grossit comme une eau dans son cours,
      Et dans son cœur qu'il fortifie
      Circule un sang ivre de vie,
      Pour qui les siècles sont des jours.

      Son tronc, que l'écorce protége,
      Fortifié par mille nœuds,
      Pour porter sa feuille ou sa neige
      S'élargit sur ses pieds noueux ;
      Ses bras que le temps multiplie,
      Comme un lutteur qui se replie
      Pour mieux s'élancer en avant,

Jetant leurs coudes en arrière,
Se recourbent dans la carrière
Pour mieux porter le poids du vent.

Et son vaste et pesant feuillage,
Répandant la nuit alentour,
S'étend, comme un large nuage,
Entre la montagne et le jour.....
Le soir fait pencher sa grande ombre
Des flancs de la colline sombre
Presqu'au pied des derniers coteaux.
Un seul des cheveux de sa tête
Abrite contre la tempête
Et le pasteur et les troupeaux.

(LAMARTINE.)

2. — Les Forêts agitées par le vent.

Qui pourrait décrire les mouvements que l'air communique aux végétaux ? Combien de fois, loin des villes, dans le fond d'un vallon solitaire couronné d'une forêt assis sur le bord

Fig. 45. — Forêts.

d'une prairie agitée des vents, je me suis plu à voir les mélilots dorés, les trèfles empourprés et les vertes graminées former des ondulations semblables à des flots, et présenter à mes yeux une mer agitée de fleurs et de verdure ! Cependant les vents balançaient sur ma tête les cimes majestueuses des arbres. Le retroussis de leur feuillage faisait paraître chaque espèce de deux verts différents. Chacun a son mouvement. Le chêne au tronc raide ne courbe que ses branches ; l'élastique sapin balance sa haute pyramide ; le peuplier robuste agite son feuillage mobile, et le bouleau laisse flotter le sien dans les airs comme une longue chevelure. Ils semblent animés de passions ; l'un s'incline profondément auprès de son voisin comme devant un supérieur, l'autre semble vouloir l'embrasser comme un ami ; un autre s'agite en tous sens comme auprès de son ennemi. Le respect, l'amitié, la colère semblent passer tour à tour de l'un à l'autre comme dans le cœur des hommes, et ces passions versatiles ne sont au fond que les jeux des vents. Quelquefois un vieux chêne élève au milieu d'eux ses longs bras dépouillés de feuilles et immobiles. Comme un vieillard, il ne prend plus de part aux agitations qui l'environnent ; il a vécu dans un autre siècle. Cependant ces grands corps insensibles font entendre des bruits profonds et mélancoliques. Ce ne sont point des accents distincts ; ce sont des murmures confus comme ceux d'un peuple qui célèbre au loin une fête par acclamations. Il n'y a point de voix dominantes ; ce sont des sons monotones, parmi lesquels se font entendre des bruits sourds et profonds, qui nous jettent dans une tristesse pleine de douceur. Ainsi les murmures d'une forêt accompagnent les accents du rossignol. C'est un fond de concert qui fait ressortir les chants éclatants des oiseaux, comme la douce verdure est un fond de couleurs sur lequel se détache l'éclat des fleurs et des fruits.

(BERNARDIN DE SAINT-PIERRE.)

QUESTIONNAIRE

SUR LA PREMIÈRE PARTIE.

I. *La maison d'école.* — Qu'est-ce qu'une salle de classe ? Qu'est-ce qu'une maison d'école ? Qu'apprend-on à l'école ? Quels sont les objets qu'on y trouve ? A quoi sert l'instruction ? Qu'est-ce qu'un gymnase, un jardin ? A quoi servent-ils ?

II. *La maison commune.* — Qu'est-ce que la maison commune ? Quelles sont les personnes qui s'y assemblent ? Pourquoi les habitants de la commune y viennent-ils ? Qu'est-ce que le registre de l'État civil ? Quels rapports y a-t-il entre la maison d'école et la maison commune ?

III. *La fontaine. L'eau.* — Où est située la fontaine ? A quoi sert-elle ? L'eau est-elle une chose précieuse ? Quels sont les usages de l'eau dans la vie ordinaire, lans l'agriculture, dans l'industrie ? D'où vient-elle ? Qu'est-ce que les nuages ?

IV. *La maison d'habitation.* — A quoi est-elle destinée ? Comment doit-elle être distribuée ? De quoi se compose-t-elle ? A quoi sert chacune de ses parties ? Quels objets place-t-on dans chaque pièce ? Qu'est-ce qui fait la beauté et l'agrément d'une maison ? Que faut-il entendre par le foyer domestique ? En quoi consiste le lien moral qui unit tous les membres d'une famille ?

V. *La construction d'une maison.* — Que faut-il pour construire une maison ? D'où vient la pierre ? Qu'est-ce que la pierre brute ? Qu'entend-on par les fondements d'une maison ? Qu'est-ce que la chaux ? Qu'est-ce que la brique ? Que font les maçons, les charpentiers, les couvreurs ? Qu'est-ce que l'ardoise ? Qu'est-ce que la tuile ? Quels sont les autres travaux nécessaires pour achever la maison ? En quoi consistent les maisons portatives ? Où les a-t-on inventées ? Quelle est leur utilité ? — Pourquoi le même homme ne fait-il pas tout ? Est-il bon que les hommes aient besoin les uns des autres ? Doivent-ils se rendre service mutuellement ?

VI. *Histoire de l'habitation.* — Qui a inventé les maisons ? Les animaux ont-ils aussi des habitations ? Quelle différence y a-t-il entre l'homme et l'animal à cet égard ? Y a-t-il un progrès dans la manière de construire les demeures des hommes ? Qu'entend-on par habitations lacustres ? Qu'est-ce que la tourbe ? Que prouve l'histoire de l'habitation ? Les hommes sont-ils plus heureux aujourd'hui qu'autrefois ?

VII. *La ferme.* — Qu'est-ce que l'agriculture ? Pourquoi a-t-elle été honorée de toute antiquité ? Qu'est-ce qu'une ferme ? De quelles parties se compose une ferme ?

VIII. *La bergerie.* — Qu'est-ce qu'une bergerie ? Qu'est-ce qu'un berger ? De quoi le berger doit-il être capable ? Quelle est sa responsabilité ? Par qui est-il aidé dans la garde de son troupeau ? A quoi sert le chien ?

IX. *L'étable.* — Qu'est-ce qu'une étable ? Quelles sont les conditions d'une étable bien tenue ? Quels sont les services que le bœuf rend à l'homme ?

X. *L'écurie.* — Qu'est-ce que l'écurie ? Comment doit-elle être tenue ? Quels sont les services rendus par le cheval ? Quels sont les défauts et les mérites de l'âne ? A quoi sert le mulet ?

XI. *La basse-cour.* — Quelles sont les principales divisions d'une basse-cour ? Qu'est-ce que la porcherie ? Quels sont les avantages qu'on retire des volailles de basse-cour ? Qu'est-ce que le clapier ? La basse-cour donne-t-elle lieu à un commerce étendu ?

XII. *Les céréales.* — Comment obtenons-nous les fruits de la terre ? A qui les anciens attribuaient-ils l'invention du blé ? Qu'appelle-t-on céréales ? Enumérez les principales. De quoi se compose un épi de blé ? Quelles sont les espèces d'avoine généralement cultivées ? Quelles sont les opérations nécessaires pour obtenir ces différents produits ?

XIII. *Les auxiliaires du cultivateur.* — L'homme a-t-il besoin d'être aidé dans la culture de la terre ? Qu'est-ce que les animaux domestiques ? Combien y a-t-il d'espèces d'animaux domestiques parmi les carnassiers, les rongeurs, les pachydermes, les solipèdes, les ruminants ? Qu'est-ce qu'un rongeur, un pachyderme, un solipède, un ruminant ? Quels services tous ces animaux rendent-ils encore au cultivateur ? A quoi sert le fumier ? Faut-il le laisser amoncelé devant la porte et sous les fenêtres des habitations ? D'où vient le mot *domestique* ? Comment faut-il traiter les animaux ?

XIV. *Les oiseaux.* — Les animaux domestiques sont-ils les seuls auxiliaires de

cultivateur ? Quels services rendent les oiseaux ? Quels sont les oiseaux qui en
rendent le plus ? A quelle époque de l'année surtout ? Faut-il détruire les nids
d'oiseaux ?

XV. *Les insectes utiles.* — Tous les insectes sont-ils nuisibles ? Quels sont
ceux qui rendent des services à l'agriculture ? A-t-on raison de les tuer indifféremment tous ? Quels services rendent les abeilles ? Comment sont-elles gou-
vernées ? Qu'est-ce qu'une ruche ? Un essaim ? — Faut-il faire souffrir les
insectes et en général les animaux inoffensifs ? Que prouve la cruauté envers les
animaux ?

XVI. *La vigne.* — Qu'est-ce que la vigne ? La France est-elle un pays
propre à la culture de la vigne ? Depuis combien de temps s'en occupe-t-on
dans notre pays ? Quels sont les vignobles les plus renommés ? Quels sont les
opérations nécessaires pour la fabrication du vin ? Dans quoi le conserve-t-on ?
Avec quelle espèce d'arbres fait-on les tonneaux ?

XVII. *Les forêts.* — Qu'est-ce qu'une forêt ? En quoi le travail de l'homme
est-il nécessaire par rapport aux forêts ? Est-il dangereux de déboiser les montagnes ? — Quel rôle jouent les feuilles des arbres et en général les plantes
dans l'atmosphère ? D'où vient l'acide carbonique décomposé dans la plante ?
Que faut-il pour que l'homme respire un air salubre ? — Quelles sont les principaux genres d'arbres ?

DEUXIÈME PARTIE

CHOSES DE LA VILLE

I

La Ville et la Cité.

Le village est un assemblage de maisons habitées par des gens de la campagne appelés *paysans*, du mot latin *pagus*, lequel signifie village. La ville est aussi un assemblage de maisons, mais de maisons plus vastes, plus nombreuses et d'une destination plus variée. Mais là ne s'arrête pas la différence. Un village est ordinairement un centre d'intérêts agricoles ; une ville, selon son importance, est un centre d'intérêts industriels et commerciaux ; c'est là que s'instruisent et que se forment les savants, les artistes, les artisans dans tous les genres de métiers. De plus, c'est le siège de diverses administrations, comme un tribunal, une préfecture ou une sous-préfecture, les directions des contributions, des domaines, etc. Enfin, plusieurs villes sont des points de défense pour le pays, principalement sur les frontières ; de là vient qu'il y a des villes de guerre, entourées de fossés et de fortifications ; ce sont des villes dites fermées par opposition aux autres qu'on dit villes ouvertes, où l'on peut entrer de tous les côtés, la nuit comme le jour.

Il est assez ordinaire d'employer indifféremment l'un pour l'autre les mots ville et cité ; il est bon toutefois de bien connaître le sens de chacun : la *ville* se considère sous le point de vue physique, la *cité* sous le point de vue politique. Les maisons font la *ville*, les citoyens font la *cité* ; ainsi deux hommes de la même ville habitent le même lieu, deux hommes de la même cité appartiennent au même corps politique, ils ont la même patrie. Il en résulte qu'il

Fig. 46. — Vue de Paris.

n'est pas nécessaire d'habiter une ville pour être citoyen : un villageois l'est autant et au même titre qu'un citadin,

5.

puisqu'il est comme lui enfant de la même patrie, membre de la même communauté politique, et qu'il appartient au même peuple.

On dit : *le peuple français, le peuple anglais, le peuple allemand.* On dit aussi : *un homme du peuple* ; dans certains pays, *le peuple est ignorant.* Quelle différence y a-t-il donc entre ces expressions : *un peuple* et *le peuple ?* Un philosophe grec, nommé Socrate, et qui vivait 400 ans avant Jésus-Christ, va nous l'apprendre.

Un jour qu'il causait avec un jeune homme qui ne manquait pas de prétentions et qui aspirait à jouer un rôle dans l'État, il lui demanda :

« Qu'est-ce que vous appelez le peuple ? — Les plus pauvres citoyens. — Vous savez, sans doute, ce que c'est que les pauvres ? — Comment l'ignorer ? — Et ce que c'est que les riches ? — Tout aussi bien. — Qui sont ceux que vous appelez pauvres et ceux que vous appelez riches ? — J'appelle pauvres ceux qui n'ont pas le nécessaire ; et riches, ceux qui ont plus que le nécessaire . — N'avez-vous pas remarqué que certaines gens, avec peu de chose, font encore des épargnes ; et que d'autres, avec de grands biens, n'ont pas même le nécessaire ? — Cela est certain, et vous avez raison de me le rappeler. Je sais même des souverains qui vivent dans la plus grande détresse, et que le besoin force à commettre des injustices. — Voilà donc des souverains qu'il faudra placer, suivant vous, dans la classe du peuple ; et les gens qui ont peu de fortune et qui savent bien l'économiser seront comptés parmi les riches. — Il faut bien que j'en convienne, et je vois que je ne sais pas au juste ce que c'est que le peuple. »

Si le jeune interlocuteur de Socrate ignorait ce qu'il croyait savoir, il avait au moins le mérite d'en convenir, ce qui n'est pas déjà si commun. Un peuple est une réunion d'hommes soumis aux mêmes lois ; le plus pauvre comme le plus riche citoyen, le plus ignorant comme le plus savant fait partie du peuple. Mais tout le monde sait que, dans cet ensemble qui se compte par millions, il y a des individus qui se distinguent non-seulement par la richesse, mais par l'éducation et le savoir, par des mœurs plus polies, des talents qui les mettent à même d'occuper les plus hautes positions sociales et d'en remplir les obligations, ou qui leur font un nom dans les arts, dans les sciences, dans les lettres. Ces avantages sont personnels ; comme citoyens, ceux qui les possèdent ne sont pas plus devant la loi que ceux qui en sont privés ; mais ceux-ci forment une classe qu'on désigne en disant *le peuple*, et cette distinction résulte de la nature des choses. Le peuple même a ses degrés : un manœuvre est au-dessous d'un artisan pour le savoir et l'habileté dans le travail ; celui qui ne sait ni lire ni écrire est inférieur à celui qui a suivi les leçons de l'école et qui en a profité ; dans le même sens, l'artiste est supérieur à l'artisan, l'architecte, par exemple, au maçon ; le savant l'emporte sur l'homme qui n'a qu'une instruction ordinaire.

Il résulte de ces différences que c'est le mérite, joint à une conduite honorable, qui établit la vraie distinction entre les hommes ; la dernière condition est indispensable et par elle tous ont droit à l'estime, parce que tous sont utiles à la société et travaillent à la prospérité commune. Tous les hommes sont égaux, en ce sens qu'ils ont tous la même origine, la même nature, et les mêmes devoirs. L'inégalité consiste dans les degrés de vertu, de mérite personnel où chacun de nous a pu s'élever. N'oublions pas que ces avantages constituent, pour ceux qui en jouissent, non un privilège égoïste, mais une charge. Plus nous sommes favorisés des biens de la fortune, plus nous avons d'obligations à remplir pour nous en rendre dignes ; plus nous devons donner autour de nous l'exemple de l'honneur et du devoir.

LECTURE.

L'Égalité parmi les Hommes.

Au moment de livrer une grande bataille, dont l'issue pouvait être douteuse, César [1] fit renvoyer ostensiblement son cheval et

---

[1] Général romain, qui vivait environ 50 ans avant J.-C.

tous ceux de ses officiers. C'était dire clairement aux fantassins des légions[1] : « La lutte sera rude et meurtrière, vous courrez de grands dangers ; vous voilà sûrs que votre général ne vous abandonnera pas, et qu'il les partagera tous avec vous. » Ainsi doivent agir, dans la rude mêlée de la vie, tous ceux que leur naissance, leur fortune ou leurs talents ont placés à la tête des légions humaines. Dans tous les grands périls, contagions, fléaux naturels, invasions étrangères, ils doivent payer d'exemple, et « renvoyer leur cheval », c'est-à-dire ne pas abuser des moyens que le hasard leur a fournis d'échapper au danger, qui doit être affronté en commun. Les utopistes rêvent l'égalité de fortune, qui n'est qu'une chimère. Les moralistes prêchent l'égalité de souffrance et de danger. — Pourquoi celui-ci va-t-il à cheval tandis que je me traîne à pied ? Question d'envieux à laquelle il est trop aisé de répondre. — Pourquoi celui-ci se sauve-t-il au galop de son cheval pour échapper à son devoir ? Question beaucoup plus grave et plus embarrassante. C'est dans les cas d'extrême péril que l'inégalité semble contre nature, et qu'il est permis à ceux qui se battent à pied de siffler ceux qui fuient à cheval.

(Magasin pittoresque.)

II

Les Rues.

Nous nous rendons d'un village au chef-lieu du département.

Fig. 47. — Place forte.

Si c'est une ville de guerre, comme Besançon, Lille,

---

[1] On désignait ainsi chez les Romains ce que nous appelons aujourd'hui des régiments.

Lyon, Strasbourg, Metz, nous trouvons aux abords de la place des forts destinés à en défendre l'approche ; puis en avançant nous montons une pente douce qui forme ce qu'on appelle les glacis et qui nous conduit au bord du premier fossé, car ordinairement il y a une double enceinte. Arrivés là, nous passons sur un pont-levis, ainsi nommé, parce qu'on le lève ou qu'on le baisse à volonté, au moyen de grosses chaînes en fer, pour fermer ou pour ouvrir le passage du fossé.

Si c'est une ville ouverte comme Nancy, Dijon, Troyes, Nantes, nous voyons aux alentours se déployer des jardins, les uns d'agrément et donnant la préférence aux fleurs sur les légumes, les autres potagers et dont les produits sont conduits au marché ; près de certaines grandes villes, on voit prospérer la culture maraîchère, qui a converti, comme près de Paris, des marais en champs de fraises ou de rosiers, ou en pépinières remplies d'arbustes variés. Les fleurs seules donnent lieu à un mouvement d'affaires que l'on porte à plus de 15 millions.

Avant d'entrer dans la ville proprement dite, nous traversons un faubourg, et nous débouchons enfin dans une rue. Déjà nous voyons que si, dans un village, il n'y a souvent qu'une seule rue, dans une ville elles sont très-nombreuses. Une rue est un chemin qui se continue entre deux rangées de maisons.

Les rues sont plus ou moins longues, plus ou moins larges ; les maisons qui les forment sont plus ou moins hautes, plus ou moins grandes. Il n'est pas indifférent à la santé des habitants d'une ville que les rues aient une certaine longueur, une certaine largeur, et les maisons certaines dimensions. Pour nous bien porter, il nous faut de l'air et de la lumière ; pour être à l'abri des accidents de voitures, il nous faut un espace de circulation suffisant. Or, ni l'air ni la lumière ne pénètrent facilement, ni la circulation n'est commode dans des rues trop étroites ou dont les maisons sont trop hautes. Un proverbe dit : « Une maison humide vaut son pesant d'arsenic. » Toutefois, il faut tenir compte du climat : dans le midi, où l'air, le soleil et aussi la poussière abondent, où l'on souffre plus de la sécheresse que de l'humidité, la recherche de l'ombre est nécessaire à la santé autant qu'à l'agrément. Dans le nord, il faut que l'humidité puisse facilement s'évaporer et que l'espace largement ouvert supplée à la pénurie de la lumière. Il en résulte que telle largeur de rue, pleinement hygiénique dans une ville du midi, serait insalubre dans une ville du nord ou de l'ouest.

Il y a dans certaines grandes villes d'Europe, des rues d'un développement considérable. La rue de Rivoli, à Paris, a 1800 mètres de longueur ; la Cannebière de Mar-

Fig. 48. — La Cannebière de Marseille.

seille, avec les allées de Meillan qui la prolongent, a 2 kilomètres ; la rue d'Oxford (Oxford Street), à Londres, a 2 kilomètres, mais prolongée par plusieurs autres qui sont placées dans son axe, elle atteint en réalité une longueur de plus de 16 kilomètres, et coupe la ville comme le diamètre coupe une circonférence.

Enfin il ne suffit pas, pour qu'une ville soit saine à habiter, que les rues aient la largeur et la longueur voulues ;

il faut encore qu'elles soient entretenues proprement, que
les immondices n'y séjournent pas, et que les eaux aient

Fig. 49. — Vue de Londres.

un écoulement facile. C'est à l'inobservation de ces règles
d'hygiène publique que l'on doit attribuer une grande

partie des épidémies qui sévissent quelquefois au milieu des cités populeuses. Les grandes pestes qui ont désolé le moyen âge n'ont pas eu souvent d'autres causes.

L'entretien des rues et des places d'une ville sous ces divers rapports constitue le service de la *voirie*, qui est d'origine toute moderne. En effet, les rues ont laissé beaucoup à désirer, au point de vue de l'hygiène, pendant l'antiquité, pendant le moyen âge et même dans les temps modernes jusqu'à notre siècle. Parmi les villes de province, Nancy est une de celles où l'on trouve le plus de rues larges et bien bâties ; mais elles ne sont pas de date bien ancienne. Autrefois les rues n'étaient pas pavées, même à Paris et dans le voisinage du palais du roi ; c'est à Philippe-Auguste que l'on doit cette amélioration : le premier pavage eut lieu à Paris en 1185. Le pavé était composé de grosses dalles en grès, de forme carrée, et appelées des *carreaux* : d'où l'expression « être sur le carreau », et plus tard « être sur le pavé ».

L'éclairage des rues est encore moins ancien. Charles VII est le premier qui l'ait rendu obligatoire, en ordonnant à chaque bourgeois de suspendre à sa maison, après neuf heures du soir, une lanterne avec une chandelle allumée. Cette ordonnance fut mal observée ; François Ier la renouvela et organisa un service de gardes de nuit.

A la fin du seizième siècle, les rues furent éclairées au moyen de lanternes suspendues à des traverses ; mais ce ne fut que sous Louis XIV que l'éclairage public fut réellement organisé : toutes les places et la plupart des rues furent pourvues de lanternes aux frais des habitants. Cette organisation est due à La Reynie, lieutenant de police[1], en 1657.

Les réverbères furent inventés en 1750, et continuèrent à être en usage jusqu'à ce qu'ils fussent remplacés par l'éclairage au gaz. Paris fut éclairé au gaz pour la première fois sous le règne de Louis XVIII. Aujourd'hui un grand

---

[1] Magistrat dont les fonctions étaient analogues à celles qu'exerce le préfet de police.

nombre de villes ont suivi l'exemple de Paris [1], mais les
réverbères avec l'éclairage à l'huile n'ont pas encore entièrement disparu. Depuis quelques années, on étudie la
question de l'éclairage par l'électricité, et les premières
expériences se continuent encore actuellement.

Les rues se distinguent entre elles par le nom qu'elles
portent, et qui leur est attribué par décision de l'autorité
municipale avec l'approbation de l'autorité supérieure.
Autrefois ces désignations étaient tirées surtout de circonstances locales, telles que les différents genres de commerce, la qualité ou la profession des habitants, la nature
des établissements ou des édifices : aussi la plupart des
villes ont leur rue des *Orfèvres*, des *Teinturiers*, des *Tanneurs*, des *Chaudronniers*, leur rue du *Palais*, du *Collège*
ou de l'*Hôpital*; Metz a la rue des *Clercs*, la rue des *Allemands*; Nancy, la rue des *Dominicains*, celle des *Carmes*;
Paris, celle des *Lombards*.

Aujourd'hui, les dénominations des rues sont le plus
ordinairement empruntées au souvenir d'événements ou
de personnages importants ; ainsi plusieurs des rues ou
des boulevards de Paris rappellent les victoires et les expé-
ditions de nos armées : rues de Rivoli, de Marengo, de
Castiglione, d'Aboukir, de Turbigo, boulevard de Sé-
bastopol; d'autres portent les noms de Richelieu, de
Racine, de Lamartine, de Malesherbes, de Richard-Le-
noir, etc. [2]

Mais c'est en province que cet usage a prévalu : chaque
ville a tenu à se parer en quelque sorte des illustrations
qu'elle a vues naître ou qui se rattachent à elle par des
liens d'origine ou de séjour. Ainsi Dijon a les rues Bossuet [3],

---

[1] La première idée de l'éclairage au gaz appartient à un ingénieur français,
Philippe Lebon, né à Brachet (Haute-Marne) vers 1765 ; il mourut en 1804.

[2] Le cardinal de Richelieu, ministre de Louis XIII, né en 1585, mort en
1642. — Racine, poète illustre du dix-septième siècle. — Lamartine, né en
1792, mort en 1869. — Malesherbes, défenseur de Louis XVI. — Richard-
Lenoir, 1766-1840, célèbre manufacturier, monta à Paris les premiers métiers
pour le tissage du coton ; il était associé avec Lenoir, dont le nom est resté
uni au sien.

[3] Évêque de Meaux, le premier de nos orateurs sacrés, né à Dijon en 1627,
mort en 1704.

Rameau [1], Crébillon [2], Condé [3], Buffon [4]; Nancy, les rues Charles III [5], Stanislas [6], Callot [7]; Troyes, la rue Urbain IV [8], etc.

C'est une heureuse idée et une bonne coutume que de mettre ainsi sous les yeux de la population les noms les plus recommandables de l'histoire locale.

LECTURE.

Le premier pavé de Paris.

Un jour que le roy Philippe-Auguste alloit par son palais, pensant à ses besoignes [9], il s'appuya à une fenestre pour regarder la Seyne et prendre l'air : il advint [10] en ce moment que des charrettes qu'on charioit parmi les rues remuèrent si bien la boue et l'ordure dont lesdictes rues estoient pleines, qu'une puanteur en sortit si grande, qu'à peine la pouvoit-on souffrir ; elle remonta jusqu'à la fenestre où estoit le roy. Il se destourna de la fenestre en grande abomination de cœur [11] et pour ceste raison il conceut en son courage [12] une grande et somptueuse [13] œuvre, mais moult [14] nécessaire, que tous ses devanciers n'avoient osé entreprendre ny commencer pour les grandes despenses qu'il faudroit. Il manda le prévôt et les bourgeois de Paris, et leur ordonna que toutes les rues et les voies de la Cité fussent pavées bien soigneusement de grès gros et forts.

(CHRONIQUES DE SAINT-DENIS.)

[1] Musicien célèbre, 1683-1764.
[2] Poète tragique, 1674-1762.
[3] Vainqueur de Rocroy, de Lens, de Fribourg, gouverneur de la province de Bourgogne, dont la capitale était Dijon ; né en 1621, mort en 1687.
[4] Célèbre naturaliste, né à Montbard (Côte-d'Or) en 1707, mort en 1788.
[5] Duc de Lorraine, surnommé *le Grand*, né en 1512, mort en 1608.
[6] Roi détrôné de Pologne, duc de Lorraine et de Bar de 1738 à 1766.
[7] Célèbre graveur, né à Nancy en 1593, mort en 1635.
[8] Né à Troyes, fils d'un savetier, fit bâtir une Eglise sur l'emplacement de l'échoppe de son père ; pape de 1262 à 1264. — Ces exemples pourraient être aisément multipliés, et adaptés par chaque instituteur à l'histoire locale de la ville ou du département.
[9] *Besoignes* pour *affaires*. Ce morceau est extrait d'un auteur qui écrivait le vieux français, le français du douzième siècle.
[10] Il arriva.
[11] Avec un grand dégoût.
[12] En son esprit.
[13] Qui devait coûter très-cher.
[14] Très-nécessaire.

III

L'Hôtel de ville.

Qu'est-ce qu'un hôtel de ville ? C'est ce qu'on nomme au village la maison commune ou la mairie. Sa destination est la même ; c'est le lieu où se réunissent les magistrats

Fig. 50. — L'Hôtel de ville de Louvain

qui administrent la cité. Mais on comprend que plus la population est nombreuse, plus le service est étendu et compliqué ; ce n'est plus comme dans une commune rurale où une ou deux pièces suffisent ; il faut à chaque partie du service un emplacement particulier. Au moyen âge, un hôtel de ville présentait ordinairement au rez-de-chaussée un portique donnant sur la grande place et pouvant servir aux réunions des bourgeois pour leurs affaires particulières ; au premier étage, une grande salle destinée à l'assemblée des notables et aux cérémonies publiques ; une tour ou beffroi, avec une cloche pour appeler les habitants, et un campanile [1] orné d'un carillon.

Le maire est le premier magistrat civil de la commune. Il est chargé, sous l'autorité de l'administration supérieure : de la publication et de l'exécution des lois et règlements ; des fonctions spéciales qui lui sont attribuées par les lois ; de l'exécution des mesures de sûreté générale. Il est encore chargé, sous la surveillance de l'administration supérieure : de la police municipale, de la police rurale, de la voirie, et de l'exécution des actes de l'autorité supérieure qui y sont relatifs ; enfin, de l'administration des propriétés de la commune.

En cas d'absence ou d'empêchement, le maire est remplacé par l'un des adjoints.

Le conseil municipal prend part à l'administration des biens communaux et délibère sur le budget de la commune.

La construction des premiers hôtels de ville remonte au douzième siècle, époque de l'établissement des premières communes : l'hôtel de ville était alors le signe matériel et visible de l'affranchissement de la commune. A partir du quatorzième siècle, ils perdirent ce caractère, et cessèrent d'être le foyer de la vie politique de la cité. Les villes libres se rangèrent peu à peu sous l'autorité royale, en même temps que celle-ci établissait sa prédominance sur les seigneurs féodaux, et que se constituait lentement mais fortement l'unité française.

Parmi les plus beaux hôtels de ville, on cite ceux de Lyon, de Rouen, d'Arles, de Toulouse, d'Aix, de Bordeaux, d'Arras, de Douai ; en Belgique, ceux de Bruxelles, d'Anvers, de Bruges, de Louvain. L'hôtel de ville de Paris était

____
[1] Tourelle avec ouvertures et petit dôme.

un monument remarquable par son architecture et par les souvenirs historiques qui s'y rattachent : il a été détruit en 1871 par l'insurrection de la Commune.

Le siège de l'administration municipale de Paris fut établi en 1212, sur la place de Grève, dans une maison appelée la *Maison aux Piliers*, en raison des piliers qui supportaient sa façade. Elle fut remplacée par une construction neuve dont la première pierre fut posée en 1553, et qui ne fut achevée qu'en 1606.

C'est Philippe-Auguste qui avait acquis de ses deniers la Maison aux Piliers, pour en donner l'usage à la corporation des marchands de pain, dont le chef prit dès lors le titre de prévôt des marchands, et devint le premier magistrat de Paris.

Le prévôt des marchands exerçait des fonctions considérables, analogues à celles de préfet, de maire, de juge. Les plus célèbres dans l'histoire de Paris sont : Étienne Boileau [1], Étienne Marcel [2], Jean Juvénal des Ursins [3], François Miron [4].

LECTURE.

Étienne Boileau, prévôt de Paris.

En 1258, saint Louis choisit pour prévôt Etienne Boileau, bourgeois notable et estimé de Paris ; et, pour donner à ce magistrat l'autorité dont il avait besoin, le roi venait quelquefois s'asseoir à côté de lui, quand il rendait la justice au Châtelet [5]. Etienne Boileau justifia la confiance du roi, et maintint une police si sévère qu'il fit pendre son propre filleul coupable de vol. Sa prévoyance administrative égala sa sévérité judiciaire. Il établit des registres pour y inscrire les règles habituellement pratiquées pour l'organisation et le travail des diverses corporations d'artisans, les tarifs des droits prélevés au nom du roi sur l'entrée des denrées et marchandises, et les titres sur lesquels les abbés et autres seigneurs fondaient les privilèges dont ils

[1] De 1258 à 1270 environ.

[2] Se signala aux États généraux de 1356, pendant la captivité de Jean le Bon en Angleterre, et mourut assassiné en 1358.

[3] Né à Troyes, vers 1360, nommé prévôt de Paris en 1388.

[4] Prévôt en 1604, mourut en 1609 ; il embellit Paris et fit construire avec les émoluments de sa place la façade de l'hôtel de ville.

[5] Le Châtelet était la résidence du prévôt de Paris, et le lieu ou il rendait la justice au nom du roi.

jouissaient dans l'intérieur de Paris. Les corporations d'artisans, représentées par leurs maîtres-jurés ou prud'hommes, comparurent l'une après l'autre devant le prévôt pour déclarer les usages pratiqués dans leurs communautés et pour les faire enregistrer dans le livre préparé à cet effet. Le recueil des réglements sur les arts et métiers de Paris au treizième siècle, connu sous le nom de *Livre des métiers d'Étienne Boileau*, est le premier monument de statistique industrielle dressé par l'administration française.

(GUIZOT.)

IV

La Cathédrale.

Un hôtel de ville n'est pas seul à se distinguer des habitations ordinaires ; il y a d'autres édifices qui les dépassent en grandeur et en beauté. Tels sont les palais qu'habitaient jadis les rois, comme le palais de Versailles, celui des Tuileries et celui du Louvre. Les monuments de cet ordre appartiennent non pas à une ville, mais à l'État, c'est-à-dire à la nation tout entière.

Ils sont affectés aujourd'hui, soit aux grands pouvoirs publics, comme le Palais-Bourbon, l'Élysée, le Luxembourg, soit à des musées, comme une partie de ce dernier palais, celui du Louvre et celui de Versailles.

Il y a encore dans les villes d'autres monuments, d'un autre caractère, ce sont les édifices consacrés aux différents cultes : temples protestants (d'un mot latin qui signifie lieu consacré à la Divinité) ; synagogues juives (d'un mot grec qui signifie réunion, assemblée) ; églises catholiques (d'un autre mot grec qui a le même sens). C'est là, en effet, que les fidèles se réunissent pour l'exercice de leur religion. La cathédrale, d'un mot latin qui signifie siège, se dit de l'église qui est le siège d'un évêché ou d'un archevêché.

Un certain nombre de cathédrales sont classées parmi les monuments, dits historiques, parce qu'ils ont une valeur au point de vue de l'histoire comme au point de vue de l'art. Presque toutes représentent ce qu'on a appelé assez improprement l'architecture gothique et plus exactement l'architecture ogivale. Les plus célèbres cathédrales en France sont celles d'Amiens, de Laon, de Dijon, de Troyes, de Chartres, de Beauvais, de Bourges, de Coutances ; ajoutons-y celles de Metz et de Strasbourg. Celle de Paris est célèbre sous le nom de Notre-Dame de Paris ;

Fig. 51 — Nef de la cathédrale d'Amiens.

Charlemagne en a posé la première pierre, mais elle n'a été achevée que sous Philippe-Auguste ; ce qui explique qu'elle n'a point un caractère artistique exclusif. Elle n'est pas, a dit Victor Hugo, « un monument complet, défini, classé. Ce n'est plus une église romane, ce n'est pas encore une église gothique. Cet édifice n'est pas un type. C'est un édifice de la transition. »

Ces cathédrales datent du moyen âge; bât'es sous l'inspiration d'une foi vive, tout un peuple participait à leur

Fig. 52. — Notre-Dame de Paris.

construction, et l'on ne connait même pas le nom des architectes qui en traçaient le plan.

LECTURE.

Paris au XVe siècle, vu des tours de Notre-Dame.

Pour le spectateur qui arrivait essoufflé sur ce faîte, c'était d'abord un éblouissement de toits, de cheminées, de rues, de ponts, d) places, de flèches, de clochers. Tout vous prenait aux yeux à la fois, le pignon taillé, la toiture aiguë, la tourelle suspendue aux angles des murs, la pyramide de pierre du onzième siècle, l'obélisque d'ardoise du quinzième, la tour ronde et nue du donjon, la tour carrée et brodée de l'église, le grand, le petit, le massif, l'aérien. Le regard se perdait longtemps dans ce labyrinthe... Mais voici les principales masses qu'on distinguait, lorsque l'œil commençait à se faire à ce tumulte d'édifices.

Au centre, l'île de la Cité [1], ressemblant par sa forme à une énorme tortue et faisant sortir ses ponts, écaillés de tuiles, comme des pattes, de dessous sa grise carapace de toits. A gauche, le trapèze monolithe [2], ferme, dense, serré, hérissé, de l'Université ; à droite, le vaste demi-cercle de la ville, beaucoup plus mêlé de jardins et de monuments. Les trois blocs, Cité, Université, Ville, marbrés de rues sans nombre. Tout au travers, la Seine, « la nourricière Seine », comme dit le P. du Bréal, obstruée d'îles, de ponts et de bateaux. Tout autour une plaine immense, rapiécée de mille sortes de cultures, semée de beaux villages ; à gauche Issy, Vanvres, Vaugirard, Montrouge, Gentilly avec sa tour ronde et sa tour carrée, etc ; à droite, vingt autres, depuis Conflans jusqu'à la Ville-l'Évêque. A l'horizon, un ourlet de collines disposées en cercle comme le rebord du bassin. Enfin, au loin à l'orient, Vincennes et ses sept tours quadrangulaires ; au sud, Bicêtre et ses tourelles pointues ; au septentrion, Saint-Denis et son aiguille ; à l'occident, Saint-Cloud et son donjon. Voilà le Paris que voyaient du haut des tours de Notre-Dame les corbeaux qui vivaient en 1482.

(Victor Hugo.)

V

Les Cloches.

Une cloche, en général, est un instrument de métal dont on se sert pour donner divers signaux ; ainsi, dans les vil-

---

[1] L'île de la Cité a été comme le berceau de Paris, longtemps renfermé entre les deux rives de la Seine. Cette île, dit l'historien Sauval, *est faite comme un grand navire enfoncé dans la vase et échoué au fil de l'eau.* De là vient le vaisseau historique que la ville de Paris porte dans ses armes. Avec le temps, on passa la Seine, on établit des ponts, et les deux rives se peuplèrent. A gauche, ce qu'on appelait au moyen âge l'Université, et aujourd'hui encore le quartier latin ; c'était le centre des études, des collèges, avec la Sorbonne, la montagne Sainte-Geneviève, etc. Sur la rive droite se développa la ville proprement dite, qui, sous Charles V, s'étendait jusqu'à l'emplacement actuel des portes Saint-Martin et Saint-Denis.

[2] D'une seule pierre. Ici au figuré, ce mot désigne la masse compacte des bâtiments du quartier de l'Université.

6

lages, elle indique l'heure de l'ouverture de l'école; partout, elle indique celle de midi par le son de l'*Angelus*, et
les incendies par une sonnerie particulière. Placée, comme il
arrive le plus ordinairement, dans le clocher ou dans une
tour des églises, elle indique spécialement, par rapport au
culte, les heures des divers offices religieux ; elle sonne les
baptêmes, les mariages, les décès. Elle sert de signal, dans
certaines circonstances, pour inviter les habitants à se réunir : aussi, pendant la dernière guerre, les Allemands en

Fig. 53. — La Cloche.

défendaient absolument l'usage
dans les bourgs et dans les villages qu'ils traversaient. L'instituteur de la commune de Cus-
sey, dans le Doubs, ayant désobéi
à un ordre semblable, fut pris
par eux et fusillé : il s'appelait
Chauvin.

L'origine des cloches re-
monte à une haute antiquité,
mais leur introduction en Europe ne date que du cinquième
siècle. On rapporte qu'en 610,
l'armée de Clotaire II, qui assiégeait la ville de Sens, s'enfuit effrayée du bruit des cloches
de cette ville. L'usage en devint bientôt général, et la cré-
dulité populaire leur attribua toutes sortes de vertus, comme
celle de détourner la foudre : ce préjugé n'est pas entièrement détruit aujourd'hui, et dans certaines localités on
entend encore le son des cloches pendant les orages, ce
qui cause souvent des malheurs, car le mouvement des
cloches ébranle l'air et peut produire un effet tout opposé
à celui qu'on en attend. Autrefois, l'usage était que, dans
les villes prises après un siège, les cloches des églises ap-
partinssent au grand-maître de l'artillerie ; les bourgeois
pouvaient les racheter à prix d'argent, Napoléon Ier remit
cet usage en vigueur à Dantzig, en 1807.

Outre les cloches, il y a encore dans les clochers de quel-

ques églises et dans les tours de quelques hôtels de ville
des *carillons,* c'est-à-dire une série de cloches ou de timbres
de diverses grandeurs, donnant les différents tons de la
gamme et ordinairement rangés sur une même file. Parmi
les plus remarquables, on cite les carillons de Bruges et
de Bruxelles, en Belgique; en France, celui de Dun-
kerque.

Les cloches ont plus ou moins de puissance, c'est-à-dire
que leur son porte plus ou moins loin, selon que la matière
métallique dont elles sont formées est plus ou moins élastique et massive. On les fait ordinairement en bronze,
c'est-à-dire avec un alliage composé de 78 parties de cuivre
rouge et 22 parties d'étain ; cet alliage vaut environ 3 fr. 50
le kilogramme, ce qui porte à un prix très-élevé les cloches
de gros calibre.

En Allemagne et en Angleterre, on a essayé d'employer
l'acier fondu, et les premières cloches ainsi obtenues ont
paru à l'Exposition universelle de Paris en 1855. Depuis,
il s'est établi en France quelques fonderies de cloches en
acier, notamment dans la Loire et dans l'Isère.

LECTURE.

La Voix des cloches.

Les voilà, ces cloches dont les voix aériennes animent le silence. On connaît bien leur langage. Lentes et graves, elles ré-
pandent au loin l'inquiétude et la tristesse. — Qui donc est mort ?
— Sont-elles au contraire alertes, vives, empressées, c'est de bon
augure. Allons, disent les vieillards gaiement, encore un mariage,
ou encore une naissance; le monde n'est pas près de finir. — Qui
ne désirerait monter de temps à autre vers ces messagères reli-
gieuses du bien et du mal, du plaisir et de la douleur ? Elles
font rêver du ciel autant que de la terre, et elles ne perdent
point de leur prestige pour être vues de près ; on a beau les regarder : leurs vibrations invisibles produisent sur l'âme une impression à la fois solennelle et impérieuse ; chacun pense : « Un
jour elles sonneront aussi pour moi, pour ceux que j'aime,
et ce sera mon tour de leur répondre par un sourire ou par
des larmes. »

(Magasin pittoresque.)

VI

Le Palais de justice.

Le palais de justice est le local où les magistrats se réunissent pour rendre la justice. Le roi Louis X qui habitait
le *Palais de la Cité*, à Paris, ayant admis le parlement à
y tenir ses séances, on donna dès lors le nom de *palais*
aux maisons où siègent les tribunaux.

Fig. 54. — La Sainte-Chapelle et le Palais de justice.

Un magistrat en général est un fonctionnaire qui
exerce une portion de la puissance publique, dans l'ordre
administratif ou judiciaire : un maire, un préfet sont des
magistrats ; mais cette désignation s'applique plus spécialement aux membres de l'ordre judiciaire, et cet ordre

constitue la magistrature. Il comporte plusieurs degrés de juridiction : 1° dans chaque canton, il y a un tribunal de simple police, avec un *juge de paix* ; 2° dans chaque arrondissement, un *tribunal civil de première instance*, avec un président, des juges, un procureur de la République et un ou plusieurs substituts ; 3° au-dessus de ces tribunaux, sont les *cours d'appel*, qui peuvent réviser les affaires que les tribunaux de première instance ont jugées. Il y a, dans chaque cour d'appel, un premier président, des présidents de chambre, des conseillers, un procureur général, des avocats généraux et des substituts ; 4° enfin, au sommet de la juridiction est la *cour de cassation*, qui siège à Paris et qui prononce en dernier ressort sur les arrêts des cours d'appel.

Cette organisation est l'œuvre de l'Assemblée constituante, en 1791. Toutefois le service de la justice fonctionnait en France bien longtemps auparavant. L'institution régulière de la magistrature, comme corps constitué, remonte au règne de Philippe le Bel ; elle eut de modestes commencements, mais elle acquit bientôt une grande autorité, parce qu'elle avait pour elle la force de la loi et du droit, qui finit toujours par l'emporter sur la force brutale. En voici un exemple.

Dans les premières années du quinzième siècle, un seigneur de Gascogne, Jordan de Lisles, seigneur de Casaubon, « très-noble par son origine, mais très-ignoble par ses actions », dit un chroniqueur contemporain, se livrait à toutes sortes de désordres et de crimes ; appelé en jugement à Paris, il y vint, entouré d'une pompeuse suite de comtes, de barons et nobles d'Aquitaine. Renfermé d'abord dans la prison du Châtelet, quand on eut entendu ses réponses et ce qu'il alléguait pour sa défense, il fut enfin jugé digne de mort par les docteurs du parlement, traîné à la queue des chevaux, et pendu au gibet public. C'était, à coup sûr, une difficile et périlleuse tâche, pour les membres obscurs de ce parlement à peine organisé et tout récemment établi en permanence à Paris, que de réprimer de tels désordres et de tels hommes. Dans le cours de ses lon-

6.

gues destinées, la magistrature française a pu, comme toutes les institutions de ce monde, avoir ses imperfections et ses erreurs ; mais l'histoire serait ingrate et fausse si elle ne mettait pas en lumière les vertus qu'a déployées, dès son modeste berceau, ce peuple de magistrats, et les services qu'il a rendus à la France, à sa sûreté intérieure, à sa dignité morale, à sa gloire intellectuelle, et aux progrès de sa civilisation si brillante et si féconde, bien qu'encore si incomplète et si combattue [1].

Aussi le respect de la loi a-t-il toujours un des caractères les plus marqués de la nation française, et la magistrature a toujours été chez nous justement honorée. Parmi les illustrations de la France, on compte bon nombre de magistrats.

Le président Achille de Harlay vivait sous Henri III, au temps de la Ligue. Pressé par le duc de Guise de se tourner contre le roi, il répondit : « C'est grand'pitié quand le valet chasse le maître ; au reste, mon âme est à Dieu, mon cœur est au roi, mon corps aux mains des méchants ; ils en feront ce qu'ils voudront. » Mathieu Molé, premier président du parlement de Paris, sut tenir tête à la Fronde. Lamoignon fut désigné par ses vertus et ses talents pour la même dignité ; c'est à lui que Louis XIV annonça sa nomination en ces termes : « Si j'avais connu un plus homme de bien pour cette place, je l'aurais choisi. »

C'est à la magistrature à tous ses degrés qu'il appartient de juger les accusés et de faire comprendre à tous les membres de la société *qu'il ne faut pas marcher sur la balance*, ce qui veut dire qu'il ne faut pas fouler aux pieds la justice, dont l'emblème est une balance. La loi est faite pour tout le monde ; le premier devoir du citoyen est d'obéir aux lois de son pays. La loi est le véritable souverain.

Sans la justice, et par conséquent sans ceux qui la représentent, la vie sociale serait impossible ; la magistrature est donc nécessaire, et le respect dont elle a besoin d'être entourée tient au respect de la loi elle-même. Grâce

____
[1] M. Guizot.

à la loi et à la justice, le plus humble citoyen se sent pro-
tégé, comme le plus puissant, dans sa vie, dans ses biens,
dans son honneur, dans sa liberté.

Une pauvre femme, à qui un voleur avait enlevé ses
moutons pendant qu'elle dormait, s'en plaignait au juge :
« Vous dormiez donc bien profondément ? lui dit celui-ci.
— Oui, répondit-elle, et je dormais sans crainte, car je
pensais que la justice veillait pour moi. »

Cette anecdote naïve ne signifie pas que nous puissions
nous dispenser nous-mêmes de tout effort et de toute sollicitude pour protéger notre famille et notre bien ; mais
elle exprime, sous une forme un peu exagérée, le sentiment de sécurité qu'inspire aux honnêtes gens la pensée de
la justice vigilante.

LECTURE.

La Loi.

La loi, c'est la patrie elle-même ordonnant à chacun de respecter la vie, les biens, la liberté, la conscience, la croyance de
chacun et de tous, au nom de la justice. Attenter à la loi, c'est
frapper la patrie au cœur. Frapper la patrie en violant la loi,
c'est blesser tous ceux que la patrie couvre de sa protection.
Violer la loi, c'est donc un crime. Il faut respecter la loi, sauve-
garde de la patrie, par amour pour la patrie et par respect pour
la justice. Aussi, comme les âmes droites aiment leur pays et
en respectent les lois, jusqu'à tout souffrir, même la mort, pour la
mère-patrie ! quel déchirement chez ceux que la guerre arrache à
leur pays ! Un véritable enfant de son pays l'aime jusqu'à obéir
à ses lois, même quand elles sont injustes, parce qu'une loi,
tant qu'elle est loi, tient au cœur de la patrie. Quel plus grand
patriote que Socrate [1] ? Il avait tout fait pour Athènes : un jour,
son génie et ses enseignements sont mal compris : on le condamne à mourir. Il est en prison légalement, mais injustement.
Ses amis viennent et lui offrent les moyens de fuir. Que répond-
il? Écoutez.

« Et si je fuis, que diront les lois ?... Si tu nous dois la naissance et l'éducation, diront-elles, peux-tu nier que tu sois notre
enfant et notre serviteur, toi et ceux dont tu descends ? et s'il
en est ainsi, crois-tu avoir des droits égaux aux nôtres ?... Ne
sais-tu pas qu'il faut respecter la patrie jusque dans sa colère ?...
Si c'est une impiété de faire violence à un père, à une mère, c'est

[1] Philosophe grec, vivait 400 ans avant J.-C.

une impiété bien plus grande de faire violence à la patrie... En subissant ton arrêt, tu meurs victime honorable de l'iniquité, non des lois, mais des hommes ; mais si tu fuis, si tu repousses sans dignité l'injustice par l'injustice, le mal par le mal, si tu violes le traité qui t'engageait envers nous, tu mets en péril ceux que tu devais protéger, toi, tes amis, ta patrie et nous. — Voilà ce que me diront les lois, ajoute Socrate. Laissons donc ce projet de fuite, mes chers amis, et marchons sans rien craindre par où Dieu nous conduit. »

(CH. LÉVÊQUE.)

VII

La Caserne.

Dans un grand nombre de villes, outre les édifices dont nous venons de parler, il y a des bâtiments spécialement destinés au logement des troupes ; ce sont des casernes. Ce fut vers la fin du dix-septième siècle que l'on commença en France à loger les soldats dans des bâtiments construits exprès pour eux ; jusqu'alors ils étaient à la charge des bourgeois. La caserne est donc la maison du soldat.

On donne le nom de soldat à tout militaire qui reçoit une solde, et particulièrement à celui qui n'est pas gradé. Au-dessus des simples soldats, sont les sous-officiers et les officiers. Un certain nombre de soldats, sous le commandement d'un capitaine, d'un lieutenant et d'un sous-lieutenant, forment une *compagnie* ; plusieurs compagnies forment un *bataillon*, commandé par un chef du même nom. Il faut au moins deux bataillons pour faire un *régiment*, lequel a pour chef un colonel. Dans la cavalerie, le *bataillon* est remplacé par l'*escadron*, commandé par un chef d'escadron.

La réunion de deux régiments au moins constitue une *brigade*, sous les ordres d'un général de brigade ; plusieurs brigades, donnant un effectif de huit à douze mille hommes, composent une *division*, commandée par un général de division ; un nombre plus ou moins grand de divisions constitue une *armée*.

Dans le sens le plus général, une armée est un ensemble de troupes qu'une nation entretient ; dans une acception plus spéciale, c'est une réunion de troupes de différentes armes sous la direction d'un seul chef, avec un état-major général, des états-majors particuliers, et tout le personnel administratif qui s'y rattache.

Chacun des régiments qui composent une armée a son

Fig. 55. — Jeanne d'Arc.

drapeau. Le drapeau a toujours été considéré comme le symbole de l'honneur du régiment ; pendant la retraite de Moscou, en 1812, quand nos soldats n'espéraient plus de pouvoir sauver leur drapeau, ils le brûlaient et en buvaient les cendres mêlées à la neige ou à l'eau glacée. C'est que le drapeau est quelque chose de plus encore que l'enseigne d'un régiment, c'est l'emblème visible de la patrie dont il porte les couleurs. Aussi chaque soldat est-il responsable pour une part de son honneur et de sa conservation.

Le soldat, en se rendant sous les drapeaux, obéit à la loi qui déclare que le service militaire est obligatoire, personnel et gratuit pour tout Français âgé de vingt ans. Il est armé pour défendre son pays, et son devoir est de combattre pour maintenir son honneur et son indépendance.

Fig. 66. — Le chevalier d'Assas.

A l'intérieur, il est le défenseur de l'ordre et de la loi ; partout, il doit donner l'exemple du patriotisme.

Le patriotisme est un sentiment qui consiste dans l'amour de la patrie, c'est-à-dire du pays et de la nation auxquels on appartient par sa naissance, et qui se prouve par le sacrifice de l'intérêt particulier à l'intérêt général. Un des types les plus purs et les plus complets de patriotisme que nous offre l'histoire est saint Louis ; le plus touchant est Jeanne d'Arc, « la bonne Lorraine ». Un autre modèle, pris dans d'autres conditions et à une autre époque, est la Tour d'Auvergne, surnommé *le premier grenadier de France*. Homme fort savant, pouvant s'élever aux plus hauts grades de l'armée, il se contenta de rester à la tête de sa compagnie appelée, grâce à lui, la *colonne infernale*. Il quitta le service après la paix de Bâle, mais plus tard, pour obliger un vieil ami, il reprit le fusil et fit la campagne de 1799 comme simple grenadier ; il fut tué à l'armée du Rhin, au combat de Neubourg.

La forme la plus ordinaire du patriotisme militaire est le courage qui fait affronter la mort, soit à l'individu pris isolément, soit à des réunions d'hommes. Le chevalier d'Assas, marchant à l'avant-garde de son régiment, tombe dans une embuscade ; s'il crie, c'en est fait de lui, mais s'il se tait, son régiment est surpris et peut-être vaincu : « A moi, s'écrie-t-il, c'est l'ennemi ! » et il tombe percé de coups. A Waterloo, la vieille garde meurt sans vouloir se rendre, admirable spectacle qu'un poëte [1] a retracé dans ces vers admirables :

Allons ! faites donner la garde, cria-t-il ;
Et lanciers, grenadiers aux guêtres de coutil,
Dragons que Rome eût pris pour des légionnaires,
Cuirassiers, canonniers qui traînaient des tonnerres,
Portant le noir colback ou le casque poli,
Tous, ceux de Friedland et ceux de Rivoli,
Comprenant qu'ils allaient mourir dans cette fête,
Saluèrent leur Dieu debout dans la tempête.
Leur bouche, d'un seul cri, dit: Vive l'Empereur !
Puis, à pas lents, musique en tête, sans fureur,
Tranquille, souriant à la mitraille anglaise,
La garde impériale entra dans la fournaise.

Mais il y a encore pour le soldat une autre manière de faire honneur à son drapeau et à son pays : il ne suffit pas d'être brave, il faut être discipliné, honnête, probe, avoir le respect du serment et de la foi jurée.

[1] V. Hugo. *Les Châtiments.*

Un marin de Saint-Malo, Porcon du Babinais, avait été pris par les pirates du dey d'Alger. Celui-ci l'envoya en France porter à Louis XIV des propositions de paix inacceptables, après avoir exigé de lui le serment de revenir s'il échouait dans sa négociation, et l'avoir prévenu que les têtes de six cents Français, prisonniers comme lui, répondaient de sa parole. Louis XIV refusa, du Babinais mit ordre à ses affaires en homme décidé à mourir, retourna à Alger, et le dey furieux lui fit trancher la tête.

Pendant cette même retraite de Russie où nos régiments brûlaient leurs drapeaux pour ne pas les laisser aux mains de l'ennemi, la caisse du 18e régiment de ligne contenait en tout six mille pièces d'or. Le 12 octobre 1812, il fallut abandonner sur la route tous les fourgons : comment sauver ces six mille pièces d'or ? Le colonel (il s'appelait Pelleport) eut l'idée de les distribuer entre tous ses officiers, sous-officiers et soldats, chacun d'eux s'engageant par serment à ne s'en dessaisir qu'au moment où il se verrait prêt de succomber et à en remettre alors le dépôt à un camarade. Au terme de cette longue route, parcourue au milieu des neiges, des glaces, avec le tourment de la faim et sous la poursuite incessante de l'ennemi, une cinquantaine d'hommes survivaient seuls de ce beau régiment, qui, au début de la guerre, en avait compté plus de trois mille, mais des six mille pièces d'or, pas une seule ne manquait !

Le patriotisme, de même que le courage, ne se manifeste pas uniquement sur les champs de bataille ou dans les camps. Toutes les fois qu'un homme fait une action qui entraîne pour lui un péril quelconque et dont la réalisation exige de sa part un effort, une énergie plus qu'ordinaires, cet homme accomplit un acte de courage ; et quand cet acte a pour mobile l'amour de la justice et le respect des lois du pays, c'est un acte de patriotisme. Nous en trouvons un admirable exemple dans la conduite du vicomte d'Ortez, gouverneur de Bayonne, à l'époque de la Saint-Barthélemy. Ayant reçu l'ordre de mettre à mort les protestants qui s'étaient réfugiés dans la prison, le vicomte d'Ortez écrivit à Charles IX : « Sire, j'ai communiqué le commandement de Votre Majesté à ses fidèles habitants et gens de guerre. Je n'y ai trouvé que de bons citoyens et de braves soldats, mais pas un bourreau. C'est pourquoi eux et moi supplions très-humblement Votre Majesté de vouloir employer en choses possibles, quelque hasardeuses qu'elles soient, nos bras et nos vies, comme étant, autant qu'elles dureront, vôtres. »

La Convention fut un jour envahie par le peuple qui, violant le sanctuaire des lois, attentait à la liberté et à la vie des députés : l'un d'eux est tué et sa tête, placée au bout d'une pique, est portée jusque sous les yeux du président de l'assemblée, Boissy d'Anglas. Celui-ci, entouré, menacé par les envahisseurs, salue avec respect cette tête sanglante, et reste inflexible sur son siège, comme son devoir le lui commandait

Lorsque Louis XVI fut mis en jugement, un de ses anciens ministres, un vieillard rentré dans la sécurité de la vie privée, et qui s'appelait Malesherbes, s'offrit à le défendre devant la Convention. Voici la lettre qu'il écrivit au président de cette assemblée : « J'ai été appelé deux fois au conseil de celui qui fut mon maître, dans le temps que cette fonction était ambitionnée par tout le monde ; je lui dois le même service lorsque c'est une fonction que bien des gens trouvent dangereuse. » C'était une fonction bien dangereuse, en effet, puisque Malesherbes mourut sur l'échafaud, quelque temps après celui qu'il avait courageusement et vainement défendu.

Il faut apprendre et n'oublier jamais les noms de ces hommes dont le courage, soit sur les champs de bataille, soit dans la vie civile, a honoré le caractère et consacré la mémoire ; il faut avoir sans cesse sous les yeux ces généreux exemples[1]. Il n'est pas donné à tout le monde de s'illustrer par des actes d'héroïsme éclatant, mais nous avons tous des devoirs : si nous les remplissons fidèlement, en sacrifiant à leur exact accomplissement nos convenances,

---

[1] Je ne puis pas les multiplier, mais chaque instituteur devra rechercher ceux que lui fournira non seulement l'histoire générale de la France, mais surtout celle de sa province.

nos plaisirs, nos intérêts personnels, si nous nous efforçons de faire le bien par amour pour le bien, par dévouement à notre pays et par obéissance à ses lois, nous serons d'honnêtes gens et de bons citoyens.

LECTURE.

Le Courage.

Les mâles vertus que fait naître l'amour de la patrie éclatent dans toutes les situations de fortune, dans toutes les fonctions, dans les emplois les plus humbles comme dans les plus élevés. Elles paraissent particulièrement énergiques chez le soldat, chez l'officier. Mourir pour la patrie est un devoir évident et simple ; ie militaire ne le discute pas. Il donne sa vie sans marchander. Il supporte le froid, le chaud, la faim, la misère, sans murmure. Pourtant tous ces sacrifices sont contraires à l'instinct individuel; mais celui-ci se tait, bien plus, il disparaît devant l'instinct patriotique, joint à l'autorité impérative du devoir. Plus d'égoïsme dans le soldat : c'est un héros, c'est un martyr. Il n'y a rien de plus grand que ce qu'il fait, et cependant rien ne lui semble plus naturel. Donc, le sentiment patriotique élève l'âme du soldat à sa dernière hauteur. Au contraire, le lâche qui refuse son sang à son pays s'avilit, et le mépris de tous l'accable.

Dans l'ordre civil, celui qui aime son pays d'un amour de fils a le courage civil. Magistrat, il défend, il applique la loi, advienne que pourra, parce que la loi, c'est la justice parlant par la bouche de la patrie. Il brave la fureur de la foule déchaînée. Il est incorruptible, inébranlable. Il couvre de son corps la loi et le droit : il sait que par là il protége le cœur de la patrie. Le plus simple citoyen, s'il adore son pays, fait tout ce qu'il fait, aime tout ce qu'il aime, dit tout ce qu'il dit par amour pour son pays et pour la justice.

(CH. LÉVÊQUE.)

VIII

La Bibliothèque. — Le Musée.

Dans presque toutes les écoles, on voit une armoire où sont rangés des livres de lecture : cette armoire s'appelle un corps de bibliothèque, et l'ensemble de ces livres s'appelle une bibliothèque. Dans un grand nombre de villes, il y a des bibliothèques qui comprennent des milliers de volumes ; ouvertes au public à certains jours et à certaines heures, elles sont des bibliothèques publiques.

Jusqu'en 1789, il n'y eut de bibliothèques publiques en France qu'à Paris, et encore elles étaient en petit nombre. Charlemagne avait établi dans son palais une école, où lui-

Fig. 57. — Alcuin et Charlemagne.

même recevait les leçons du savant moine Alcuin qui y travaillait entouré de livres ; mais cet établissement ne peut pas porter le nom de bibliothèque. La première remonte à saint Louis, qui avait réuni dans son palais des copies de l'Écriture, des Pères de l'Église et d'autres ouvrages. Il travaillait tous les jours dans cette bibliothèque, l'ouvrait à tous les gens studieux, leur expliquait les passages latins qu'ils n'entendaient pas, et distribuait ainsi ce qu'il possédait de savoir à ceux qui désiraient s'instruire.

Il montrait par là son respect pour l'instruction, persuadé qu'elle rend les hommes meilleurs et les États plus puissants. Après sa mort, cette collection fut répartie par son ordre entre plusieurs monastères. Philippe le Bel en refit une semblable qui fut dispersée après lui. Charles V, dit le Sage ou le Savant, commença en 1377, par un premier fonds de neuf cent cinquante volumes, la bibliothèque devenue depuis si célèbre sous le nom de Bibliothèque royale ou impériale, aujourd'hui Bibliothèque nationale. C'est Charles V qui disait : « Tant que Sapience (science) sera honorée en ce royaume, il continuera en prospérité ; mais quand elle y sera déboutée, il décherra. » La Bibliothèque nationale ne devint publique qu'en 1735. Elle possède plus d'un million d'imprimés, 80,000 manuscrits et 20,000 recueils de pièces dans toutes les langues écrites. C'est la plus considérable du monde entier, avec celle de Londres appelée *British Musœum* ou Musée Britannique, lequel renferme en outre des collections scientifiques de toute espèce.

Lors de la Révolution française, on trouva dans les divers établissements, ecclésiastiques et autres, déclarés propriétés nationales, 5,000,000 de volumes. L'abbé Grégoire[1], dans un rapport à la Convention, proposa de les employer à fonder une bibliothèque publique par département. Telle est l'origine des trois cent quatre-vingt-huit bibliothèques publiques qui existent aujourd'hui en France, sans compter celles de Paris ; elles renferment 4,000,000 de volumes et plus de 44,000 manuscrits.

Longtemps la France a été le pays le plus riche en bibliothèques et en livres ; aujourd'hui les États-Unis semblent vouloir lui disputer le premier rang, non pour la valeur des ouvrages, laquelle est incomparable, mais du moins pour le nombre. En 1876, une statistique dressée à l'occasion de l'Exposition universelle de Philadelphie a permis de constater l'existence, dans l'Union américaine, de 3,682 bibliothèques ayant ensemble plus

---

[1] Né à Vého (Meurthe) en 1750, mort en 1831.

de 12 millions de volumes (12,276,964). Il est vrai qu'il faut comprendre dans ce total les bibliothèques de toute catégorie, non seulement celles que nous appelons publiques et qui existent dans nos chefs-lieux de département ou d'arrondissement, mais encore celles qui sont analogues à nos bibliothèques pédagogiques, scolaires, communales. Or, nous en comptons beaucoup de cette sorte, plus de cinquante mille, et le nombre s'en accroît incessamment. Une bibliothèque populaire est un bienfait, mais à condition qu'elle ne contienne que de bons livres, car un mauvais livre fait encore plus de mal qu'un bon ne peut faire de bien. Quand elle est composée d'ouvrages utiles, instructifs, honnêtes, elle mérite le nom trouvé par les anciens, de *Trésor des remèdes de l'âme.*

Dès l'antiquité, en effet, on avait senti tout le prix des bibliothèques, qui conservent tous les écrits de nature à honorer l'humanité et à l'éclairer : ce sont pour ainsi dire les titres de noblesse de l'esprit humain. Aussi peut-on dire que c'est un acte de barbarie de détruire ces dépôts qui sont le résultat des travaux de plusieurs siècles, et qui doivent contribuer à l'instruction des générations futures. Parmi les causes de destruction des bibliothèques publiques, il faut mettre la guerre au premier rang : c'est elle, par exemple, qui dans l'antiquité a détruit à plusieurs reprises la grande bibliothèque d'Alexandrie ; c'est elle qui a brûlé la belle bibliothèque de Strasbourg. Faut-il rappeler comment furent détruites la bibliothèque du Louvre et celle de l'Hôtel de ville de Paris? L'ignorance et le fanatisme ont souvent produit le même effet. Ainsi on raconte qu'Omar, chef des musulmans, fit brûler la bibliothèque d'Alexandrie reconstituée après une première destruction; au Mexique, lors de la conquête, les Espagnols ne crurent pas pouvoir mieux faire que de brûler tout ce qui servait de documents ayant trait à la religion, aux mœurs et aux connaissances mexicaines. Par cet *auto-da-fé* de tant de recueils précieux, disparut presque tout entière l'histoire d'une vieille civilisation.

Un musée est pour les œuvres d'art, pour les diverses

sciences physiques et naturelles, pour les objets mobiliers, les armes, l'industrie, ce qu'une bibliothèque est pour les livres. Réunissez, par exemple, dans une ou plusieurs salles, des dessins, des peintures, provenant d'artistes morts ou vivants, ayant une valeur plus ou moins grande, mais réelle, vous aurez un musée de peinture. Réunissez des statues, des bas-reliefs, des vases ou autres objets sculptés, vous aurez un musée de sculpture. Des collections de meubles ou d'armes appartenant à des époques déterminées constituent également des musées. Enfin il y a aussi des musées scientifiques, ou collections d'animaux, d'insectes, de plantes, de minéraux ; et des musées industriels, avec des spécimens de machines, de tissus et autres produits.

Outre les musées de Paris, on cite particulièrement ceux de Versailles, Rouen, Dijon, Nancy, Lyon, Amiens, etc.

LECTURES.

1. — Avantages de la lecture.

Sans arriver à une grande instruction, on peut acquérir par la lecture des connaissances et des habitudes d'esprit capables d'augmenter infiniment la liberté de son jugement, et en même temps l'élévation de son caractère. Le goût de la lecture préservera aussi du vide et de la langueur de l'âme, si dangereux dans la jeunesse. C'est un précieux avantage que de trouver hors de nous un intérêt innocent et facile auquel nous puissions recourir dans un moment où, sans intérêt pour nous-mêmes, nous traînons péniblement le poids de l'existence, et pourrions nous jeter trop avidement sur la première distraction capable de nous aider à la soutenir. La lecture rétablit l'équilibre entre nos facultés et nos besoins. En rendant le mouvement à notre esprit, elle allège le poids de la vie, qui n'est jamais lourde que parce que nous ne savons pas la porter, et il est rare que l'imagination ne sorte pas, active et calme, d'une lecture commencée dans la paresse.

(Mme GUIZOT.)

2. — La Science.

Par elle, l'homme ose franchir les bornes étroites dans lesquelles il semble que la nature l'ait renfermé : citoyen de toutes lse républiques, habitant de tous les empires, le monde entier est sa patrie. La science, comme un guide aussi fidèle que rapide, le conduit de pays en pays, de royaume en royaume ; elle lui en découvre les lois, les mœurs, la religion, le gouvernement; il revient chargé des dépouilles de l'Orient et de l'Occident; et, joignant les richesses étrangères à ses propres trésors, il semble que la science lui ait appris à rendre toutes les nations de la terre tributaires de sa doctrine.

Dédaignant les bornes des temps comme celles des lieux, on dirait qu'elle l'ait fait vivre longtemps avant sa naissance. C'est l'homme de toutes les sciences comme de tous les pays. Tous les sages de l'antiquité ont pensé, ont agi pour lui, ou plutôt il a vécu avec eux ; il a entendu leurs leçons, il a été le témoin de leurs grands exemples. Plus attentif encore à exprimer leurs mœurs qu'à admirer leurs lumières, quel aiguillon leurs paroles ne laissent-elles pas dans son esprit ? quelle sainte jalousie leurs actions n'allument-elles pas dans son cœur ?

Ainsi nos pères s'animaient à la vertu : une noble émulation les portait à rendre tour à tour Athènes et Rome jalouses de leur gloire ; ils voulaient surpasser les Aristide [1] en justice, les Phocion [2] en constance, les Fabrice [3] en modération, et les Caton [4] même en vertu.

(D'AGUESSEAU.)

IX

Les Établissements de bienfaisance.

Tout le monde n'est pas heureux, il y a des pauvres, des malades, des estropiés, des orphelins, des abandonnés. La société antique ne s'en inquiétait pas du tout : Vivez si vous pouvez et comme vous pourrez, semblait-elle leur dire. Au moyen âge, on s'en inquiétait un peu plus, du moins en ce qui concerne les malades.

Les hôpitaux, maisons destinées à recevoir et à soigner les malades pauvres, étaient inconnus des anciens: ils sont une inspiration du christianisme; ils prirent naissance en Orient, à Constantinople, et passèrent de là en Italie

---

[1] Athénien qui vivait au cinquième siècle avant J.-C. Ses concitoyens l'avaient surnommé *le Juste.*

[2] Athénien, vivait au quatrième siècle avant J.-C.

[3] Romain célèbre par ses vertus, vivait 282 ans avant J.-C.

[4] Caton l'Ancien, né en 233 avant J.-C.

et en Grèce, dans les premiers siècles de notre ère. A l'origine, ils étaient établis à côté des églises et des monastères, d'où leur nom d'Hôtels-Dieu. On dit encore l'Hôtel-Dieu de Paris, qui est le plus célèbre de tous, et dont on fait remonter la fondation à l'évêque S. Landri, vers l'an 651. Il reçut les premières libéralités royales des mains de Philippe-Auguste, mais son véritable fondateur fut saint Louis.

Il y avait donc au moyen âge des hospices, non seulement à Paris, mais dans d'autres villes ; un hospice spécial aux aveugles fut fondé par saint Louis, et est encore connu sous le nom des Quinze-Vingts, parce qu'on y recevait trois cents pensionnaires. Il y avait aussi des Léproseries où étaient placés les malheureux atteints de la lèpre, maladie très-commune au moyen âge, et qui avait sa source dans la malpropreté, la mauvaise nourriture, et dans les conditions vicieuses de l'hygiène générale. Mais à part ces fondations dont il faut reconnaître l'importance, la charité publique ne s'exerçait pas d'une manière permanente et complète ; on a à citer plutôt des

Fig. 58. — Saint Louis.

faits personnels et isolés, fort touchants, mais sans caractère de durée. Ainsi le roi Robert nourrissait trois cents pauvres. Saint Louis surtout donna d'admirables exemples: sa bienfaisance n'était pas seulement une bienfaisance législative et administrative, elle passait dans sa vie quotidienne, il payait de sa personne dans sa bienfaisance, et aucun acte de charité ne lui paraissait au-dessous de la dignité royale. Dans la pensée et dans l'activité d'aucun autre prince le peuple des pauvres, des infirmes, des malades, des misérables et des délaissés de toute sorte, n'a tenu une aussi grande place. Tous les jours, partout où il se trouvait, cent vingt-deux pauvres recevaient chacun deux pains, un quart de vin, de la viande ou du poisson. Les mères de famille avaient un pain de plus par tête d'enfant. Outre ces cent vingt-deux pauvres nourris à l'extérieur, treize autres étaient chaque jour introduits dans l'hôtel du roi et y étaient nourris comme ses officiers ; trois d'entre eux se mettaient à table en même temps que le roi, dans la même salle que lui, et tout proche de lui. « Maintes fois, dit Joinville [1], qui était son conseiller, son ami et ne le quittait pas, je vis qu'il leur taillait leur pain et leur donnait à boire. » Quelquefois quand il avait du loisir, il disait : « Allons visiter les pauvres de tel endroit. » Un jour, à Châteauneuf-sur-Loire, une pauvre vieille femme, qui était sur le seuil de sa porte et qui tenait un pain à la main, lui dit : « Bon roi, c'est de ce pain venu de ton aumône qu'est soutenu mon mari qui est là-dedans malade. » Le roi prit le pain, disant : « C'est d'assez dur pain. » Et il entra dans la maison pour voir lui-même le malade.

Mais le sort des classes pauvres n'en était pas moins fort misérable ; la guerre de Cent ans, les guerres de religion, celles qui signalèrent la minorité de Louis XIII et la minorité de Louis XIV n'étaient pas de nature à l'améliorer. Sans la paix, il n'y a ni commerce, ni industrie, ni agriculture. Une des périodes où la misère publique a été le plus effroyable est la Fronde. C'est aussi dans le même temps que furent fondés par saint Vincent de Paul l'hospice des Enfants-Trouvés, et la maison des « Filles de Charité » pour soigner les malades.

Les militaires devaient attirer aussi la sollicitude de

[1] Historien français, né en 1224, mort en 1318, d'une ancienne famille de Champagne.

l'État; blessés, mutilés, ou trop vieux pour servir, quelle ressource leur restait-il que de mendier leur pain ? Le premier hôpital militaire a été institué par Henri IV, sous le titre de *Maison de Charité* pour les soldats estropiés. L'Hôtel des Invalides est une création de Louis XIV. Aujourd'hui il y a, indépendamment de l'Hôtel des Invalides, quarante-six hôpitaux militaires, dont quatre spécialement réservés à la marine.

Le service que nous désignons sous le nom d'*Assistance publique* n'était donc que très-imparfaitement organisé autrefois, et l'on peut dire que le réel mouvement en faveur des déshérités de toute classe ne s'est développé que de nos jours. Sans compter les hôpitaux ordinaires, il y a aujourd'hui des hospices spécialement destinés aux femmes, aux enfants, aux incurables, il y a des asiles pour la vieillesse ; pour les petits enfants, des crèches et des salles d'asile. Car on peut rattacher aux institutions de bienfaisance proprement dites, celles qui ont pour objet de moraliser, d'instruire, de rendre bons ceux qui sont nés ou devenus mauvais, et meilleurs ceux qui sont nés bons. A ce titre, nous devons mentionner encore ici les colonies pénitentiaires agricoles pour les jeunes détenus. Les salles d'asile, que nous avons déjà nommées, sont d'origine française. Elles ont eu leur berceau dans un pays quasi sauvage des Vosges, le Ban de la Roche, où le pasteur Jean Oberlin avait ouvert une *école à tricoter*, ainsi désignée parce que le tricot faisait partie du programme de l'enseignement. C'était en 1771, et les premières salles d'asile réellement constituées ne datent que d'une quarantaine d'années.

Ainsi la société s'efforce de venir en aide à ses membres souffrants ; elle soulage autant qu'elle le peut la misère, la maladie, la vieillesse, l'abandon ; elle ne les supprime pas sans doute, parce que cela est impossible, mais si l'on compare l'état actuel des classes même les plus déshéritées à leur état il y a à peine deux siècles, on sera forcé de reconnaitre une amélioration réelle, un immense progrès accompli. Au dix-septième siècle sous Louis XIV, sur dix

Français, un n'avait pas de pain à manger, cinq n'en avaient pas en quantité suffisante pour vivre, trois pouvaient vivre, mais dans la misère, — un seul avait assez de pain pour vivre. Les famines, qui décimaient alors les populations, ont disparu de nos jours : on a vu des disettes, mais plus de famines. Les épidémies telles que la peste ont disparu également, et le choléra n'exerce pas la centième partie des ravages qu'il aurait exercés il y a cent ans. Enfin, preuve convaincante, la moyenne de la vie humaine a augmenté dans une proportion notable : au siècle dernier, elle n'était guère que de vingt-cinq ans, aujourd'hui elle est de quarante ans ; c'est-à-dire qu'en additionnant par exemple le nombre des années passées sur la terre par mille personnes prises au hasard en 1780 et en 1880, et divisant le total par mille, on trouverait au quotient 25 dans le premier cas et 40 dans le second. Si l'on vit plus longtemps aujourd'hui, c'est qu'il y a moins de misère, moins de maladies incurables, plus de bien-être, plus de propreté, plus d'air, plus de lumière, des logements plus salubres, une nourriture meilleure, et aussi plus de travail et plus d'instruction.

Malgré ces progrès, il y a encore en moyenne, dans notre pays, trente et un indigents sur mille individus. Ils reçoivent en moyenne par mois, 1f, 19. Ce chiffre paraît bien faible, et il l'est assurément ; mais, il y a cent ans, combien plus de pauvres n'y avait-il pas, et combien moins de secours ! On a calculé que la charité privée, seule, a dépensé un milliard dans les quarante-cinq premières années de ce siècle, ce qui donnerait par an plus de vingt-cinq à trente millions, sans compter ce que l'on ne connaît pas.

Peut-on espérer qu'un jour il n'y aura plus de pauvres ? Si un jour pouvait venir, où il n'y eût plus de vices, plus d'intempérance, plus de paresse, plus de préjugés populaires contraires à l'hygiène, plus d'imprévoyance, et plus de révolutions, la plupart des causes de la pauvreté seraient supprimées, mais non pas absolument la pauvreté. Le meilleur moyen de diminuer le nombre des pauvres et d'améliorer leur position, c'est de leur donner la possibilité de s'instruire, de se moraliser et de travailler. C'est là le meilleur exercice de la charité, le lien le plus doux et le plus puissant entre les pauvres et les riches.

LECTURES.

1. — Les Enfants-Trouvés

Saint Vincent de Paul, fils d'un paysan des Landes de Gascogne, naquit en 1576 à Poui, près Dax ; il se fit prêtre à vingt-quatre ans ; dès lors, durant soixante années, il n'eut pas une pensée, ne fit point un seul pas qui n'eût le bien de l'humanité pour objet. Si longue qu'ait été sa carrière, on ne sait comment y faire tenir les prodigieux résultats qu'il obtint. Organiser le secours des pauvres malades à domicile ; instruire et moraliser le

Fig. 59. — Saint Vincent de Paul et les Enfants-Trouvés.

peuple des campagnes ; soulager, convertir, rendre à Dieu et à la société les condamnés, les galériens[1] plongés dans un enfer anti-

[1] Il avait, dit-on, prélude à ses bienfaits envers ces malheureux par un trait de dévouement inouï. Ayant, dans sa jeunesse, rencontré à Marseille un forçat dont la captivité réduisait la femme et les enfants à une profonde misère, il trouva moyen de procurer la liberté à cet homme en prenant sa place. Il porta quelque temps la chaîne des galériens.

cipé par le dur régime pénal du moyen âge ; sauver les enfants que la misère ou le vice abandonnait et que la société laissait périr avec une criminelle indifférence : telle fut l'œuvre immense qu'entreprit un pauvre prêtre sans nom, sans ressources, sans titre dans l'Eglise, dépourvu de ces dons éclatants qui maîtrisent les hommes. La charité lui tint lieu de génie.

Une confrérie de dames de charité avait commencé, d'après son instigation, à recueillir les enfants trouvés (1638). En 1648, cette association bienfaisante, trop faiblement assistée par le gouvernement, ployait sous le faix ; les dames de charité étaient sur le point de renoncer à l'œuvre. Il les réunit en assemblée générale : « Or sus, Mesdames, leur dit-il, la compassion et la charité vous ont fait adopter ces petites créatures pour vos enfants : vous avez été leurs mères selon la grâce depuis que leurs mères selon la nature les ont abandonnées ; voyez maintenant si vous voulez les abandonner. Cessez d'être leurs mères pour devenir leurs juges : leur vie et leur mort sont entre vos mains ; je m'en vais prendre les voix et les suffrages. »

Toutes les mains se levèrent pour le maintien de l'œuvre. L'institution des Enfants-Trouvés fut généralisée et associée à celle des Sœurs de Charité.

(H. MARTIN.)

2. — La première salle d'asile.

C'est à Salomé Walter, sa digne compagne, bientôt secondée par une autre femme non moins dévouée, Louise Scheppler, qu'Oberlin avait confié la surveillance de ses *écoles à tricoter*. Le matin, la leçon était faite dans la classe. Le soir, dès que la saison le permettait, elle se donnait à travers champs. Les maîtresses avaient le nom de *conductrices*. Chemin faisant, on enseignait aux enfants le nom et les vertus des plantes ; on les faisait observer, réfléchir, raisonner à propos des phénomènes les plus simples de la nature ; on ouvrait leur intelligence à la première notion des grandes lois de la vie universelle, leur cœur à l'amour du prochain et au respect de Dieu. La promenade sagement réglée fortifiait les corps ; l'ordre qui y régnait habituait les caractères à la discipline et à l'obéissance ; et l'enfant rentrait avec une provision de santé, d'observations utiles et de bons sentiments. Les classes dirigées avec ce charme si simple et ce sens si pratique par Salomé Walter et par Louise Scheppler ne méritaient-elles pas les premières le nom de *jardins d'enfants ?*

(O. GRÉARD.)

X

Les Promenades. — Les Places publiques.

Les villes de quelque importance ont généralement des lieux de promenade, parcs, jardins ou squares. Les parcs sont de vastes plantations d'arbres, imitation réduite des bois et des forêts, tels que le bois de Boulogne, le parc Monceau, le parc de Vincennes, le parc de Versailles, le parc de Dijon. Certaines promenades, sans être des parcs, sont plantées d'arbres, comme les Champs-Élysées, à Paris, longue et magnifique avenue terminée par l'Arc de triomphe. Les jardins ont moins d'étendue ; ils sont de pur

Fig. 60. — L'Arc de triomphe.

agrément, comme l'Esplanade de Metz, ou destinés en même temps à un usage scientifique, comme le Jardin d'acclimatation, le Jardin des Plantes de Paris, celui de Nantes, les jardins botaniques de Lyon et de Dijon, la pépinière de Nancy. Les squares sont des jardins établis au cœur même des villes, de petites places converties en pelouses de gazon, refuge agréable et hygiénique offert à toutes les classes de la société pour respirer un air plus pur que celui des rues et des maisons. L'établissement de ces squares, et en général des promenades et des places publiques, profite non seulement à l'embellissement mais encore à la salubrité d'une ville.

On voit dans les villes manufacturières de l'Angleterre des parcs fondés exclusivement pour les ouvriers. Ainsi à Halifax, ville de trente mille habitants, un riche manufacturier, nommé John Crossby, a établi à ses frais le *Parc du Peuple* (People's Park). A Manchester, il en existe trois, fondés par souscription, et dont le plus grand porte le nom de *Parc de Peel* (Peel-Park), pour rappeler le souvenir de sir Robert Peel, ministre anglais qui s'est distingué par sa sollicitude pour les intérêts des classes ouvrières. Ce parc comprend un vaste jardin, un gymnase pour les hommes, un autre pour les jeunes filles, une bibliothèque, un musée de peinture, un musée d'histoire naturelle, un musée industriel contenant des spécimens de tous les articles fabriqués à Manchester et des modèles de machines.

Il y a des villes sans squares, sans jardins, sans parcs : il n'y en a pas qui n'aient au moins une place publique, d'une étendue quelconque. Au moyen âge, la place publique, située devant l'Hôtel de ville, servait de lieu de réunion aux bourgeois et à la milice ; presque partout, les places publiques rappellent des souvenirs historiques, et cela dès les temps les plus reculés.

Comme les rues, comme les boulevards, comme les promenades, les places sont désignées par un nom, et cet usage est aussi ancien que les villes mêmes où elles existaient ou existent encore. Ainsi l'histoire n'a pas oublié le nom de la place publique d'Athènes, qu'on appelait l'*Agora* ou le marché ; celui de la place publique de Rome, qu'on appelait le *Forum*. En France, la place la plus monumentale qui existe, et l'une des plus belles du monde entier, est la place de la Concorde. Elle a porté différents noms, qui sont chacun l'écho d'événements mémorables : ouverte en 1763 et terminée en 1772, elle avait au centre une statue équestre du roi Louis XV, dont elle avait emprunté le nom ; en 1792, la statue fut abattue, remplacée par l'échafaud révolutionnaire sur lequel monta Louis XVI avec tant

Fig. 61. — Place du Trône (Paris).

d'autres, et la place fut appelée *place de la Révolution*. En 1795, on la nomma *place de la Concorde*, nom qu'elle a encore aujourd'hui, après en avoir changé deux fois dans l'intervalle. En 1815, elle avait repris celui de Louis XV, et en 1826, on lui avait donné celui de Louis XVI.

Quand une province peut s'enorgueillir d'avoir servi de berceau ou de séjour à des hommes célèbres, les places de ses cités sont souvent ornées de leurs statues.

Une statue est un ouvrage de sculpture qui reproduit la figure humaine et le corps humain en plein relief et isolés. Lorsque le personnage est représenté à cheval, la statue est dite équestre, ordinairement réservée aux souverains après leur mort : par exemple, la statue de Louis XIV sur la place des Victoires et celle de Henri IV sur le Pont-Neuf, à Paris.

Les personnages sont quelquefois représentés assis, mais le plus souvent debout. Ainsi Vercingétorix, le défenseur

Fig. 62. — Henri IV.

de l'indépendance gauloise contre les Romains [1], a une statue non dans une ville, mais sur le plateau d'Alise dans la Côte-d'Or, là où il fut si longtemps assiégé par eux. Napoléon Ier est debout sur la colonne de la place Vendôme, à Paris. A Nancy, s'élèvent la statue du roi Stanislas [2]

[1] 53 ans avant J.-C.
[2] Né en 1682, duc de Lorraine et de Bar de 1738 à 1766.

et celle du général Drouot [1] ; à Metz, celles du maréchal Ney [2] et du maréchal Fabert [3]. Sur le piédestal de celle-ci sont inscrites ces paroles de Fabert : « Si pour empêcher qu'une place que le roi m'a confiée ne tombe au pouvoir de l'ennemi, il me fallait mettre à la brèche ma personne avec toute ma famille, et sacrifier ma vie et tout mon bien, je n'hésiterais pas un seul instant à le faire. » Un héros plus moderne, Lazare Hoche [4], a une statue à Versailles. Soldat à seize ans, général en chef à vingt-cinq ans, mort à vingt-neuf ans, pacificateur de la Vendée, il a mérité l'inscription gravée sur le socle de sa statue : « Mort trop tôt pour la France ; s'il eût vécu, sa gloire toujours croissante n'eût jamais rien coûté

Fig. 63. — Vercingétorix.

à la liberté de sa patrie. »

Les statues ne sont pas uniquement réservées aux rois et aux militaires, elles consacrent la mémoire des poëtes, des artistes, des savants, des hommes qui ont honoré et servi l'humanité en quelque manière. Ainsi les poëtes Corneille [5] et Ronsard [6] ont leur statue l'un à Rouen, l'autre à Vendôme ; le philosophe Descartes [7] a la sienne à Tours ; le

[1] Né à Nancy en 1774, mort en 1847. L'empereur Napoléon l'appelait *le Sage de la grande armée.*

[2] Né à Sarrelouis en 1769, mort en 1815. L'armée l'avait surnommé le Brave des Braves.

[3] Né à Metz en 1599, mort en 1662.

[4] Né à Versailles en 1768, mort en 1797.

[5] Né en 1606, mort en 1684.

[6] Né en 1524, mort en 1585.

[7] Né en 1596, mort en 1650.

naturaliste Cuvier [1], à Montbéliard ; l'agronome Matthieu de Dombasle [2], à Nancy ; l'orateur, poète et homme d'État, Lamartine [3], à Mâcon ; Jacquard [4], l'inventeur du métier à tisser la toile, et l'un des bienfaiteurs de la classe ouvrière, à Lyon, sa ville natale et centre de l'industrie de la soie ; M. Thiers [5], à Nancy et à Saint-Germain ; Pascal [6], à Clermont.

Indépendamment des statues, les places et les rues sont quelquefois ornées de fontaines monumentales : on en distingue à Paris trente-cinq, parmi lesquelles les fontaines Louvois, Molière, Saint-Michel, Saint-Sulpice, etc.

LECTURE.

Description d'un parc.

Ce parc a des arbres que deux hommes même n'embrasseraient pas de leurs bras étendus, tels que chênes, tilleuls, platanes, cyprès, hêtres, qui ont développé l'ampleur et la plénitude de leurs formes. Isolés ou par groupes sur la molle et riche prairie, leurs pyramides opulentes, leurs vastes dômes, s'espacent à plaisir et descendent jusque sur l'herbe avec une largeur d'épanouissement qu'on ne se figure pas. Ils ont été soignés comme des enfants riches ; ils ont toujours eu toute leur liberté et tout leur contentement ; rien n'a diminué leur luxe ou gêné leur pousse ; ils respirent l'air et usent du sol en grands seigneurs à qui le sol et l'air appartiennent de plein droit. Au centre de tant d'émeraudes vivantes est un joyau plus précieux encore, le jardin. Des massifs de rhododendrons, hauts de vingt pieds, s'y étalent toutes fleurs ouvertes ; leurs pétales, rougissants ou d'un violet pâle, scintillent au soleil sous des volées bourdonnantes de frelons. Des buissons d'azalées, des touffes de roses épanouies, des lits de fleurs nacrées, azurées, aux tons de velours ou de chair ; de mignonnes et sinueuses bordures font cercle à perte de vue ; on marche environné de senteurs et de couleurs. De distance en distance, quelque sycomore au port noble, quelque hêtre étranger, au feuillage de cuivre, soutiennent de leur grave ou de leur su-

---

1 Né en 1769, mort en 1832.
2 Né en 1777, mort en 1843.
3 Né en 1792, mort en 1869.
4 Né en 1752, mort en 1831.
5 Né en 1797, mort en 1877.
6 Né en 1623, mort en 1662.

bite dissonance ce concert trop prolongé d'harmonies délicieuses. Véritablement, c'est un concert pour l'œil, et comme une magnifique et éclatante symphonie de tons pleins, que le soleil, ce puissant maître d'orchestre, fait vibrer ensemble sous son coup d'archet.

(TAINE.)

XI

La Ville souterraine.

On n'aurait pas une idée complète d'une ville si l'on ne savait pas ce qu'il y a sous les rues dans lesquelles on marche; c'est une suite de conduits souterrains, dont l'ensemble forme un *égout*. Un égout est destiné à recevoir les eaux pluviales et ménagères d'une ville pour les conduire au loin. Presque toutes les villes ont un système général d'égouts très-bien entendu. Ils sont pratiqués à une profondeur suffisante du sol pour recevoir les eaux de tous les points qu'ils parcourent, et revêtus intérieurement de pierres de nature siliceuse [1], afin qu'elles soient moins attaquables par les substances que l'eau charrie ou contient en dissolution. Ils ont une pente suffisante pour que les eaux ne séjournent pas, et que les immondices qu'elles charrient soient en grande partie emportées. On ne peut rien citer de plus admirable en ce genre que le Paris souterrain, ou Paris cloacal; c'est à lui que celui qui s'épanouit en plein air doit son assainissement et sa constante propreté ; rien n'approche d'un pareil travail, ni dans l'antiquité, ni chez aucune des plus grandes nations modernes.

Dans quelques villes, il existe encore des souterrains affectés à une autre destination et qu'on appelle des *catacombes*. Ce mot signifie « lieu creusé et profond », et par extension, « tombeau souterrain », car les catacombes ont longtemps servi de lieu de sépulture. Les plus célèbres sont celles de Rome et de Paris.

---

[1] La silice est la base du silex. du sable, du grès, du quartz, etc.

A Rome, les premiers chrétiens s'y réfugiaient pour célébrer les cérémonies du culte, et y ensevelissaient leurs morts ; les galeries, creusées au hasard, forment un labyrinthe dans lequel il serait impossible de se retrouver sans un guide.

A Paris, on donna le nom de catacombes à de vastes carrières dans lesquelles on transporta, en 1786, les ossements exhumés des cimetières intérieurs qui infectaient la ville. On y fit des travaux considérables, et aujourd'hui c'est une véritable ville souterraine avec ses rues, ses places et ses chapelles. C'est le monument sépulcral le plus religieux et le plus important qui existe dans ce genre. Il renferme les ossements de plusieurs milliers de cadavres ; la plus longue galerie a **7** kilomètres.

LECTURE.

Un Voyageur égaré dans les catacombes de Rome.

Un fil dans une main, et dans l'autre un flambeau,
Il entre ; il se confie à ces voûtes nombreuses
Qui croisent en tous sens leurs routes ténébreuses.
. . . . Hélas !
Il a perdu le fil qui conduisait ses pas ;
Il cherche, mais en vain ; il s'égare, il se trouble,
Il s'éloigne, il revient, et sa crainte redouble.
Il prend tous les chemins que lui montre la peur ;
Enfin de route en route, et d'erreur en erreur,
Dans les enfoncements de cette obscure enceinte,
Il trouve un vaste espace, effrayant labyrinthe,
D'où vingt chemins divers conduisent alentour.
Lequel choisir ? lequel doit le conduire au jour ?
Il les consulte tous, il les prend, il les quitte ;
Il appelle : l'écho redouble sa frayeur,
De sinistres pensers viennent glacer son cœur.
L'astre heureux qu'il regrette a mesuré dix heures
Depuis qu'il est errant dans ces tristes demeures ;
Ce lieu d'effroi, ce lieu d'un silence éternel,
En trois lustres entiers voit à peine un mortel ;
Et pour comble d'effroi dans cette nuit funeste,
Du flambeau qui le guide il voit périr le reste,
Et le silence encore ajoute à sa terreur.....
Quand tout à coup son pied trouve un léger obstacle ;

Il y porte la main : ô surprise, ô miracle !
Il sent, il reconnaît le fil qu'il a perdu
Et de joie et d'espoir il tressaille éperdu...
Enfin tenant en main son conducteur fidèle,
Il part, il vole aux lieux où la clarté l'appelle.
Dieu ! quel ravissement quand il revoit les cieux
Qu'il croyait pour jamais éclipsés à ses yeux !
Avec quel doux transport il promène sa vue
Sur leur majestueuse et brillante étendue !
La cité, le hameau, la verdure, les bois,
Semblent s'offrir à lui pour la première fois ;
Et, rempli d'une joie inconnue et profonde,
Son cœur croit assister au premier jour du monde.

(DELILLE.)

XII

La Ville des morts.

Nous sortons de la ville, et en la quittant nous rencontrons un lieu qui en fait encore partie, c'est le cimetière. Cimetière vient d'un mot grec qui veut dire dortoir, lieu de repos ; c'est là que vont se reposer ceux qui ont vécu et souffert, c'est la ville des morts après celle des vivants. Les cimetières témoignent du respect religieux qu'on a toujours montré pour les morts ; en aucun temps, aucun peuple n'y a manqué. La loi salique interdisait à celui qui avait dépouillé un cadavre le commerce des hommes, jusqu'à ce que les parents, acceptant la satisfaction, eussent demandé qu'on l'autorisât à reparaître dans la société de ses semblables. Les anciens Égyptiens ensevelissaient leurs morts dans de vastes nécropoles [1] qui étaient de véritables cités funéraires : les Pyramides n'étaient pas autre chose que les sépultures des rois. Un savant français, Mariette, mort récemment, a eu la gloire de découvrir les deux nécropoles de Sakkarah et de Gizeh [2], enfouies sous le sable depuis des siècles et renfermant des inscriptions historiques de la

---

[1] De deux mots grecs qui signifient ville des morts.
[2] Deux villes sur la rive gauche du Nil ; les montrer sur la carte.

plus grande importance. Chez les Romains, la coutume
était de placer les tombeaux le long des routes, aux abords
de la ville ; le souvenir des morts était ainsi rappelé sans
cesse à la pensée des vivants.

Depuis le christianisme, les cimetières furent d'abord
placés dans l'intérieur des villes, et dans les villages,
autour de l'église, ce qui a encore lieu dans certains endroits pour ces derniers ; mais on a reconnu les dangers
qui en résultaient pour les populations urbaines. Une loi
établit qu'aucune inhumation ne pourrait avoir lieu dans
l'enceinte des villes et des bourgs. D'ailleurs sous le rapport de la religion et de la salubrité, les lieux consacrés à

Fig. 64. — Tombeaux.

la sépulture sont l'objet de règlements spéciaux destinés à
les protéger.

Dans quelques grandes villes, et surtout à Paris, les
cimetières sont réellement des cités, avec leurs rues et
leurs constructions. Le plus célèbre de tous est celui du
Père-Lachaise, ainsi désigné du nom du confesseur de
Louis XIV qui s'était fait bâtir une maison avec un parc
sur un terrain qui fut plus tard converti en cimetière. Il a
environ 43 hectares de superficie ; on y voit les monuments funéraires de plusieurs personnages illustres, tels
que Héloïse et Abélard, Molière, La Fontaine, Masséna, le

maréchal Lefebvre, etc. Ce cimetière est une des choses remarquables de Paris, peut-être une chose unique en son genre.

Tous les peuples, même les plus sauvages, ont eu le culte des morts. L'Église a consacré à leur mémoire un jour spécial : c'est le lendemain de la Toussaint, le 2 novembre. Même en dehors de toute croyance religieuse, cette date est adoptée par tout le monde.

La vue des tombeaux réveille en nous l'idée de ce culte, avec la pensée de l'immortalité de notre âme.

Les inscriptions mises sur les tombeaux ont pour but de rappeler le nom et le souvenir de ceux dont ils recouvrent les restes. Lorsqu'il s'agit de personnages importants, elles peuvent avoir un intérêt historique, surtout en ce qui concerne les peuples de l'antiquité ; quelquefois elles nous touchent par les impressions morales qu'elles font naître dans notre esprit. L'antiquité même nous en fournit des exemples. Ainsi, sur le tombeau d'une jeune fille : « O Terre, sois-lui légère ; elle a si peu pesé sur toi ! » Sur le tombeau d'une Romaine appelée Claudia : « Passant, j'ai peu à te dire ; arrête-toi donc et lis. Ici est le modeste tombeau d'une mère de famille. Ses parents lui avaient donné le nom de Claudia. Elle aima son mari de tout son cœur ; elle eut deux fils : l'un des deux vit encore après elle, l'autre repose dans la tombe. Elle était d'un entretien agréable, d'un abord charmant. Elle garda la maison ; elle fila de la laine. J'ai dit. Adieu. » Citons encore l'épitaphe que Benjamin Franklin, l'un des fondateurs de l'indépendance des États-Unis d'Amérique, l'inventeur du paratonnerre et un des hommes les plus savants de son temps, avait fait placer sur le tombeau de ses parents, à Boston, sa ville natale :

« Josiah Franklin et Abiah sa femme reposent ici. — Tendrement unis, ils vécurent ensemble cinquante-cinq ans. Sans biens, sans place lucrative, par un travail constant et une honnête industrie (avec la grâce de Dieu), ils fournirent aux besoins d'une famille nombreuse, et élevèrent de façon honorable treize enfants et sept petits-enfants.

« Que cet exemple, lecteur, t'encourage à remplir les devoirs de ta profession et à ne pas te défier de la Providence. Il fut homme pieux et prudent ; elle fut femme discrète et vertueuse.

« Le plus jeune de leurs fils, par amour filial, consacre cette pierre à leur mémoire. »

LECTURE.

L'Immortalité.

Je te salue, ô Mort ! Libérateur céleste,
Tu ne m'apparais point sous cet aspect funeste
Que t'a prêté longtemps l'épouvante ou l'erreur ;
Ton bras n'est point armé d'un giaive destructeur,
Ton front n'est point cruel, ton œil n'est point perfide ;
Au secours des douleurs un Dieu clément te guide :
Tu n'anéantis pas, tu délivres ; ta main,
Céleste messager, porte un flambeau divin.
Quand mon œil fatigué se ferme à la lumière,
Tu viens d'un jour plus pur inonder ma paupière ;
Et l'espoir près de toi, rêvant sur un tombeau,
Appuyé sur la foi, m'ouvre un monde plus beau.
Pour moi, quand je verrais dans les célestes plaines
Les astres, s'écartant de leurs routes certaines,
Dans les champs de l'éther l'un par l'autre heurtés,
Parcourir au hasard les cieux épouvantés ;
Quand j'entendrais gémir et se briser la terre ;
Quand je verrais son globe errant et solitaire,
Flottant loin des soleils, pleurant l'homme détruit,
Se perdre dans les champs de l'éternelle nuit ;
Et quand, dernier témoin de ces scènes funèbres,
Entouré du chaos, de la mort, des ténèbres,
Seul je serais debout : — seul, malgré mon effroi,
Etre infaillible et bon, j'espérerais en toi ;
Et, certain du retour de l'éternelle Aurore,
Sur les mondes détruits je l'attendrais encore.

(LAMARTINE.)

QUESTIONNAIRE

SUR LA DEUXIÈME PARTIE.

I. *La ville et la cité.* — Quelle différence y a-t-il entre un village et une ville ? Que signifie le mot *ville* ? Que signifie le mot *cité* ? Quelle différence y a-t-il entre *le peuple* et *un peuple* ? Tous les hommes peuvent-ils être égaux ? En quoi consistent l'égalité et l'inégalité parmi les hommes ?

II. *Les rues.* — Que trouve-t-on aux abords d'une ville de guerre ? d'une ville ouverte ? Que trouve-t-on en entrant dans une ville ? Qu'est-ce qu'une rue ? Quelles conditions les rues doivent-elles remplir pour être salubres ? Que signifie ce proverbe: « Une maison humide vaut son pesant d'arsenic » ? Dans quelles villes remarque-t-on les rues les plus longues ? Les rues doivent-elles être entretenues proprement ? Pourquoi ? En quel état étaient les rues au moyen âge ? Depuis quand les rues sont-elles éclairées ? Quels sont les divers modes d'éclairage ? Depuis quand l'éclairage au gaz est-il connu ? Comment désigne-t-on les rues le plus ordinairement ? Que faut-il penser de l'usage le plus général à cet égard ?

III. *L'hôtel de ville.* — Qu'est-ce qu'un hôtel de ville ? De quelles parties se composait autrefois cet édifice ? Qu'est-ce qu'un maire ; un conseil municipal ? A quelle époque remonte l'établissement des hôtels de ville ? Quels sont les plus célèbres ? Comment était administrée la ville de Paris au moyen âge ? Qu'était-ce qu'un prévôt des marchands ?

IV. *La cathédrale.* — Comment appelle-t-on les édifices consacrés aux différents cultes ? Qu'est-ce qu'une cathédrale ? Quelles sont les plus célèbres ? Qu'est-ce que l'architecture gothique ?

V. *Les cloches.* — Qu'est-ce qu'une cloche ? A quels usages servent les cloches ? A quelle époque ont-elles été connues en Europe ? Faut-il sonner les cloches pendant un orage ? Qu'est-ce qu'un carillon ? De quel métal sont faites les cloches ?

VI. *Le palais de justice.* — Qu'est-ce qu'un palais de justice ? D'où vient ce nom ? Qu'est-ce qu'un magistrat ? Quels sont les degrés de la juridiction en France ? De quelle époque date cette organisation ? Citez quelques noms illustres de la magistrature française. Quel est l'office de la magistrature ? Confiance qu'inspire la justice.

VII. *La caserne.* — Qu'est-ce qu'une caserne ? Qu'est-ce qu'un soldat ? Qu'appelle-t-on compagnie, bataillon ou escadron, régiment, brigade, division, armée ? Qu'est-ce que le drapeau ? Que représente-t-il ? Quel est le devoir du soldat envers le drapeau ? envers la patrie ? Qu'est-ce que le patriotisme ? Qu'est-ce que le courage ? En citer des exemples. — Le courage peut-il revêtir une autre forme que le courage militaire ? Qu'est-ce que le courage civil ? Citez des exemples. Tous les hommes peuvent-ils faire acte de courage et de patriotisme ? De quelle manière ?

VIII. *La bibliothèque. Le musée.* — Qu'est-ce qu'une bibliothèque ? Depuis quelle époque y a-t-il des bibliothèques publiques ? Qui a donné le conseil d'en établir dans tous les départements ? Y en a-t-il ailleurs que dans les villes ? Que faut-il pour qu'elles soient utiles ? Quelle est la valeur des grandes bibliothèques publiques ? Est-ce un crime de les détruire ? — Qu'est-ce qu'un musée ? Quelles sont les différentes espèces de musées ?

IX. *Les établissements de bienfaisance.* — Qu'est-ce qu'un hôpital ? D'où vient le nom d'Hôtel-Dieu ? A quelle époque remonte la fondation de l'Hôtel-Dieu de Paris ? Citez les traits de la bienfaisance et de la bonté de saint Louis. A qui doit-on l'établissement des Enfants-Trouvés ? Y a-t-il des hôpitaux pour les militaires ? Qu'est-ce que l'Hôtel des Invalides ? Qu'est-ce que l'administration de l'Assistance publique ? Y a-t-il aujourd'hui moins de malheureux et de pauvres qu'autrefois ? Quelle était la durée moyenne de la vie humaine au siècle dernier ? Quelle est-elle aujourd'hui ? Que prouve cette différence ? Peut-on supprimer absolument la pauvreté ? Que faut-il pour diminuer le nombre des pauvres ?

X. *Les promenades. Les places publiques.* — Qu'est-ce qu'un parc, un jardin public, un square ? Quelle est leur utilité ? Quelle fut dans l'origine la destination des places publiques ? Quel est souvent l'ornement d'une place publique ? Qu'est-ce qu'une statue ? Dans quel but élève-t-on des statues ?

XI. *La ville souterraine.* — Qu'y a-t-il sous les rues d'une ville ? Qu'appelle-t-on égout ? A quoi servent les égouts ? — Qu'appelle-t-on catacombes ? Qu'était-ce que les catacombes de Rome ? les catacombes de Paris ?

XII. *La ville des morts.* — Qu'est-ce qu'un cimetière ? Où doit-il être placé ? Quel est le plus vaste cimetière de Paris ? Quels sentiments réveille en nous la vue des tombeaux ? A quoi servent les inscriptions qu'on y remarque ?

TROISIÈME PARTIE
LES OBJETS USUELS

I

Les Aliments.

Tous les êtres vivants, et l'homme en particulier, mangent et boivent pour réparer leurs forces et pour entretenir la vie en eux. Nous sommes avertis de cette nécessité par des sensations plus ou moins vives et qu'on appelle la *faim* et la *soif*. Si nous ne les éprouvions pas, nous ne penserions pas à prendre de la nourriture et nous ne pourrions pas vivre ; réciproquement, s'il nous arrive de manger ou de boire plus qu'il n'est nécessaire, c'est encore par une sensation douloureuse que nous sommes avertis de cet excès, qui, s'il était continué, nous rendrait malades. Ce qui prouve que la douleur est utile à quelque chose, et qu'elle est pour nous un utile avertissement.

Les aliments nous rassasient et les boissons nous désaltèrent ; mais généralement on entend par aliment toute substance qui, introduite et élaborée dans l'intérieur du tube digestif, sert principalement à satisfaire la faim ou la soif et qui, assimilée à l'être qui l'absorbe, peut en augmenter la masse ou en réparer les pertes.

Chaque espèce d'êtres vivants a ses aliments propres, et recherche un genre de nourriture préférablement ou même exclusivement à tout autre. C'est d'après cette distinction naturelle qu'on divise les animaux en trois grandes classes :

les *herbivores,* qui se nourrissent d'herbes, de grains, de fruits, et d'autres substances végétales ; les *carnivores,* qui n'usent que d'une nourriture animale ; les *omnivores,* qui prennent indifféremment leurs aliments dans l'un et l'autre règne de la nature organisée. L'espèce humaine est omnivore comme le prouve notre appareil digestif ; d'ailleurs l'inspection des dents ne laisse aucun doute à cet égard, puisque nous avons vingt dents d'herbivores et douze de carnivores. Le règne animal et le règne végétal contribuent donc à la nourriture de l'homme, et de tous les animaux omnivores, il est le seul qui fasse servir à son alimentation tant de substances diverses, en les accommodant selon ses goûts. C'est même pour lui une nécessité dans bien des cas où il doit amener à un état convenable des substances que, sans cela, il ne pourrait pas digérer.

Mais on comprend que ce n'est pas d'un jour à l'autre qu'il en est arrivé là, et l'on peut conjecturer à quels aliments il était réduit à l'origine du monde, d'après ce que l'on voit encore aujourd'hui chez quelques peuplades sauvages. Il y a en Australie, dans l'intérieur des terres, des naturels qui sont obligés de se contenter de racines de fougère, de quelques tubercules, des oiseaux qu'ils peuvent surprendre ; ils ont même recours aux serpents, aux lézards, aux vers, qu'ils dévorent à peu près crus. Le milieu où ils vivent leur offre peu de ressources, et n'aide pas au développement de leur intelligence, qui est fort bornée. Mais, en général, la nature fournit à l'homme, et en abondance, les matériaux nécessaires à sa nourriture, le blé, les légumes, les fruits, les laitages, la viande. C'est toutefois à une double condition : d'abord, il faut qu'il sache s'approprier ces divers matériaux en les transformant, en achevant l'œuvre de la nature ; ensuite qu'il n'en abuse pas par intempérance : on doit manger pour vivre et non vivre pour manger. Rien de plus honteux que la gourmandise, chez les grandes personnes et chez les enfants ; ce défaut les fait ressembler aux animaux qui mangent *gloutonnement,* comme le loup de la fable.

8.

Dans un repas, un vieillard, ayant remarqué qu'un jeune garçon mangeait beaucoup de viande et pas de pain, se mit à dire : « Pourrions-nous trouver pourquoi on donne quelquefois à un homme le nom de carnassier? On mange

Fig. 65. — Le Gourmand.

de la viande avec son pain, et ce n'est pas cela, ce me semble, qui s'appelle être carnassier. — Je ne le crois pas non plus, répliqua un convive. — Ne serait-ce pas plutôt celui qui mange de la viande sans pain? — Assurément. — Mais, fit un troisième, que dites-vous de celui qui mange beaucoup de viande avec peu de pain? — Celui-là, répondit le vieillard, mérite aussi le nom de carnassier. » — Le jeune garçon comprit ce que signifiait cette conversation ; il se mit alors à manger un peu de pain, sans cesser de manger beaucoup de viande. « Voyez ce jeune garçon, dit alors le vieillard; se sert-il de son pain pour manger sa viande ou de sa viande pour manger son pain? » Ce qui voulait dire : à qui ressemble-t-il plus en agissant ainsi, à l'homme ou à la bête?

La gourmandise est non seulement un défaut, mais encore une source de maladies ; c'est pour cela que les poëtes comiques ont souvent comparé, en plaisantant, les cuisiniers à des empoisonneurs, comme dans les vers suivants, adressés aux cuisiniers :

Qui ne rirait de voir qu'avec un soin extrème
L'homme ait inventé l'art de se tuer lui-même !
A force de ragoûts et de mets succulents,
Il creuse son tombeau sans cesse avec ses dents,
Il sait le peu de jours qu'il a des destinées,
Et tâche autant qu'il peut d'abréger ses années.
Vous êtes dans votre art tous de francs assassins,
Produits par les enfers, payés des médecins ;
Et si l'on agissait en bonne politique,
On vous bannirait tous de chaque république.

LECTURE.

La Nourriture.

L'homme a d'abord trouvé pour nourriture les fruits des arbres
dont vivent encore plusieurs des tribus sauvages de l'Amazone [1],
et dont subsistaient en grande partie les indigènes des îles de la
Société [2], mais il a promptement associé à ce moyen d'alimentation insuffisant le produit de la chasse et de la pêche. Pour satisfaire son appétit aiguisé souvent par un long jeûne, il a, comme
l'animal, dévoré sa proie encore presque vivante, sans la préparer.
Cette voracité subsiste chez un grand nombre de populations sauvages qui n'occupent pas un des derniers degrés de l'échelle
sociale, et ce goût pour la chair crue s'est même conservé chez
quelques populations, telles que les Abyssins [3], parvenus déjà à
un état social avancé et qui la savourent comme un mets délicieux. Le besoin de conserver pendant plusieurs jours la chair
destinée à la nourriture, d'amollir les parties dures et osseuses
que les dents ne pouvaient broyer, conduisit à la faire cuire,
tantôt simplement au soleil, tantôt sur un brasier. A l'entrée du
golfe Persique, on trouve des populations dont le poisson
demeure la nourriture presque exclusive. Les Groënlandais vivent
presque exclusivement de poisson ou de la chair des animaux
marins. Les peuples chasseurs préfèrent la venaison [4], et les
peuples pasteurs ou éleveurs de bestiaux, la viande de leurs troupeaux ou des animaux domestiques. Dans l'Amérique du Nord,
quelques peuplades indiennes n'ont d'autre nourriture que la
chair des bisons, dont la chasse fait presque toute leur occupa-
tion. De même, les peuplades sibériennes et laponnes [5] vivent de

[1] Grand fleuve qui traverse tout le continent de l'Amérique méridionale, de
l'ouest à l'est, et se jette dans l'océan Atlantique.
[2] Groupes d'îles de la Polynésie, dans le grand Océan.
[3] Peuple de l'Afrique, au sud de la Nubie et à l'ouest de la mer Rouge.
[4] Viande de gibier.
[5] Au nord de l'Europe et de l'Asie.

la chair du renne; les Kalmouks[1], de la chair du cheval; plusieurs populations polynésiennes, chez lesquelles les mammifères étaient fort rares, mangeaient du chien, dont la chair devenait moins coriace à raison de la nourriture végétale qu'on lui donnait exclusivement. Les oiseaux que le sauvage atteint de ses flèches entrent aussi pour une certaine part dans sa nourriture. Chez les populations agricoles, la nourriture végétale prédomine.

(A. MAURY.)

II

Le Pain.

Voici un morceau de pain sur cette table : l'enfant qui a bon appétit et qui est bien élevé le mange avec plaisir, le gourmand le dédaigne, et le pauvre s'en nourrirait avec reconnaissance. Mais combien peu songent à tout ce que vaut ce morceau de pain, à tout le travail qu'il représente! Il a peut-être coûté deux sous, et la miche tout entière après laquelle il a été coupé en coûte douze ou quinze : que de peines, que d'efforts pour la produire, et combien d'ouvriers ont dû y travailler!

Le laboureur a labouré son champ, il l'a ensemencé; le grain de blé, de seigle ou d'orge, a germé, a poussé, l'épi est venu ; le moissonneur l'a coupé, le vanneur l'a séparé de la paille, le fermier l'a mis en sac dans son grenier ou dans sa grange. Ce blé ainsi obtenu est-il un aliment, et allons-nous le manger en grains, comme le cheval mange son avoine? C'est du pain que nous voulons avoir : pour cela, il faut transformer le blé en farine. Le meunier le moud dans son moulin. Autrefois on se bornait à le broyer sur des meules ; chez les anciens Romains, les boulangers étaient appelés, pour cette raison, *pileurs* : ils écrasaient le blé, mais le son restait mêlé à la farine. Plus

---

[1] Peuple de race mongole habitant le centre de l'Asie, et dont une partie s'est fixée en Europe entre le *Don* et le *Volga*, dans l'empire de Russie, dont elle est tributaire. — On fera reconnaître ces différentes contrées aux élèves sur la mappemonde.

tard on connut les moulins à bras, puis les moulins à vent,
les moulins à eau et enfin les moulins à vapeur.

Quand on a la farine, le boulanger se met à l'œuvre.
Ce nom de boulanger vient du vieux mot français *boulents*,
qui signifie fleur de farine ; d'autres prétendent que c'est
de la forme ronde qu'au moyen âge on donnait au pain.

Pour faire du pain, le boulanger met de la farine dans
un *pétrin*, sorte de coffre où il la détrempe avec de l'eau, la

Fig. 66. — Une Boulangerie.

mêle, la remue, en un mot la *pétrit* et en fait de la pâte.
Celle-ci contient de la fécule, du sucre et du gluten, et
c'est au gluten surtout qu'on doit les propriétés nutritives
du pain : c'est de la chair végétale. Pour que cette pâte
donne un pain facile à digérer, et que la mie ait des *yeux*,
comme on dit vulgairement, il est nécessaire qu'elle fer-
mente. Pour cela, on la fait *lever* en mêlant à la pâte nouvelle un peu de pâte mise en réserve du dernier pétrissage,
et qu'on nomme *levain* ; à son défaut, on prend un peu de
levure chez le brasseur.

Lorsque la pâte a suffisamment levé, on la met au four pour la cuire. Le four est une construction de forme circulaire ou elliptique, à voûte plate, avec une seule ouverture par-devant. L'*âtre* ou *aire*, légèrement incliné à partir du fond jusqu'à la bouche, se compose de carreaux réfractaires établis sur un lit de sable sec. La *bouche* se ferme au moyen d'une plaque maintenue dans une feuillure. On chauffe les fours avec du bois, ou par un courant d'air chaud ; ce sont alors des fours *aérothermes*. Après une cuisson suffisante, on *défourne* et enfin on a du pain.

On voit que ce n'est pas sans peine, depuis le grain de blé jusqu'à la miche, et on se demande pourquoi on n'a pas compris l'art de faire du pain parmi les grandes inventions ; il est ancien, il est vrai, mais ce n'en est pas moins le plus utile de tous.

Le pain est en effet la base de la nourriture de l'homme, la privation de pain est le signe de la dernière misère soit chez les individus, soit parmi une réunion d'hommes. Il n'y a plus aujourd'hui de famines, même quand les récoltes ont manqué dans un pays, parce qu'on a la ressource d'acheter du blé à l'étranger, mais on peut manquer de pain dans une ville assiégée.

Si l'on songe à tout cela, on trouvera qu'un morceau de pain est une chose précieuse, que c'est une faute de le perdre ou de le jeter, qu'il peut dépendre d'un morceau de pain qu'un enfant devienne un petit vagabond, et un homme pauvre un voleur.

LECTURE.

L'Homme ne vit pas seulement de pain.

La vie de l'humanité ne se soutient pas seulement par ses aliments visibles ; il est une nourriture intérieure, impalpable, aussi impérieusement réclamée que le pain. La faim est un mal horrible, une mort lente ; et la disette morale réduit les sociétés même les mieux nourries à l'inanition, à la léthargie, à la mort. Alors mes yeux se reportèrent sur la campaghe, où l'on semait le blé, et une voix me dit : « Il faut semer aussi, semer dans tous les champs de l'intelligence, dans les plus ingrats comme

dans les plus riches. » Riches d'or, semez l'aumône sans conditions pour ne pas récolter l'hypocrisie. Riches de science, ré-
pandez votre trésor et multipliez-le par des millions d'âmes. Il
faut semer, l'heure est venue. A l'œuvre tous ! Jeunes gens, ne
vous laissez pas gagner trop tôt par la soif des richesses, ne
vous épuisez pas à féconder des pièces d'or ; soufflez un peu sur
vos cœurs qui vont s'éteindre, ou bien ils tomberont en cendres ;
jetez dans le monde quelques lueurs, des étincelles ; semez le
désir et l'ardeur des grandes pensées, des aspirations généreuses.
Hommes, ne laissez pas dormir les esprits, s'engourdir la raison ;
semez la force juste.

(Magasin pittoresque.)

III

Les Légumes et les Fruits.

Outre le pain, nous devons au règne végétal les légumes
et les fruits.

On distingue les légumes verts, épinards, choux, salades, asperges, oseille, artichauts, salsifis ; et les légumes
farineux, riz, fèves, pois, lentilles, haricots, pommes de
terre, etc.

Un capitulaire de Charlemagne, dans lequel sont énu-
mérées les plantes qu'il voulait voir cultiver dans ses domaines, nous apprend qu'à cette époque la plupart de nos
végétaux potagers entraient déjà dans la consommation,
car nous y voyons figurer, entre autres, le fenouil, le cerfeuil, l'ail, le persil, les échalottes, les oignons, le cresson,
l'endive, la laitue, la betterave, le chou, la carotte, le
cardon, enfin les haricots, les grosses fèves, les pois et les
lentilles.

Au treizième siècle, on désignait sous le nom générique
d'*aigrun* l'ensemble des plantes potagères, les mêmes
marchands vendaient les légumes et les fruits, et en 1608
les statuts de la corporation des fruitiers de Paris les dési-
gnaient encore sous le nom de « marchands de fruits et
d'aigrun ».

Mais le légume le plus utile, et sinon le plus nourrissant,

du moins un des plus nourrissants de tous, la pomme de terre, ne fut connu que longtemps après.

L'introduction de la pomme de terre est un véritable

Fig. 67. — Pomme de terre.

bienfait. Originaire du Pérou, elle fut apportée pour la première fois en Europe en 1545, et cent cinquante ans après elle était cultivée dans les Iles Britanniques, où elle rend depuis cette époque des services d'autant plus grands que le blé y est en moins grande quantité. La population pauvre de l'Irlande s'en nourrit presque exclusivement. En Allemagne, elle date de la famine de 1770 ; la Prusse et la Saxe l'adoptèrent des premières, et elle ne tarda pas à prendre place dans leur grande culture.

On fut plus longtemps en France avant d'accueillir cet excellent produit, qui aurait cependant conjuré bien des famines, car il est presque aussi nourrissant que le pain, vient dans des terres impropres à d'autres cultures, et ne coûte que la peine de le cuire sous la cendre chaude, dans le four ou dans l'eau bouillante. Mais les paysans le méprisaient et le croyaient à peine bon pour les porcs ; les médecins le regardaient comme délétère et propre à engendrer la lèpre ; le parlement de Besançon l'avait prohibé sur le territoire de Salins.

Un homme, du nom de Parmentier, qui avait à cœur le soulagement de la misère, entreprit de triompher de ces préjugés, avec l'appui de Louis XVI. Mais ce n'est pas toujours une chose facile que de faire du bien aux hommes, lorsqu'ils sont ignorants. Le roi fit servir sur sa table ce mets dédaigné, et se montra en public avec un bouquet de fleurs de pommes de terre ; les jardiniers les cultivèrent comme

fleurs d'ornement, les fleuristes les imitèrent en fleurs artificielles ; les grands seigneurs suivirent l'exemple du roi ;
Parmentier, de son côté, fit ensemencer des terrains considérables, et annonça la vente à bas prix de la récolte. Eh

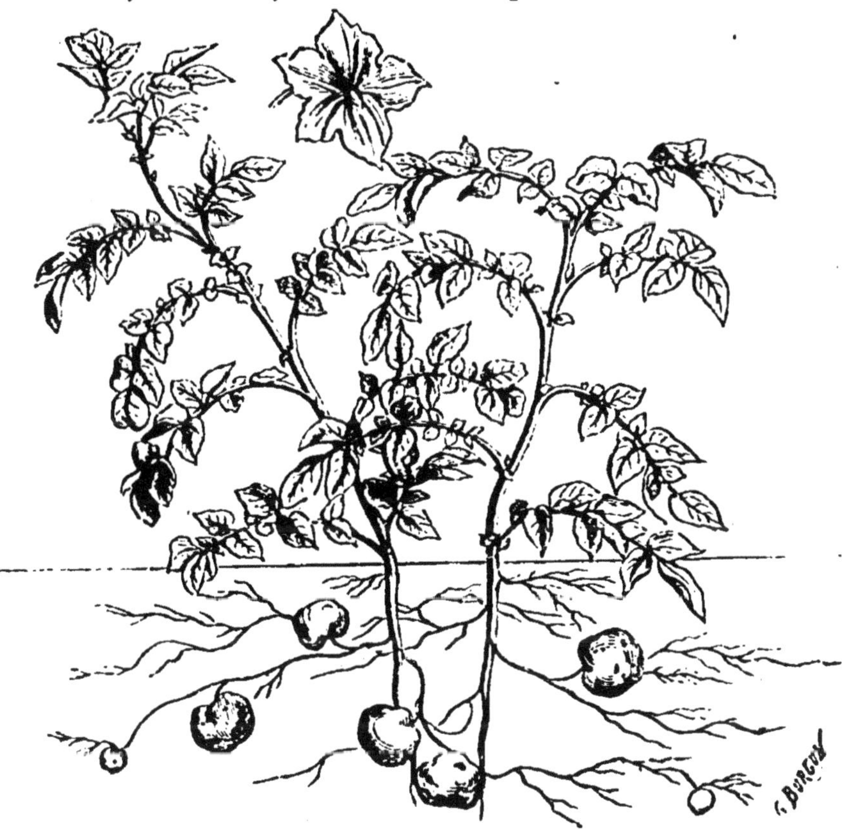

Fig. 68 — Pommes de terre, fleurs et fruits.

bien ! il trouva à peine des acheteurs la première année, et
pas un seul l'année suivante.

Un homme moins persévérant, ou pour mieux dire
moins désireux d'être utile à ses semblables, se serait dé-
couragé. Parmentier n'avait pas moins d'esprit que de
bonté ; il savait que les hommes sont assez généralement
portés à désirer ce qu'on leur refuse. Comptant sur l'attrait du fruit défendu, il fit entourer de palissades ses

champs de pommes de terre, et plaça tout autour des gardes chargés d'exercer une surveillance minutieuse. Mais la nuit les champs n'étaient plus gardés, et l'on vint voler les pommes de terre. Parmentier avait gagné son procès.

C'est encore à Parmentier qu'on doit l'introduction du maïs.

Fig. 69. — Pomme.

Fig. 70. — Fraise.

Parmi les fruits, on distingue dans nos pays les fruits à pepins, melons, raisins, groseilles, poires, pommes,

Fig. 71. — Groseilles.

coings; les fruits à noyaux, cerises, prunes, abricots, pêches; les fruits à enveloppe dure, noix, noisettes, châtaignes, etc.

La plupart de nos fruits étaient cultivés en Gaule dès

longtemps ; nous voyons du moins que Charlemagne, au huitième siècle et au commencement du neuvième, en avait dans ses jardins. Mais la culture n'avait pas fait de grands progrès. Au seizième siècle on ne connaissait encore que la pêche *de plein vent ;* l'abricot n'était guère plus gros qu'une prune de Damas, et pourtant il se vendait, vu sa rareté, un denier (environ un franc de notre monnaie). Jacques Coyctier, médecin de Louis XI, qui aimait beaucoup les fruits, avait pris pour emblème un abricotier, avec cette devise : A l'abricotier (*à l'abri Coyctier*). Olivier de Serres, qui vivait du temps d'Henri IV, nomme dix-huit espèces de prunes, parmi lesquelles ne figure pas la célèbre *reine-claude,* qui doit son nom à la fille de Louis XII, première femme de François Ier.

On prétend qu'il y a aujourd'hui cinquante variétés de pêches, cent variétés de prunes, plusieurs centaines de variétés de pommes, six cents variétés de poires et environ mille sortes de raisins. En supposant même que ces chiffres soient un peu exagérés, il n'en est pas moins vrai que, dans cette branche du travail humain, comme dans toutes les autres, l'industrie et la patience ont produit des résultats merveilleux. Si la nature nous fournit les fruits à l'état sauvage, la greffe, la culture, les soins les plus vigilants les transforment en délicieux produits. Ils sont l'objet d'un commerce aussi étendu que rémunérateur. Le chasselas de Fontainebleau, les pêches de Montreuil sont célèbres.

Les fruits se mangent encore séchés au soleil ou au feu, cuits ou confits ; de là le nom de *confitures* donné à certaines préparations de fruits et de sucre. « Les confitures, dit Olivier de Serres, non-seulement substantent (nourrissent) beaucoup les gens en bonne santé, mais leurs précieux goûts et facultés réconfortent et réjouissent les malades, et à toutes personnes donnent contentement... »

Entre autres fruits, le coing a servi de bonne heure à faire des confitures ; il était la base du *cotignac* d'Orléans, si renommé qu'aux entrées des rois, reines ou princes dans les grandes villes du royaume, on ne man-

quait pas de leur en présenter des boîtes. Ce fut la première offrande des Orléanais à Jeanne d'Arc.

Fig. 72. — Le Coing.

Légumes et fruits appartiennent à l'art du jardinage,
qui s'applique non seulement au jardin d'agrément, mais
au potager et au verger. C'est un art qui exige du labeur,
mais qui n'est ni sans profit ni sans charmes. Écoutons
encore l'éloge qu'en fait dans son naïf langage, le vieil Olivier de Serres : « Ce sont les jardinages qui fournissent à
l'ornement utile de notre ménage, innumérables (innombrables) espèces de racines, d'herbes, de fleurs, de fruits,
avec beaucoup de merveilles. Le jardin excelle en tout autre
partie de terre labourable, même en cette particulière propriété qu'il rend du fruit chaque année et à toutes heures,
là où en quelque autre endroit que ce soit, le fonds ne
rapporte qu'une seule fois l'année ; ou si deux, c'est tant
rarement que cela ne doit être mis en ligne de compte. »
Il appelle le jardinier « l'orfèvre de la terre ».

LECTURE.

L'Industrie horticole.

Combien d'arbres, de fruits, de plantes et de fleurs,
Dont l'art changea le goût, les parfums, les couleurs!
La pêche a dû sa gloire à ces métamorphoses ;
D'un triple diadème ainsi brillent les roses ;
De son panache ainsi l'œillet s'enorgueillit.
Osez : Dieu fit le monde et l'homme l'embellit.
Que si vous n'osez pas essayer ces conquêtes,
Combien sous d'autres cieux de richesses sont prêtes !
Usurpez ces trésors. Ainsi le fier Romain,
Et ravisseur plus juste et vainqueur plus humain,
Conquit des fruits nouveaux, porta dans l'Ausonie[1]
Le prunier de Damas[2], l'abricot d'Arménie[3],
Le poirier des Gaulois, tant d'autres fruits divers :
C'est ainsi qu'il fallait s'asservir l'univers.
Quand Lucullus[4] vainqueur triomphait de l'Asie,
L'airain, le marbre et l'or frappaient Rome éblouie ;
Le sage dans la foule aimait à voir ses mains
Porter le cerisier en triomphe aux Romains.
Et ces mêmes Romains n'ont-ils pas vu nos pères
En bataillons armés, sous des cieux plus prospères,
Aller chercher la vigne et vouer à Bacchus
Leurs étendards rougis du nectar des vaincus[5] ?
Plantez donc pour cueillir. Que la grappe pendante,
La pêche veloutée et la poire fondante,
Tapissant de vos murs l'insipide blancheur,
D'un suc délicieux vous offrent la fraîcheur ;
Que sur l'oignon du Nil et sur la verte oseille
En globes de rubis descende la groseille ;
Que l'arbre offre à vos mains la pomme au teint vermeil,
Et l'abricot doré par les feux du soleil.
A côté de vos fleurs, aimez à voir éclore
Et le chou panaché que la pourpre colore,
Et les navets sucrés.....

(DELILLE.)

[1] Ancien nom de l'Italie.
[2] Damas, ville de l'Asie Mineure, dans la Turquie d'Asie.
[3] Contrée de l'Asie occidentale.
[4] Romain célèbre, né 115 ans avant J.-C., rapporta, dit-on, à Rome le premier cerisier, ainsi nommé de la ville de Césaronte en Asie Mineure, où Lucullus l'avait vu cultiver.
[5] Les Gaulois envahirent l'Italie trois siècles avant J.-C. Jusque-là ils ne connaissaient pas la vigne; ils en rapportèrent des plants dans la Gaule.

IV

Les Laitages.

Avec le lait, dû à la chèvre, surtout à la vache, qui seul est déjà un aliment, et qui entre dans la préparation de plusieurs mets, on fait du beurre et du fromage.

Le beurre s'emploie soit seul, soit comme assaisonnement ; il est très-nourrissant, et très-anciennement connu comme tel ; très-anciennement aussi, la Lorraine expédiait déjà du beurre fondu, la Normandie et la Bretagne du beurre salé.

Après la viande, parmi les substances alimentaires solides provenant des animaux, aucune ne présente en

Fig. 73. — La Vache laitière.

France une quantité ni une valeur aussi considérable que le beurre. Pour en avoir une idée, il suffira de savoir que Paris consomme à lui seul annuellement pour plus de 25 millions de beurre et que l'on peut évaluer la consommation annuelle et générale de la France à plus de 172 millions de francs.

Si l'on considère maintenant que l'exportation peut se chiffrer par environ 29 millions, on arrive, pour l'ensemble de la production, à une somme de plus de 200 millions.

Nous n'avons donc pas besoin d'insister sur l'importance de cette substance dans l'alimentation.

Le fromage est aussi l'objet d'une industrie et d'un commerce très-étendus.

On distingue les fromages à pâte molle et les fromages à

Fig. 74. — Une Fromagerie.

pâte ferme. Parmi les premiers, sont les fromages de Brie, de Troyes, le Camembert (qui se fabrique dans l'Orne), le Marolles, le fromage dit Suisse et qui vient des environs de Gournay dans la Seine-Inférieure ; parmi les seconds, le Roquefort, le Hollande, le Chester (Angleterre), le Parmesan (Italie), le Gruyères qui ne se trouve véritablement qu'en Suisse, mais dont l'équivalent se fabrique en France, particulièrement dans les Vosges, le Jura et le Doubs.

L'industrie fromagère est très-répandue dans les pays froids et montagneux, où la culture des céréales est très-limitée, où celle de la vigne n'existe pas, mais qui offrent assez de pâturages pour l'élève des bestiaux, dont le lait sert à faire le fromage.

C'est en France que se fabriquent non seulement les plus nombreuses variétés de fromage, mais encore les plus estimées. On raconte que, dans un dîner donné à ses collègues par M. de Talleyrand, ambassadeur de France à Vienne, on servit au dessert le fromage le plus renommé de chaque pays, chaque ambassadeur ayant parié en faveur du sien : le Brie l'emporta à l'unanimité et fut proclamé le roi des fromages. Au douzième siècle, il était déjà estimé ; on criait dans les rues de Paris :

> J'ai bon fromage de Champaigne[1],
> Or i a fromage de Brie !

L'ancienne Gaule était célèbre par quelques-uns de ses fromages indigènes, et les Francs qui la conquirent prirent goût à cet aliment.

LECTURE.

Le Fromage de Charlemagne.

L'empereur Charlemagne, dans un de ses voyages, descendit à l'improviste, et sans être attendu, chez un évêque. C'était un vendredi. Le prélat n'avait point de poisson, et n'osait faire servir de la viande au prince. Il lui présenta donc ce qu'il avait chez lui : du fromage *persillé*. Charlemagne en mangea ; mais prenant les taches de persillé pour de la moisissure, il avait soin de les enlever avec son couteau, avant de porter les morceaux à sa bouche. L'évêque, voyant cela, prit la liberté de représenter à son hôte que ce qu'il ôtait ainsi du fromage en était la meilleure partie. L'empereur goûta donc au persillé, et trouva que l'évêque avait raison ; en conséquence, il le chargea de lui envoyer tous les ans, à Aix-la-Chapelle, deux caisses de fro-

[1] Champagne.

mages semblables. L'évêque répondit qu'il était bien en son pouvoir d'envoyer des fromages, mais qu'il ne serait jamais sûr de les envoyer persillés, parce que ce n'est qu'en les ouvrant qu'on peut s'assurer si le marchand n'a pas trompé sur la qualité de la marchandise. — Eh bien ! répliqua l'empereur, avant de les faire partir, coupez-les par la moitié, afin de savoir s'ils sont tels que je le désire. Vous n'aurez plus ensuite qu'à rapprocher les deux moitiés, en les assujettissant au moyen d'une cheville de bois ; mais vous mettrez le tout dans une caisse.

(TRADUIT DU MOINE DE SAINT-GALL[1].)

V

La Viande.

Sous le nom de viande on entend toutes les parties charnues du corps des animaux à sang chaud.

Il n'en est pas de la viande comme du pain ; celui-ci est d'un usage continuel, on en mange à tous les repas, et sous tous les climats il est bienfaisant ; pour la viande, il est nécessaire de savoir en quelle proportion, suivant les climats, ce genre de nourriture doit entrer dans le régime alimentaire.

L'expérience prouve que plus on avance vers les pôles, plus le régime animal convient à la santé de l'homme ; il est même le seul dans ces régions glaciales, dont les habitants sont privés des fruits de la terre. Au contraire, plus on se rapproche du midi, plus il est nécessaire que le régime soit végétal, jusqu'à le devenir presque exclusivement dans les régions voisines de l'équateur ; ainsi, sans aller aux extrêmes, un Anglais mange plus de viande qu'un Espagnol.

Cette loi imposée par la nature donne lieu à une seconde concernant les saisons ; ainsi l'hiver réclame dans la nourriture une plus forte proportion de viande que l'été, où les

----

[1] Chroniqueur qui vivait au neuvième siècle, et qui a écrit en latin.

légumes et les fruits tiennent au contraire une plus large place.

La viande nous est fournie par les animaux domestiques de la basse-cour, de l'étable, de la bergerie[1] ; c'est encore à certains d'entre eux que nous devons des aliments qui ne sont pas de la chair, mais qui proviennent des animaux : les œufs, le lait, le beurre, le fromage. Les bois, les champs, les vallées, les marais nous fournissent le gibier comestible : sangliers, chevreuils, lièvres, perdrix, cailles, alouettes, canards sauvages, poules d'eau, etc.

Il existe donc des rapports entre la chasse et l'alimentation. Les hommes ont chassé d'abord dans un double but : celui de se défendre contre les bêtes sauvages, et celui de se procurer une nourriture plus substantielle ; ce n'est que plus tard que la chasse est devenue une distraction. Elle remonte par conséquent à la plus haute antiquité, les plus anciens peuples ont été chasseurs, et il y a encore aujourd'hui des tribus sauvages qui ne vivent pas autrement. Les premières armes des chasseurs ont été des pierres dures effilées, aiguisées en pointe et assujetties à un manche en bois, formant une espèce de hache ; des lances ou piques, obtenues au moyen de bâtons aiguisés, munis d'une pointe, épine, arête de poisson, os ou défense d'animal ; des massues ou casse-tête en bois dur ou en pierre taillée, emmanchés dans du bois ; des frondes, des flèches; plus tard, des armes en bronze, en cuivre, en fer. Aujourd'hui, tout le monde connaît les fusils de chasse.

La chasse est quelquefois nécessaire pour détruire les animaux nuisibles, tels que les loups et les renards qui font la guerre à la bergerie et à la basse-cour, et les sangliers qui ravagent les champs et les plantations.

Au moyen âge, la chasse était considérée comme un passe-temps si relevé, que les rois et les nobles seuls avaient le droit de s'y livrer. Le paysan surpris à chasser payait de sa vie cette infraction à la loi.

Charlemagne était si jaloux de son droit de chasse, qu'il

---

[1] On mange même du cheval et de l'âne.

fut longtemps à refuser aux religieux de Saint-Denis la permission de faire tuer quelques cerfs qui dévastaient leurs forêts, t ne la leur accorda même qu'en considérant que la chair de ces animaux servirait à l'alimentation des frères infirmes, et les peaux à la reliure des missels. Saint Louis fut le premier qui concéda aux bourgeois l'autorisation de chasser ; Louis XI la leur retira.

Aujourd'hui tout le monde peut chasser, moyennant une autorisation appelée *permis de chasse,* mais la chasse n'est ouverte que pendant un temps déterminé. S'il en était autrement, le gibier aurait bientôt disparu, et en outre les chasseurs porteraient préjudice aux récoltes qu'ils fouleraient aux pieds. La propriété agricole est donc protégée ; elle ne l'était pas autrefois, comme le montre la fable de La Fontaine, où le seigneur du village vient chasser sur le bien d'un propriétaire, après avoir au préalable bien déjeuné :

> L'embarras des chasseurs succède au déjeûné.
>   Chacun s'anime et se prépare:
> Les trompes et les cors font un tel tintamarre
>   Que le bonhomme[1] est étonné
> Le pis fut que l'on mit en fâcheux équipage
> Le pauvre potager : adieu planches, carreaux,
>   Adieu chicorée et poireaux,
>   Adieu de quoi mettre au potage.
> Le lièvre était gîté derrière un maître chou.
> On le quête, on le lance : il s'enfuit par un trou,
> Non pas trou, mais trouée, horrible et large plaie
>   Que l'on fit à la pauvre haie,
> Par ordre du seigneur ; car il eût été mal
> Qu'on n'eût pu du jardin sortir tout à cheval.
> Le bonhomme disait : ce sont là jeux de prince.
> Mais on le laissait dire ; et les chiens et les gens
> Firent plus de dégât en une heure de temps
>   Que n'en auraient fait en cent ans
>   Tous les lièvres de la contrée.

Celui qui chasse sans permis et en temps prohibé est **un** braconnier. Le braconnage est un véritable vol, et le bra-

---

[1] Le propriétaire.

connier est un voleur, puisqu'il dérobe et détruit ce qui ne lui appartient pas. Comme les gardes champêtres et les gardes-chasse surveillent et poursuivent les braconniers, ceux-ci se défendent souvent, blessent ou tuent les gardes. De voleurs ils deviennent meurtriers ; c'est ainsi qu'une faute en entraîne une autre, et qu'un délit mène bien vite à un crime.

L'usage de la nourriture animale remonte à la plus haute antiquité. Il y a eu et il y a même encore des peuplades se nourrissant de chair humaine : c'est ce qu'on appelle l'anthropophagie, c'est-à-dire action de manger la chair humaine, ou le cannibalisme ; ces peuplades sont appelées anthropophages ou cannibales. L'anthropophagie a peut-être existé en Europe, il y a bien longtemps, mais elle a régné surtout chez les nègres, chez quelques tribus indiennes, et dans les îles de la Polynésie où elle n'a pas encore entièrement disparu.

En 1822, une armée de sauvages de la Nouvelle-Zélande mangea trois cents personnes ; en 1836, les corps de soixante guerriers tombés dans une bataille furent cuits, et mangés en deux jours. Cette affreuse coutume, que la civilisation européenne combat sans cesse et détruira bientôt complétement, a sa source le plus souvent dans des superstitions et des idées bizarres. Un grand nombre de peuples de la Polynésie s'imaginent qu'en dévorant un ennemi mort, on fait pénétrer en soi les vertus guerrières qu'il possédait. On voit par là combien sont favorisés les peuples qui, comme nous, ont été de bonne heure civilisés.

Quelquefois le cannibalisme est accidentel et entraîné par la nécessité. On a vu des gens exténués par la faim recourir à cet affreux moyen. L'équipage d'un navire qui faisait la chasse de la baleine, et qu'on appelait l'*Essex*, ayant fait naufrage en 1820, vécut pendant plusieurs jours de chair humaine ; après avoir mangé d'abord ceux qui étaient morts d'épuisement, il finit par tuer le mousse et par le dévorer.

Pendant qu'Henri IV assiégeait Paris en 1590, la famine

était telle qu'on mangeait les cadavres. C'est alors qu'Henri IV permit à ses soldats de faire passer des vivres aux assiégés, au risque de prolonger leur résistance, disant : « J'aimerais mieux n'avoir jamais Paris, que de l'avoir ruiné et désolé par la mort de tout ce peuple. »

L'alimentation par la chair des animaux donne lieu à plusieurs sortes de professions, telles que celles d'éleveurs de volailles, nourrisseurs de bestiaux, charcutiers, bouchers, etc. Le commerce de la boucherie a été de tout temps

Fig. 75. — Une Boucherie.

un des plus considérables en France ; la profession de boucher était au moyen âge une des plus favorisées et des plus lucratives. La corporation des bouchers avait de grands privilèges, elle détenait tout ce commerce entre les mains d'un petit nombre de familles riches et puissantes ; les fils de ces familles pouvaient être reçus maîtres bouchers, et dès l'âge de sept ans et un jour ; en dehors d'elles, les rois de France avaient seuls le droit de créer un maître boucher, le jour de leur avènement au trône. Ils avaient à Paris leur paroisse, sous l'invocation de Saint-Pierre-aux-Bœufs, avec deux bœufs sculptés dans la façade.

LECTURE.

Un Boucher de Paris au quatorzième siècle.

Guillaume de Saint-Yon, un des principaux maîtres bouchers en 1379, était propriétaire de trois étaux, où, chaque semaine, il faisait débiter des viandes pour deux cent neuf livres parisis (la livre parisis valait toujours vingt-quatre sous, mais le sou représentait plus d'un franc de notre monnaie), avec bénéfice de 10 à 15 p. 0/0 ; il touchait une rente annuelle de six cents livres parisis ; il possédait, outre son hôtel patrimonial de Paris, quatre maisons de campagne, bien fournies de meubles et d'instruments aratoires ; des vases et des tasses d'argent, des coupes d'onyx avec des pieds d'argent, d'une valeur de cent francs la pièce et plus ; sa femme avait pour plus de mille francs d'or (le franc d'or valait alors vingt-quatre livres) en joyaux, ceintures, bourses, épingliers ; des robes longues et courtes, bien fourrées ; trois manteaux fourrés de petit-gris. Guillaume de Saint-Yon avait ordinairement dans ses greniers cinq cents cuirs de bœufs valant bien vingt-quatre sols la pièce ; huit cents mesures de graisse valant trois sols et demi chacune ; dans ses étables, huit cents moutons, de cent sols chacun ; dans ses coffres, cinq à six cents florins d'argent comptant (le florin valait douze francs, qu'il faut quintupler, au taux de la monnaie actuelle). On évaluait ses biens meubles à onze mille florins. Il avait donné deux mille florins de dot à ses deux filles, et dépensé trois mille florins pour rebâtir sa maison de Paris. Enfin comme s'il eût été noble, il se servait d'un sceau d'argent.

(P. LACROIX.)

VI

Le Poisson.

La mer, les fleuves, les rivières, les lacs, les étangs, jusqu'aux plus minces ruisseaux, sont mis à contribution pour nous procurer des aliments.

Les grenouilles, qui ne sont pas un poisson, mais qui

vivent dans l'eau, ou sur le bord de l'eau dans les prés humides, sont un article de consommation important. On en mange dans notre pays depuis le temps des Gaulois, à tel

Fig. 76. — Lotte de rivière.

point que les Anglais nous ont appelés longtemps « mangeurs de grenouilles ».

Fig. 77. — Carpe.

Les rivières et les fleuves nous donnent ce qu'on appelle le poisson d'eau douce, comme la truite, le brochet, la

Fig. 78. — Brochet.

carpe, la lotte, l'anguille, le goujon, etc., qui se prennent soit au filet, soit à la ligne. Mais il en est de la pêche comme de la chasse : elle ne peut avoir lieu qu'à certaines époques de l'année, et il y a les braconniers des rivières, comme les braconniers des bois. On en a vu qui n'hésitaient pas à tuer le poisson dans la rivière, au moyen d'un peu de chaux qu'ils y jetaient. Le procédé est infaillible ; le poisson meurt à l'instant, et pris aussitôt il est aussitôt vendu ; mais avec lui meurent ses œufs et la rivière est bientôt dépeuplée. Cette industrie coupable ressemble à l'industrie folle du sauvage, qui, pour avoir le fruit d'un arbre, y met le feu et quelquefois brûle ainsi la forêt tout entière.

Nous trouvons encore dans les rivières un crustacé, l'écrevisse, qui est répandu dans presque toute l'Europe, et dont une des variétés les plus estimées est l'écrevisse à

Fig. 79. — Ecrevisse

.pattes bleues ou écrevisse de la Meuse. Elle se pêche au moyen de raquettes ou balances, chargées de chair, et descendues dans l'eau par des ficelles qui les soutiennent.

La mer a aussi son écrevisse, de proportions considérables, ayant au moins vingt centimètres de long, et quelquefois cinquante à l'âge adulte : c'est le homard. Le homard est armé de pinces énormes qui serrent comme un étau. Il se reproduit en abondance, car la femelle peut pondre vingt mille œufs. Il se trouve surtout dans l'océan Atlantique, et il est presque absent de la mer Méditerranée où foisonne au contraire la langouste.

La langouste ressemble au homard ; elle est revêtue comme lui d'une enveloppe pierreuse, mais elle n'a pas de pinces. Il y a des viviers de langoustes, mais on ne peut les prendre qu'à l'âge adulte : leurs petits, qui à la naissance ne sont guère plus gros que des moucherons, disparaissent on ne sait où, et on ne les revoit qu'au bout de quatre ou cinq ans. Les homards au contraire se prennent jeunes et peuvent s'élever.

La mer nous fournit encore des mollusques comme les huîtres et les moules, et de nombreux poissons dont quelques-uns donnent lieu à des pêches spéciales, comme la morue et le hareng.

L'huître est un mollusque acéphale, c'est-à-dire sans tête ; privée d'yeux, d'oreilles, de pieds, de mains, elle est fixée immobile sur le rocher, enveloppée dans une double coquille. On appelle *banc* l'espace sur lequel les huîtres se trouvent en grande quantité ; les bancs les plus renommés sont ceux de Cancale sur la Manche, et d'Ostende sur la mer du Nord. Leur fécondité est telle que chaque sujet pond annuellement de cinquante à soixante mille œufs ; mais elles croissent lentement, il leur faut cinq ans au moins pour parvenir à la grosseur qui convient à la vente ; si les pêcheurs les enlèvent toutes sans tenir compte de leur taille, les bancs sont dépeuplés en peu de temps. Pour obvier à cet inconvénient, on a établi des parcs d'huîtres à Arcachon, et l'huître s'y reproduit artificiellement. La consommation en est si considérable que le prix de la douzaine apportée à Paris a monté de quarante centimes à deux francs dans l'espace de cinquante ans.

Henri IV était grand mangeur d'huîtres. Sully raconte que, lorsqu'il fut nommé duc et pair, le roi vint à son repas de réception, et comme on tardait trop à se mettre à table, il prit patience en mangeant des huîtres.

La moule comestible est le plus commun des coquillages de nos côtes. Partout où des corps solides forment obstacle dans la mer, rochers, écueils, digues, la moule arrive et s'y attache. Tandis que la coquille de l'huître est rugueuse, celle de la moule est parfaitement lisse. La moule se cultive dans des parcs comme l'huître.

La morue est un poisson voyageur ; au moment du frai (ou ponte des œufs), elles s'assemblent en grandes troupes et vont déposer leurs œufs après un long voyage dans certains endroits favorables. C'est ainsi qu'elles viennent du nord jusque dans les mers de l'Amérique orientale, près de l'île de Terre-Neuve, en un lieu appelé banc de Terre-Neuve et qui est une étendue de mer assez vaste, mais de peu de profondeur. C'est là aussi le rendez-vous le plus

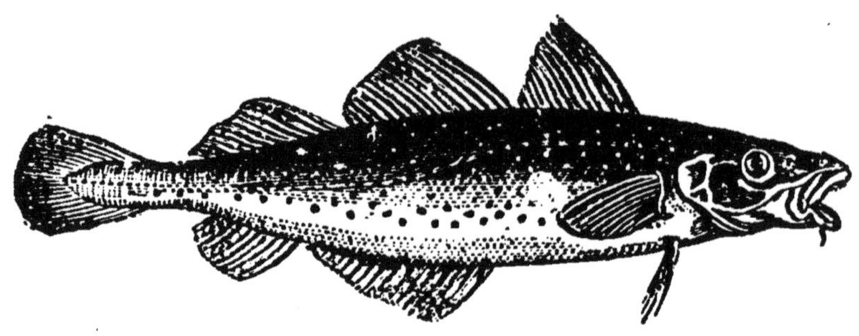

Fig. 80. — Morue.

fréquenté des pêcheurs de morue : on aura une idée de l'importance de cette pêche, si l'on pense que la France seule y envoie chaque année de quatre à cinq mille navires et quinze mille pêcheurs. Les morues ont une taille moyenne d'un mètre. On les pêche à la ligne, mais pour un pareil poisson la ligne est une grosse corde et l'hameçon est un croc en fer.

La morue se découpe, se sale sur place et s'empile dans des tonneaux. On met à part le foie qui, se décomposant au contact de l'air, produit un liquide appelé huile de foie de morue, très-salutaire comme remède dans les maladies de poitrine et dans les maladies du sang.

Le hareng se pêche aussi dans les mêmes proportions, dans les mers du Nord. Ils voyagent par bandes immenses, serrés, pressés, marquant leur passage par des lueurs phosphorescentes qui ondulent et semblent danser sur les flots. Entre l'Écosse, la Hollande et la Norwège, il semble qu'une île sans bornes se soulève et marche. Un bras s'en détache à l'est, s'engage dans le détroit du Sund et remplit l'entrée de la mer Baltique. A certains passages étroits, on ne peut plus ramer : la mer est comme solide. C'est ce qu'on appelle des bancs de harengs. Cette multitude n'a rien d'étonnant pour qui sait que chaque hareng a quarante, cinquante et jusqu'à soixante-dix mille œufs. La grande pêche du hareng commence dans la nuit de la Saint-Jean, du 24 au 25 juin. Dans un port d'Écosse, on en fit une fois onze mille barils en une nuit. On raconte que jadis, sur la côte du Havre, un pêcheur en trouva un matin dans ses filets huit cent mille.

Le hareng salé se vendait à Paris dès le douzième siècle, apporté principalement des côtes de Normandie : il en est parlé dans une ordonnance de Louis VII en 1170. Saint Louis en faisait distribuer annuellement près de soixante-dix mille entre les hôpitaux et divers monastères.

L'industrie humaine a tenté, pour le poisson, des essais analogues jusqu'à un certain point à la domestication et à l'acclimatation des animaux et des plantes. On cultive le poisson, et cette sorte de culture s'appelle la *pisciculture;* ou, pour parler plus exactement, c'est l'eau elle-même qui est mise en culture de manière à produire du poisson, comme un champ produit du blé.

Ce n'est pas nous qui l'avons inventée : les Chinois la connaissent depuis longtemps, et un missionnaire, le Père Huc, rapporte qu'ils nourrissent dans des viviers un poisson qui grossit d'un kilogramme en dix-sept jours. Les Anglais les ont imités; le duc de Richmond a su tirer, grâce à la pisciculture, trois cent mille francs de rente d'une rivière qui traverse ses domaines; le produit de la pêche dans tous les petits cours d'eau du Royaume-Uni [1] a augmenté en cinq ou six ans dans la proportion de un à quatorze et de un à dix-neuf; pour la seule pêche du saumon, et seulement en Écosse et en Irlande, la pisciculture a produit vingt et un millions de francs dans l'année 1860.

En France, Sully et avant lui Charlemagne avaient compris quel avantage on pouvait retirer de l'ensemencement des rivières et de l'élevage du poisson. On dit souvent que

____

[1] On appelle ainsi l'Angleterre, l'Écosse et l'Irlande.

la pisciculture moderne a pris naissance dans les Vosges il y a trente ans, et que les pêcheurs Remy et Géhin en ont été les auteurs. Mais elle remonte beaucoup plus haut, à l'année 1235, c'est-à-dire au temps de saint Louis, et le premier établissement de ce genre a été une « fabrique de moules ».

LECTURES.

I. — Le premier établissement de pisciculture en France.

Un Irlandais nommé Walton, vers la fin de l'année 1325, transportait en France toute sa fortune en moutons ; malheureusement il fit naufrage près de la Rochelle, dans l'anse de l'Aiguillon. Tout périt excepté Walton. Le voilà donc sans ressources au milieu des pauvres habitants du pays, réduit à vivre comme eux du produit de sa pêche, cherchant toutefois avec soin s'il ne pourrait pas, sur ce rivage, créer quelque industrie. L'occasion ne se fit pas longtemps attendre. Walton, pour attacher ses filets, avait enfoncé des piques sur la plage aux endroits que recouvrait la mer à marée haute. Il vit bientôt que de jeunes moules s'attachaient à ces piquets et qu'elles s'y développaient parfaitement, tandis que partout ailleurs aux environs, elles périssaient dans la vase. Walton multiplia ses piquets, les joignit entre eux par des clayonnages, et ces appareils se couvrirent d'une quantité prodigieuse de moules. Il disposa ensuite ces pièces et ces clayonnages par groupes auxquels il donna la forme d'un W, première lettre de son nom, et créa ainsi une industrie qui depuis plus de six cents ans fait la fortune du pays.

Cette fabrique de moules, très-prospère encore de nos jours, a conservé toutes les pratiques imaginées par Walton, et les clayonnages continuent d'avoir la forme d'un W, et ce W est la plus ancienne marque de fabrique[1] qu'il y ait en Europe. On en compte actuellement cinq cents dans la baie de l'Aiguillon ; chacun produit annuellement 1500 francs, la dépense annuelle est de 1,136 francs : le produit net pour chacun est donc de 361 francs. Par conséquent les cinq cents donnent chaque année un bénéfice net de 182,000 francs Trois mille habitants en vivent aujourd'hui, non pas dans les millions, mais dans l'aisance, ce qui vaut beaucoup mieux, et forment les communes d'Esnandes, de Marsilly et de Charron.

(Magasin pittoresque.)

[1] Signe particulier que chaque fabricant met sur ses produits pour attester son droit de fabrication et de propriété.

2. — Heureux comme le poisson dans l'eau.

Le proverbe populaire : « Heureux comme un poisson dans l'eau » exprime une vérité. Dans les temps calmes, un ballon d'air, plus ou moins chargé et qui permet de se faire plus ou moins pesant, le fait naviguer à son aise suspendu entre deux eaux. Il va paisible, bercé, caressé du flot, dort s'il veut en route. Il est tout à la fois embrassé et isolé par la substance onctueuse qui rend sa peau, ses écailles glissantes et imperméables. Son milieu est peu variable, toujours à peu près le même, pas trop froid et pas trop chaud. Quelle terrible différence entre une vie si commode et celle qui nous est départie à nous habitants de la terre ! Chaque pas que nous faisons nous fait rencontrer des aspérités, des obstacles. La rude terre nous met des pierres au passage, nous fatigue, nous épuise à monter, descendre, remonter ses pentes. L'air varie selon les saisons, et souvent très-cruellement. L'eau, la froide pluie pendant des nuits et des jours, tombe impitoyablement, nous pénètre, nous morfond, parfois gèle à nos cheveux, et nous entoure frissonnants des pointes aiguës de ses cristaux. La félicité du poisson, sa bienheureuse plénitude de vie, s'expriment sous les tropiques par le luxe de ses couleurs, et se traduit dans le nord par la vigueur du mouvement. Dans l'Océanie et la mer des Indes, ils jouent, errent et vagabondent sous les formes les plus bizarres, les plus fantastiques parures ; ils prennent leurs ébats joyeux entre les coraux, sur les fleurs vivantes[1]. Nos poissons des mers froides et tempérées sont les grands voiliers, les rameurs puissants, les vrais navigateurs. Leurs formes allongées et sveltes en font des flèches de vitesse. Quelques-uns ont jusqu'à dix nageoires ; la queue, merveilleux gouvernail, est aussi la principale rame.

(MICHELET.)

VII

Les Assaisonnements.

Les aliments que nous offrent le règne végétal et le règne animal ont besoin d'une double préparation pour être nour-

---

[1] Longtemps regardé comme un végétal, le corail est rangé aujourd'hui parmi les minéraux ; il se trouve dans la Méditerranée.

rissants et agréables au goût : cette double préparation consiste dans l'assaisonnement et dans la cuisson.

Assaisonner un aliment, c'est y joindre des ingrédients propres à flatter le goût, à exciter l'appétit, à stimuler l'estomac. Ils sont salins, comme le sel marin, le nitre ou le salpêtre, fort peu usité ; acides, comme le vinaigre, le citron ; âcres, comme l'ail, l'échalotte, l'oignon ; aromatiques, comme le persil, le cerfeuil, l'anis, le thym. Les plus remarquables sont exotiques, tels que la vanille, la cannelle, le

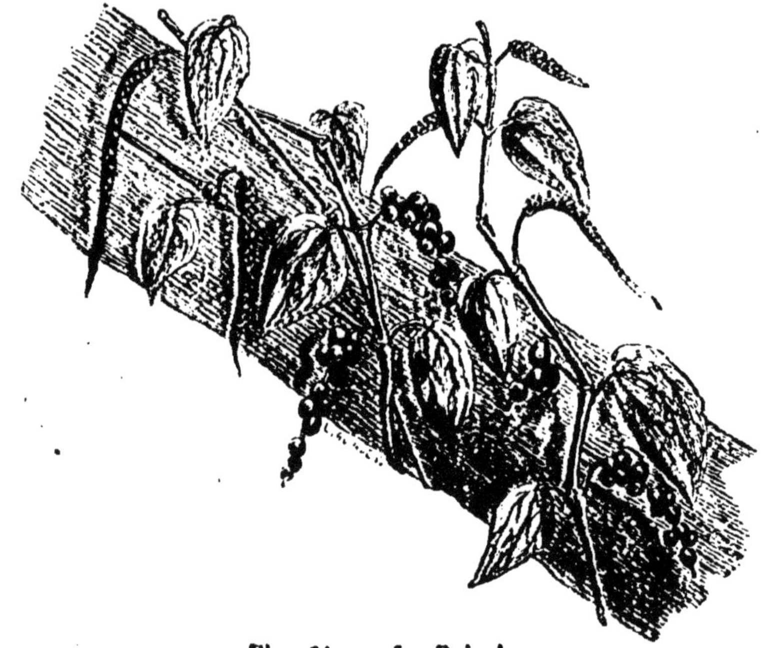

Fig. 81. — Le Poivrier.

clou de girofle, le poivre. Il y a aussi les assaisonnements gras, comme les huiles, les graisses et le beurre. C'est à un Lyonnais, nommé Pierre Poivre, né en 1719, mort en 1773, que nous devons l'introduction en France des épices, originaires du Nouveau-Monde, et dont le commerce hollandais avait presque entièrement le monopole.

L'emploi de tous ces ingrédients ne doit pas avoir pour but de flatter la sensualité, c'est pourtant ce qui arrive bien souvent, en sorte qu'au lieu d'être utiles ils deviennent

nuisibles, et c'est pourquoi l'on a dit : Nous avons dans la
société deux ordres de personnes, les médecins et les cuisiniers, dont les uns travaillent sans cesse à conserver notre
santé et les autres à la détruire, avec cette différence que
les derniers sont plus sûrs de leur fait que les premiers.

L'assaisonnement qui donne à la nourriture le plus de
saveur, c'est l'appétit et l'habitude de la frugalité. Les La-

Fig. 82. — La Vanille.

cédémoniens, peuple de l'ancienne Grèce, n'étaient pas
gourmands ; ils avaient pour tout régal une espèce de purée
ou sauce noirâtre, qu'ils appelaient du brouet noir. Un roi
de ce temps-là, nommé Denys, voulut un jour le goûter et
le trouva fort mauvais. — « Vous avez oublié, lui dirent
les Lacédémoniens, de l'assaisonner par la faim et la soif,
le travail et la fatigue. »

L'assaisonnement est ici considéré au figuré ; dans la

réalité, le meilleur de tous, le plus sain, celui dont la privation est le plus sensible, est le sel : il entre dans la plupart des préparations culinaires et figure sur toutes les tables. Les anciens portaient leur admiration pour les bienfaits du sel à un tel point, qu'ils disaient : Rien n'est utile comme le sel et le soleil. L'homme n'est pas le seul être à qui il profite ; bien des animaux, et surtout les ruminants, s'en trouvent fort bien pour le travail et la digestion. C'est encore une espèce d'engrais : répandu sur un sol humide, il favorise l'activité de la végétation ; mais il y faut beaucoup de mesure, car en trop grande quantité il produirait un effet contraire : quand les anciens voulaient condamner un terrain à la stérilité, ils y semaient du sel.

Le sel se trouve soit dans la mer, à l'état de dissolution c'est-à-dire fondu dans les eaux, qu'on appelle salées pour cette raison, soit dans l'intérieur du sol à l'état solide ; de là on l'appelle sel gemme, par opposition au sel marin. Les endroits d'où on l'extrait sont des salines. Il y a des salines à Cracovie, en Pologne ; en France, dans les départements du Jura, de la Haute-Saône, et spécialement en Lorraine.

Le sel gemme de cette contrée occupe une étendue considérable sur une épaisseur de 60 à 65 mètres ; il était connu dès une haute antiquité, car il y avait des salines à Vic, à Moyenvic et à Marsal au septième siècle de notre ère, et à Dieuze au neuvième.

LECTURE.

Une Saline en Pologne.

Dans une couche de sel de deux cents lieues de longueur, sont pratiquées de grandes galeries dont la voûte est parfois plus élevée que celle d'une église, et qui, se prolongeant à perte de vue et se croisant en tous sens, figurent une ville immense avec ses rues, ses carrefours, ses places publiques. Rien ne manque à cette espèce de ville souterraine : le service divin y est célébré dans de vastes chapelles taillées dans le sel ; les habitations pour les ouvriers mineurs et les écuries pour les chevaux nécessaires à l'exploitation, sont pareillement creusées dans le sel. La population y est nombreuse, et des centaines d'ouvriers y naissent et y meurent, quelquefois sans être jamais sortis de leurs souterrains, sans avoir jamais vu la clarté du soleil. De nombreuses lumières, constamment entretenues, illuminent la ville de sel ; et leurs rayons, réfractés par les surfaces cristallines, tantôt donnent aux parois des galeries l'apparence liquide et brillante du verre, et tantôt les font resplendir des vifs reflets de l'arc-en-ciel. Quelle magique illumination dans ces églises de cristal, quand mille cierges allumés, se réfléchissant sur la voûte, en font descendre des jets de lumière de toutes les couleurs !

(H. FABRE.)

VIII

La Cuisson. — Le Feu.

Le bœuf nous a fourni sa chair, le jardin ses légumes ; nous avons sous la main le sel, le poivre, les épices : tout cela constitue les éléments de ce qu'on appelle un *pot-au-feu*, mais ce n'est pas encore le pot-au-feu. Qu'y manque-t-il ? Une dernière préparation : la cuisson.

L'homme, en effet, n'est pas seulement omnivore ; il est fait en outre pour se nourrir d'aliments cuits. L'invention du feu remonte aux premiers âges du monde ; toutes les peuplades sauvages le connaissaient et l'on peut constater chez la plupart d'entre elles l'existence d'un procédé identique, au fond, pour l'obtenir : c'est le frottement de deux morceaux de bois, l'un tendre, l'autre dur.

Chez tous les peuples sauvages, on emploie, pour cuire les aliments, l'exposition directe à l'action du feu. Mais un procédé bien supérieur, également répandu en Amérique et en Océanie, consiste à creuser un trou qu'on chauffe, puis à y placer viandes ou végétaux, qu'on entoure de cendres chaudes, de pierres rougies, de bois enflammés. Quelquefois même on voit l'aliment entouré de feuilles aromatiques : c'est l'assaisonnement primitif.

Il y a loin de là aux cheminées, aux fourneaux installés aujourd'hui dans les cuisines ; mais l'opération qui s'y produit est toujours la même : c'est la cuisson des aliments au moyen de la combustion.

La combustion est le dégagement simultané de chaleur et de lumière qui se produit pendant la combinaison chimique. Cette définition, pour être expliquée comme elle aurait besoin de l'être, nous entraînerait sur un terrain beaucoup trop scientifique ; ramenons donc l'idée de la combustion à celle du chauffage, et disons que c'est l'application de la chaleur aux divers besoins de l'homme. Elle est donnée par des corps que leur propriété de brûler a fait nommer *combustibles*, tels sont le bois, le charbon de bois, la tourbe, la houille, le coke. Celui dont on fait le plus grand usage est la houille, car elle sert non seulement à chauffer les poêles et les calorifères, mais à alimenter le feu perpétuel des hauts-fourneaux, des forges, des usines, des machines à vapeur ; le coke en est le résidu. On l'appelle quelquefois charbon de terre, parce qu'on l'extrait du sol, et en voici l'origine.

Aux premiers temps du monde, avant que l'homme fût né, le globe était couvert d'immenses et plantureuses forêts. Elles y ont vécu pendant de longs siècles, en accumulant leurs débris. Ces débris ont d'abord été de la tourbe. Cette tourbe, envahie et recouverte par la mer, a été enterrée sous l'épaisseur considérable des dépôts marins, qui d'une part comprimaient les couches végétales, et d'autre part empêchaient leur refroidissement. Comprimée ainsi et chauffée pendant une période d'une incalculable durée, la tourbe s'est peu à peu transformée en cette matière noire et compacte, disposée en assises à de grandes profondeurs dans le sol, qui est la houille. Comme elle a retenu de son origine végétale des matières gazeuses qu'elle abandonne pendant l'extraction, et que les mineurs désignent sous le nom de *grisou*, il peut en résulter des explosions qui causent mort d'hommes : on a calculé qu'un bloc de houille peut dégager jusqu'à trois fois son volume de grisou. Les précautions recommandées par la science tendent à rendre ces funestes accidents de plus en plus rares ; ainsi une statistique dressée par M. Dickinson établit que de 1851 à

1860 le grisou a pris en moyenne un ouvrier sur mille par an, et de 1861 à 1870 un sur quatorze cents. Mais il y a d'autres dangers, les chutes, les éboulements : en moyenne générale on a compté une victime par an sur trois cents ouvriers. Quand nous profitons de la chaleur donnée par la houille ou de quelqu'un des nombreux services qu'elle rend de tant de manières diverses, pensons donc aux pauvres ouvriers qui vont la chercher, au péril de leur vie, jusque dans les entrailles de la terre.

Dans les appartements et les maisons particulières, on se chauffe au moyen de cheminées, soit qu'on y allume du feu directement, soit qu'on y place un poêle.

Une cheminée est un conduit particulier destiné au dégagement des produits de la combustion ; c'est le chemin de la fumée La cheminée sert donc à dégager l'air qui a servi à

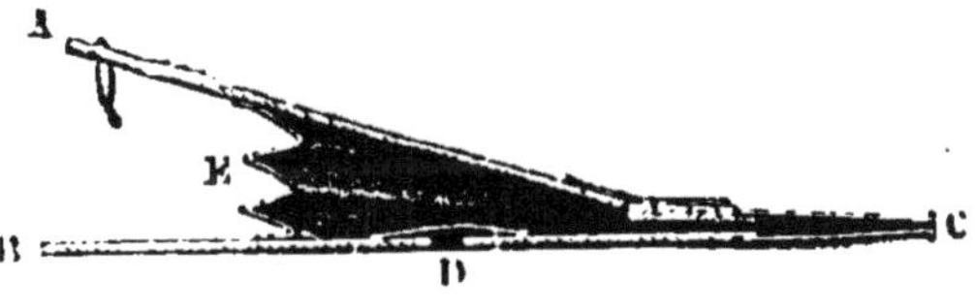

Fig. 83. — Uu Soufflet.

la combustion, et en même temps elle force une nouvelle quantité d'air pur à se verser dans le foyer. Sans air il n'y aurait pas de combustion et par conséquent pas de feu.

Les ustensiles les plus indispensables d'une cheminée sont : une *pelle*, pour relever les cendres ; des *pincettes*, pour saisir les morceaux de bois en ignition ; des *chenets*, sur lesquels on pose le bois pour établir au-dessous un courant d'air : on les nomma d'abord *chiennets*, ce nom vient de ce que dans l'origine ils étaient ornés de figures de chien (dans certaines provinces, on donne le nom de *landrins* à de grands chenets de cuisine) ; un *soufflet*, qui sert à activer la combustion en introduisant de l'air dans le foyer.

La cheminée, qui est un objet de première nécessité, n'était cependant pas connue des anciens : les Grecs, les Romains, ne se chauffaient qu'au moyen d'appareils du genre des calorifères, ou de brasiers portatifs ; les uns et les autres étaient très-imparfaits et donnaient beaucoup de fumée. Vers le onzième ou le douzième siècle seulement, commença l'usage des cheminées avec de vastes manteaux recouvrant de larges foyers où brûlaient des troncs d'arbre: la famille et les serviteurs s'asseyaient des deux côtés de l'âtre, qui fournissait à la fois le feu et la lumière.

Le feu est un si grand bienfait pour l'homme que les anciens en avaient attribué l'introduction sur la terre à un vol fait à la Divinité par un mortel audacieux ; cette fable prouve seulement quel prix ils attachaient à une découverte si importante. Mais si le feu est précieux, il est aussi une cause d'accidents et de sinistres, contre lesquels nous pouvons nous mettre en garde par nos soins et notre vigilance. La plupart des incendies proviennent d'imprudences commises et qui auraient pu être évitées.

LECTURE.

La dernière allumette [1]

« Une allumette ! s'écria Pencroff. Ah ! C'est comme si nous en avions une cargaison tout entière »

Il prit l'allumette, et, suivi de ses compagnons, il regagna les cheminées.

Ce petit morceau de bois que, dans les pays habités, on prodigue avec tant d'indifférence, et dont la valeur est nulle, il fallait s'en servir avec une extrême précaution. Prenant un galet légèrement raboteux, il l'essuya avec soin, et, non sans que le cœur lui battît, il frotta doucement l'allumette, en retenant sa respiration.

Le premier frottement ne produisit aucun effet. Pencroff n'avait pas appuyé assez vivement, craignant d'écailler le phosphore.

« Non, je ne pourrai pas, dit-il, ma main tremble.... L'allumette raterait... je ne peux pas... je ne veux pas. » et se relevant, il chargea Harbert de le remplacer.

Certes, le jeune garçon n'avait été de sa vie aussi impressionné. Le cœur lui battait fort. Il n'hésita pas cependant, et frotta ra-

[1] Des naufragés, jetés sur une côte déserte, veulent allumer du feu dans une espèce de grotte de rochers qu'ils désignent sous le nom de « cheminée », et s'aperçoivent qu'ils ont perdu la seule boîte d'allumettes chimiques qu'ils eussent sur eux. Enfin l'un d'eux finit par retrouver dans la poche de son gilet une allumette intacte dont ils s'empressent aussitôt de tirer parti.

pidement le galet. Un petit grésillement se fit entendre et une légère flamme bleuâtre jaillit en produisant une fumée âcre. Harbert retourna doucement l'allumette, de manière à alimenter la flamme, puis il la glissa dans le papier. Le papier prit feu : quelques instants plus tard, le bois sec craquait, et une joyeuse flamme, activée par le vigoureux souffle du marin, se développait au milieu de l'obscurité.

« Enfin ! s'écria Pencroff en se relevant. Je n'ai jamais été si ému de ma vie ! »

Quant à ce feu, il fallait prendre garde de ne plus le laisser éteindre, et conserver toujours quelque braise sous la cendre : mais ce n'était qu'une affaire de soin et d'attention.

(J. VERNE.)

IX

Les Boissons.

L'eau est la boisson par excellence ; dans l'origine, elle a été la seule, mais les hommes ont su bientôt en inventer d'autres. Il est bien peu de peuples sauvages qui n'aient réussi à en imaginer quelqu'une, empruntée au règne végétal ou au règne animal ; il en est bien moins encore qui aient su ne pas en abuser. On extrait du riz une boisson spiritueuse fort appréciée des nègres et des peuples de l'Asie méridionale ; sans parler de la vigne et de certains arbres fruitiers, une espèce de palmier donne le vin de palme. Le lait, qui forme la base de la nourriture des peuples pasteurs, produit lui-même, par la fermentation, une liqueur spiritueuse dont l'usage s'est surtout répandu chez les Mongols, et qu'on nomme *koumiss*. Presque tous les breuvages prennent, à la suite de certaines préparations, un esprit qui en développe les propriétés toniques ; le jus même des fruits a la propriété de fermenter ; cette propriété, facilement observée, a conduit à l'invention des boissons spiritueuses ou alcooliques. Les anciens Celtibériens, comme les paysans slaves d'aujourd'hui, s'enivraient avec de l'*hydromel*, liqueur fabriquée avec du miel. Les peuples du nord de l'Europe tiraient du grain fermenté la *cervoise*, qui a donné naissance à la bière. Les Thibétains se composent des boissons enivrantes avec de l'orge et de la farine de froment ; les Indiens de l'Amérique du Sud, avec du maïs ; les Polynésiens, avec du poivre.

Le café et le thé sont des excitants plus doux, dont l'usage, circonscrit d'abord aux populations asiatiques, s'est étendu aux peuples civilisés.

Fig. 84. — Le Café: branche, fleur et fruit.

Les boissons les plus répandues en France et en Europe sont le vin, la bière et le cidre.

Après l'eau, le vin est la boisson la plus salutaire à l'homme, mais à la condition qu'il n'en abusera pas ; car autant il est bienfaisant pris avec modération, autant il est funeste quand on en abuse. L'expérience prouve en effet, expérience qui n'est que trop souvent répétée, qu'il n'y a pas de poisons dont les effets soient plus désastreux que ceux de l'ivrognerie, car il n'y en a pas qui corrompent l'âme aussi misérablement. La vigne, disait un ancien, porte trois sortes de fruits : le plaisir, l'ivresse et le repentir. C'est une croyance dans l'Inde que ceux qui s'enivrent sont ravalés après leur mort à l'état de vers ou de bêtes féroces, marquant par là le résultat des excès qui finissent par jeter l'âme tantôt dans l'imbécillité, tantôt dans un endurcissement brutal, toujours dans l'abrutissement. Un ancien roi de Macédoine, Philippe, avait la réputation de boire beaucoup, et ses flatteurs lui en faisaient un mérite : « Il a cela de commun avec une éponge », dit quelqu'un ; « avec un mulet », dit un autre. Au contraire, employé avec mesure, le vin seconde l'esprit dans son travail et il entretient la santé du corps, ce qui est le double but de la tempérance.

Il y a une autre sorte de boisson très en usage dans les contrées du nord, où la vigne n'est pas cultivée, c'est la bière, dont les principaux éléments sont l'orge et le houblon. On en fait en France, mais moins qu'en d'autres pays, en Angleterre, par exemple, où la consommation en est si grande, qu'il est assez ordinaire qu'une famille possède un

Fig. 85. — Arbre à thé.

appareil pour la fabriquer. Elle a moins d'action sur le cerveau que le vin, parce qu'elle est moins riche en alcool ; elle est nourrissante et rafraîchissante.

Le cidre s'obtient avec le jus de la pomme ; il tient lieu de vin en Normandie, en Picardie et en Bretagne ; c'est une boisson rafraîchissante, mais moins tonique que la bière, et connue dès le sixième siècle, puisqu'on la voit figurer, avec le vin, dans un repas donné à saint Colomban par Thierry II, roi de Bourgogne et d'Orléans, petit-fils de la reine Brunehaut.

On peut se faire une idée de la consommation générale, en fait de boissons, par celle de Paris. Les relevés de l'octroi municipal indiquent pour cette ville une entrée annuelle de 4 millions et demi d'hectolitres de vin. 400.000 hectolitres

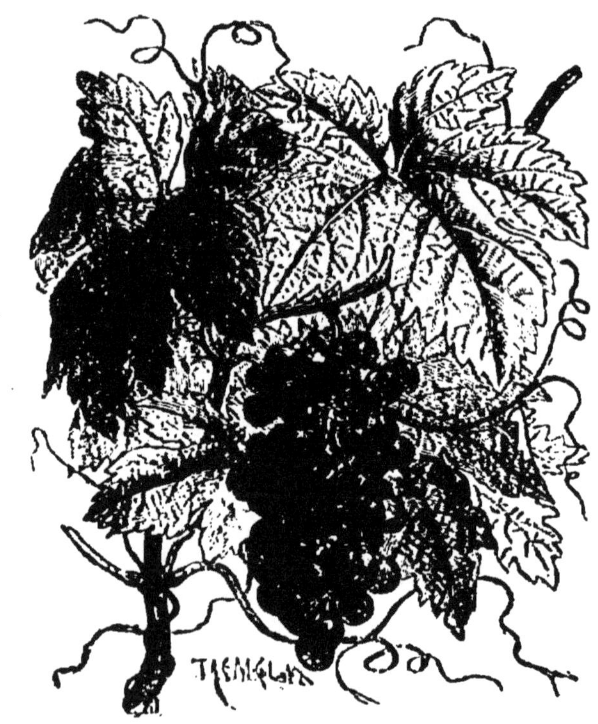

Fig. 86. — Branche de vigne.

de bière, 100.000 hectolitres d'eau-de-vie, 50.000 hectolitres de cidre. Si l'on y ajoute les liqueurs, les sirops, les eaux gazeuses naturelles ou factices ; si l'on observe que la bouteille est sensiblement inférieure au litre en capacité, on trouvera qu'il se consomme à Paris en moyenne deux millions et demi de bouteilles par jour. Une chose qui surprend beaucoup quand on visite les égouts, c'est la masse prodigieuse de bouchons qui flottent sur le fleuve souterrain : on voit d'où ils proviennent. Cette consommation représente une dépense moyenne par jour de 2.500.000 francs, ou de 900 millions par an.

Il est permis d'en conclure qu'elle excède les besoins réels, et en effet on n'a sous les yeux que trop d'exemples

Fig. 87. — Le Houblon : branche et fruit.

d'intempérance. La source en est surtout dans les liqueurs, telles que l'eau-de-vie ou le cognac, le kirsch, le rhum, surtout l'absinthe. Ce ne sont pas des boissons proprement dites ; ce sont des excitants dont il faut se garder, ou du moins user avec plus de mesure encore que du vin, car l'excès en est aussi honteux, mais beaucoup plus funeste. On désigne ces liqueurs sous le nom général d'alcools, en raison de la grande quantité d'alcool qu'elles contiennent. Elles brûlent l'estomac, enlèvent l'appétit, le sommeil, l'embonpoint, l'énergie physique et morale, amènent la paralysie, l'épuisement, le délire, quelquefois la folie ou le crime, toujours la mort. Que de crimes commis sous l'excitation de l'ivresse ! Que de malheureux que l'ivresse a conduits en prison ou sur l'échafaud ! En tous cas, elle les conduit sûrement au cimetière avant l'heure : comme on l'a dit avec toute vérité, les liqueurs fortes ne tuent pas « le ver », elles tuent l'ivrogne : si encore elles ne tuaient que lui ! Mais elles tuent par contre-coup sa femme, ses enfants, qu'il prive de nourriture, de vêtements, de feu, qu'il abandonne en proie à la misère, et sous les yeux desquels il met le plus mauvais des exemples, celui de l'inconduite donnée par le chef de la famille. Voyez cet homme entrer au cabaret, l'argent de sa paie à la main ; savez-vous ce qu'il va y boire ? La santé et la vie de sa femme et de ses enfants !

Un dessinateur américain a fait une série de dessins populaires, représentant sous une forme grossière, mais sensible, la marche fatale que suit l'ouvrier, dès qu'il s'est laissé entraîner à l'ivrognerie.

Le premier de ces dessins, qui sert d'exposition, porte pour légende : « *La Mort et le Diable, en compagnie de leur allié le Rhum, chevauchant vers une paisible cité, où ils vont semer le désordre, la querelle et l'orgie.* » On y voit, en effet, la Mort qui, montée sur une haridelle, drapée dans un ample manteau, le crâne enfoncé dans un grand feutre noir, mène en croupe Méphistophélès (ou le Diable), qui tient au bras un panier plein de bouteilles de rhum. La campagne est nue, désolée ; on n'y distingue que des serpents sifflant dans les herbes noires ; le ciel est traversé de bandes d'oiseaux noirs : au fond, sur l'horizon assombri, se découpe la silhouette de la cité vers laquelle se dirigent les deux sinistres voyageurs.

Au deuxième tableau, la Mort tient débit de boissons fortes. À son comptoir se présente, en compagnie du Diable, un honnête ouvrier menuisier, aux pieds duquel est déposé le sac qui contient la varlope, la scie à main, les tenailles. Méphistophélès l'a sans doute accosté dans la rue et lui à « offert un verre ». Ils trinquent. Pendant qu'ils boivent, le débitant aux yeux caves, au nez rongé, aux dents déchaussées, sert deux enfants en guenilles qui viennent acheter, pour leurs parents, la boisson de feu. D'autre part, des mendiants, qui doivent leur situation précaire à l'ivrognerie, tendent la main et jettent un regard d'envie sur les verres pleins.

Au troisième tableau, les premières conséquences de la débauche se produisent. Une querelle est survenue à la suite d'une partie de cartes : on se bat, on se tient aux cheveux, on se porte des coups de chaise. La scène a pour spectateurs la Mort, qui médite, impassible, sur le succès de son commerce, et Méphistophélès, qui sourit d'aise à la vue de ce tumulte.

C'en est fait, dès lors, du malheureux ouvrier. Il est rentré ivre un soir dans le taudis dénudé. La femme a voulu se plaindre : il la tue d'un coup de marteau ! Témoins épouvantés du meurtre, deux pauvres enfants, couchés ensemble sur un grabat, ne hasardent qu'en tremblant un œil effaré hors des couvertures rapiécées.

Puis vient le châtiment... L'œuvre de mort et de damnation est accomplie.

Il existe, depuis 1873, une loi contre l'ivresse publique. Ce n'est pas la première mesure prise à ce sujet. Ainsi Charlemagne s'est occupé des ivrognes en plusieurs endroits de ses *Capitulaires*. Le grand empereur « à la barbe florie » déclare les ivrognes d'habitude incapables de témoigner en justice ; il leur inflige des châtiments corporels et défend même les *toasts* et les *santés* dans les repas, les considérant comme des *provocations* à boire.

Saint Louis ne supprime pas les cabarets, ce qui serait arbitraire et tyrannique, — mais, ce qui revient absolument au même, il en interdit l'entrée à quiconque — excepté en voyage.

François Ier, à propos de certains désordres commis en Bretagne par des gens ivres, publie, en 1536, un édit général pour tout le royaume :

« Tout homme convaincu de s'être enivré est condamné pour la première fois à subir la prison au pain et à l'eau ; pour la seconde, il sera en outre fouetté ; pour la troisième, il le sera publiquement, et, en cas de rechute, il sera banni, *avec amputation des oreilles.* »

LECTURE.

Le Meurtre de Clitus.

Alexandre, roi de Macédoine [1], ayant conquis une partie de l'Asie, avait réuni ses amis dans un grand festin. Les esprits étaient troublés par le vin, lorsque la conversation tomba sur les grandes actions de Philippe, père et prédécesseur d'Alexandre. Celui-ci, se mettant, dans son ivresse, au-dessus de son père, et élevant jusqu'au ciel la gloire de ses propres exploits, vit la plupart des convives applaudir à son orgueil. Clitus, l'un de ses vieux officiers et de ses amis, défendit la mémoire de Philippe. Alexandre irrité arrache un javelot de la main d'un de ses gardes, perce Clitus au milieu du festin, et, plein d'une joie féroce, insulte à son cadavre. Mais, sa fureur une fois assouvie, son cœur se calme, l'ivresse se dissipe, la réflexion succède à l'emportement ; il songe au nom de la victime, au motif du meurtre, et il déteste son crime. Furieux dans son repentir autant que dans sa colère, il veut mourir. Il pleure, il embrasse ce cadavre, il touche la blessure, il fait l'aveu de sa démence, comme si Clitus eût pu l'entendre encore ; il tourne contre son sein le fer dont il l'a frappé, prêt à se percer lui-même, si on ne l'eût arrêté.

(TRADUIT DE JUSTIN [2].)

X

Le Couvert.

L'heure du repas a sonné : sur la table la plus modeste, sont placés au moins des assiettes, des cuillers, des fourchettes, des couteaux, des verres, une bouteille, un plat, quelquefois une nappe. En un mot, et selon l'expression ordinaire, *le couvert est mis.*

La plupart des aliments supposent, en effet, un vase ou une assiette où ils puissent être servis, de même qu'il a déjà fallu des ustensiles du même genre pour faire cuire ceux qui ne peuvent être mangés crus. Ce pot de terre

---

[1] La Macédoine, province de l'ancienne Grèce. Alexandre fit la conquête d'une partie de l'Asie, et mourut à trente-deux ans, en 323 avant J.-C.

[2] Justinien, historien latin vécut au deuxième siècle de l'ère chrétienne.

grossière, dans lequel on fait le bouillon, nous paraît si simple qu'à peine y faisons-nous attention. Il nous semble que cette invention-là remonte au commencement du monde, ou plutôt qu'elle a toujours existé. C'est une erreur, il s'est écoulé des siècles avant la découverte de *la voterie ;*

Fig. 88. — Atelier de potier.

il y a des peuples sauvages qui ne la connaissent pas encore et qui la remplacent par des calebasses, ou enveloppe dure de certains fruits de grande dimension. De même nous n'attachons que peu de prix à ce vase dans lequel est servie la soupe, et qui pour ce motif s'appelle une soupière; à ces assiettes dans lesquelles on la mange, ainsi nommées parce qu'elles marquent la place où chaque convive est assis.

La poterie est l'art de fabriquer des vases et des usten-

R. — Leç. de Ch.   11

siles de terre, de faïence, de porcelaine ; cet art est encore
appelé la céramique, d'un mot grec qui signifie tuile ou
terre à potier. Des origines les plus humbles, il s'est élevé
à la perfection : en France seulement, les faïences de Rouen,
de Nevers, de Sarreguemines, les produits de la manufacture de Sèvres, sont célèbres. Les porcelaines de la Chine et
du Japon sont également des objets de luxe fort recherchés.

Fig. 89. — La Fabrication de la porcelaine.

La faïence, connue anciennement des Perses et des
Arabes, a été introduite en Europe au quinzième siècle ; la
manufacture la plus renommée était alors celle de la ville
de Faënza, en Italie, d'où le nom de faïence attribué à ce
genre de poteries. Une fabrique fut fondée près de Paris
par François Ier, et une autre à Nevers par Henri IV. De
grands perfectionnements furent apportés à cet art par Ber-

nard de Palissy [1], qui trouva moyen, après des recherches longues et dispendieuses, de revêtir les faïences d'un émail colorié et décoré de dessins admirables.

La porcelaine est une poterie plus fine que la faïence, en raison de l'argile particulière avec laquelle elle est faite, et qu'on appelle le *kaolin*. L'invention de la porcelaine paraît appartenir aux Chinois et aux Japonais; la première imitation en Europe est due à un Saxon, nommé Botticher, en 1707. On fabriqua de la porcelaine en France dès 1727, mais la fondation de la manufacture de Sèvres, d'où sortent les plus beaux produits en ce genre, est de 1756.

Les vases destinés à contenir la boisson, eau, vin, bière, etc., étaient primitivement aussi en terre ou en étain; aujourd'hui ils sont en verre ou en cristal, ainsi que les verres à boire. Le cristal est une production naturelle, rare et précieuse, qui se trouve dans le sein de la terre, et qu'on appelle cristal de roche; l'industrie humaine a découvert le moyen d'en imiter et d'en égaler à peu près l'éclat et la limpidité. On fabrique aujourd'hui des objets en cristal dans des manufactures telles que celles de Saint-Louis, de Saint-Gobain, de Saint-Quirin, de Baccarat.

Le verre est un produit moins pur, moins beau que le cristal, mais aussi moins cher et accessible à toutes les bourses.

Il s'obtient par la fusion du sable (silice), de la potasse et de la chaux; pour le cristal, on emploie le minium, ou oxyde de plomb; pour le flint-glass, c'est-à-dire un cristal d'une pureté extrême qui sert pour les instruments d'optique, on augmente la quantité de minium.

Le verre était connu des anciens. Sans parler des Chinois, il paraît que les premiers objets en verre furent fabriqués en Phénicie [2]. Les Perses [3] y excellaient plusieurs siècles avant Jésus-Christ. Aujourd'hui encore, c'est chez eux, à Schiras, qu'on fabrique le plus beau verre de tout l'Orient.

---

1 Né dans l'Agénois, vers 1500, il mourut en 1589.
2 Ancien pays de l'Asie Mineure, aujourd'hui Turquie d'Asie
   Peuple de l'Asie.

Les Gaulois ont connu le verre avant les Romains : ce fut au commencement de l'ère chrétienne que les premiers verriers vinrent s'établir à Rome. Les verres à boire étaient rares et recherchés : un empereur romain, Néron [1], dans un accès de colère, en brisa un qui valait 3000 francs.

En France, la fabrication du verre a été encouragée de bonne heure, en raison de tous les avantages de ce produit, qui ne s'applique pas seulement aux usages de la table, mais qui fournit des glaces et des miroirs, des vitres, des lunettes, des microscopes, des télescopes, des instruments scientifiques. Il existe un édit de Charles VII par lequel il exempte de tout impôt et de toute charge les ouvriers verriers ; ses successeurs ont reconnu et étendu ces privilèges, au point que les verriers étaient réputés nobles, et que les gentilshommes pouvaient s'adonner à cet art sans perdre leur noblesse.

La cuiller, d'abord en bois, ensuite en métal, et la fourchette, sont des inventions relativement récentes. Les Chinois se servent encore aujourd'hui, pour prendre les aliments et les porter à leur bouche, de deux petits bâtons de bois, d'ivoire ou de métal, qu'ils manient avec la facilité que donne l'habitude ; les Arabes mangent avec leurs doigts. Les progrès de la propreté suivent ceux de la civilisation : c'est vers le quatorzième siècle que la fourchette paraît avoir été en usage chez nous ; elle était d'abord à deux branches. Auparavant on se servait du couteau pour manger comme pour découper ; longtemps encore, la coutume a duré pour les bourgeois et les paysans d'emporter toujours avec eux un couteau fermant dont ils se servaient même chez leurs hôtes.

La fourchette et la cuiller se font en métal : en fer, en étain, en argent, en or. Aujourd'hui ces ustensiles peuvent figurer sur toutes les tables, grâce au bon marché de leur prix, lorsqu'ils sont fabriqués en un métal blanc, fort propre, inoffensif, ayant l'apparence mais non la valeur de

---

[1] Il régna de 54 à 62 avant J.-C. Ce fut sous ce même empereur qu'on fit pour la première fois usage de carreaux de verre.

l'argent, et qu'on appelle vulgairement alfénide ou ruolz.

Les couteaux sont en fer ou en acier.

La nappe qui couvre la table, les serviettes dont se servent les convives pour essuyer leurs lèvres et leurs mains, sont en toile ou en coton ; elles proviennent par conséquent de substances végétales : lin, chanvre ou coton. Les deux premières sont cultivées en France et en Europe ; la dernière vient du Nouveau-Monde, on ne la connaît que depuis la découverte de l'Amérique au quinzième siècle.

Le couvert et en général le service d'une table peuvent être plus ou moins riches et somptueux ; mais, dans toutes les conditions, une table est toujours ornée lorsqu'elle est proprement dressée, et que tous les objets qui y figurent ont le brillant de la propreté.

LECTURE.

Le Festin ridicule.

. . . . On apporte un potage :
Un coq y paraissait en pompeux équipage,
Qui, changeant sur ce plat et d'état et de nom,
Par tous les conviés s'est appelé chapon.
Deux assiettes suivaient, dont l'une était ornée
D'une langue en ragoût, de persil couronnée ;
L'autre, d'un godiveau tout brûlé par dehors,
Dont un beurre gluant inondait tous les bords.
On s'assied : mais d'abord notre troupe serrée
Tenait à peine autour d'une table carrée,
Où chacun, malgré soi, l'un sur l'autre porté,
Faisait un tour à gauche, et mangeait de côté.. ..
Sur un lièvre flanqué de six poulets étiques,
S'élevaient trois lapins, animaux domestiques,
Qui dès leur tendre enfance élevés dans Paris,
Sentaient encor le chou dont ils furent nourris.
Autour de cet amas de viandes entassées,
Régnait un long cordon d'alouettes pressées;
Et, sur les bords du plat, six pigeons étalés
Présentaient pour renfort leurs squelettes brûlés.
A côté de ce plat paraissaient deux salades,
L'une de pourpier jaune, et l'autre d'herbes fades,
Dont l'huile de fort loin saisissait l'odorat,
Et nageait dans des flots de vinaigre rosat...
Cependant, un hableur, avec une voix haute,

Porte à mes campagnards la santé de notre hôt),
Qui tous deux pleins de joie, en jetant un grand cri,
Avec un rouge-bord acceptent son défi.
Un si galant exploit réveillant tout le monde,
On a porté partout des verres à la ronde,
Où les doigts des laquais, dans la crasse tracés,
Attestaient par écrit qu'on les avait rincés :
Quand un des conviés, d'un ton mélancolique,
Lamentant tristement une chanson bachique,
Tous mes sots à la fois, ravis de l'écouter,
Détonnant de concert, se mettent à chanter.....
Sur ce point un jambon d'assez maigre apparence
Arrive sous le nom de jambon de Mayence.
Un valet le portait, marchant à pas comptés,
Comme un recteur suivi des quatre Facultés.
Deux marmitons crasseux, revêtus de serviettes,
Lui servaient de massiers, et portaient deux assiettes,
L'une de champignons avec du ris de veau,
Et l'autre de pois verts qui se noyaient dans l'eau.
Un spectacle si beau, surprenant l'assemblée,
Chez tous les conviés la joie est redoublée ;
Et la troupe à l'instant cessant de fredonner,
D'un ton gravement fou s'est mise à raisonner.
Le vin au plus muet fournissant des paroles,
Chacun a débité ses maximes frivoles,
Réglé les intérêts de chaque potentat,
Corrigé la police et réformé l'Etat.

(BOILEAU.)

XI

Le Costume.

Il en est du costume comme de la nourriture et de l'habitation : ce qui nous paraît tout simple et tout naturel a
été longtemps inconnu à nos premiers ancêtres ; la blouse
que. porte l'ouvrier des champs, la veste de laine ou de
drap que porte l'ouvrier des villes auraient été pour eux
des objets de grand luxe. D'abord ils ont emprunté au
règne végétal des écorces tendres ou de larges feuilles ;
bientôt après, au règne animal, la dépouille des bêtes sauvages ; plus tard seulement ils ont su tisser des matières

végétales, comme le lin, ou des matières animales, comme
la laine des brebis.

Si se vêtir est une nécessité, orner le vêtement, y ajouter
des embellissements étrangers est un instinct universel
dans l'espèce humaine : l'homme est le seul animal qui
cherche à s'embellir par des emprunts faits au monde extérieur. Cet instinct est celui de la parure, aussi ancien
que l'homme lui-même. On retrouve dès la plus haute
antiquité, des collie‌, des bracelets en pierre, en coquil-

Fig. 90. — Sauvage de l'Amérique.

Fig. 91. — Nègre.

lages, plus tard en métal. Jusque chez les peuples les plus
sauvages, le désir de se parer a fait naître les coutumes
les plus étranges : le Peau-Rouge se peint le corps et le
visage ; le Polynésien se tatoue. Le tatouage est une peinture qui n'est pas seulement appliquée sur la peau, mais
qui la pénètre et devient indélébile ; chez nous, les soldats et surtout les marins pratiquent encore assez fré-
quemment une espèce de tatouage sur leurs bras. Les
Hottentots se frottent d'huile ou de graisse. Chez beaucoup de tribus sauvages, les femmes et même les hommes
portent au nez, quelquefois aux lèvres, des anneaux ou des
pendants analogues aux boucles d'oreilles.

Cela prouve que la nature humaine est toujours et par-

tout la même, et cet instinct qui nous pousse à nous occuper de notre tenue extérieure est un instinct utile ; mais
s'il dépasse certaines limites, il devient funeste. « Pour le
plaisir de porter de beaux habits, dit familièrement Franklin [1] beaucoup de gens vont l'estomac vide, et laissent leur
famille manquer de pain. Les belles étoffes éteignent le feu

Fig. 92. — Européen.

Fig. 93. — Chinois.

de la cuisine. L'orgueil de se parer est une malédiction.
Quand vous en êtes atteint, consultez votre bourse avant
de consulter vos goûts et votre fantaisie. » Ce même Franklin, étant député des États-Unis en France, reçut un jour
de sa fille, restée en Amérique, une lettre dans laquelle
elle lui demandait des dentelles et des plumes, pour figurer
dans une fête nationale. Voici ce qu'il lui répondit : « Vous
ne filez donc plus, vous ne tricotez donc plus, ma chère
Sally ? Vous dites que vous voulez être parée, parce que
cela témoignera du goût de votre père ; mais le goût de
votre père, c'est qu'au milieu de la misère universelle vous
ne soyez point parée. Faites comme votre père, portez vos
manchettes jusqu'à ce qu'elles soient trouées, cela vous fera
de la dentelle ; et quant aux plumes, si vous en voulez,
vous en trouverez à la queue de tous les coqs d'Amérique. »

[1] Franklin, l'un des fondateurs de l'indépendance des États-Unis, né en
1706, mort en 1790. On lui doit l'invention du paratonnerre Il a laissé des
écrits moraux, entre autres *la Science du bonhomme Richard*, recueil de conseils
de morale pratique.

On remarque que la tendance à la parure s'est surtout donné carrière dans la disposition de la chevelure. Très-varié dans ses applications, l'art de la coiffure existait chez les barbares ; il existe chez les sauvages aussi bien que chez nous : les graisses de toute sorte, les poudres de toute nature et de toute couleur, les plumes d'oiseau, les grains de verre, les cailloux brillants, etc., ont été chez eux comme chez les nations les plus civilisées, ajoutés tour à tour et souvent ensemble aux cheveux comme objets de luxe et d'ornement. Sous Louis XIV, les hommes portaient une énorme perruque. Nos ancêtres, les Gaëls ou Gaulois, ne coupaient jamais leurs cheveux, généralement blonds, et les relevaient comme une crinière au sommet de la tête. Quant à la barbe les uns la rasaient, les autres la portaient de moyenne dimension ; les chefs ne gardaient que les moustaches qu'ils laissaient pousser dans toute leur longueur.

Ces mêmes Gaulois avaient le corps teint d'une peinture bleue, extraite du pastel ; ils aimaient les bijoux en or et en argent. Des vestiges de leur costume national se retrouvent encore de nos jours : ils portaient un pantalon, appelé *braie*, une veste ouverte et à manches qui est encore à la mode chez les paysans bretons, une blouse appelée *saie*, un manteau dont le manteau de nos bergers donne une idée assez exacte. Les femmes avaient une tunique large et plissée avec ou sans manches, de couleur rouge ou bleue, descendant jusqu'aux pieds, et une sorte de tablier attaché sur les hanches, quelquefois un manteau.

Dans ces temps reculés, comme encore aujourd'hui chez les sauvages de la Polynésie, de l'Amérique, du Cap, les armes faisaient partie obligée du costume.

LECTURE.

Le Costume d'un chef gallois.

Les colliers, les bracelets, les anneaux d'or étincellent de toutes parts chez les guerriers de renom ; l'or, l'argent et le corail ornent leurs sabres et leurs boucliers ; leurs saies, de laine épaisse ou légère suivant la saison, sont bariolées de carreaux aux vives couleurs ou semées de paillettes et de fleurons éclatants. Éblouir ses amis et faire trembler ses ennemis est la grande ambition du Gaulois. Rien de splendide et de terrible à la fois comme l'aspect d'un chef de guerre. Sa haute taille est encore rehaussée par un casque d'airain, fait en forme de mufle de bête sauvage et surmonté de cornes d'urus ou d'élan [1], d'ailes d'aigle ou de crinières flottantes ; ses yeux bleus ou vert de mer étincellent sous une épaisse chevelure dont l'eau de chaux a changé la nuance blonde en une teinte enflammée ; de longues moustaches rousses ombragent ses lèvres. Sur son grand bouclier quadrangulaire, peint de couleurs brillantes, se relève en bosse quelque figure d'oiseau ou d'animal sauvage, emblème adopté par le guerrier. Un énorme sabre pend sur sa cuisse droite ; il tient à la main des épieux ou une lance dont le fer, droit vers la pointe, recourbé à la base en replis sinueux, fait d'horribles et mortelles blessures.

(H. MARTIN.)

XII

Ce qu'il faut pour s'habiller.

Quand nous nous habillons le matin, nous ne songeons guère à la somme de travail et au nombre d'ouvriers qu'ont exigés la préparation et la confection des vêtements que nous portons.

Commençons par la chemise et supposons-la en toile de fil de chanvre. Le chanvre est une plante herbacée qui provient du chènevis qu'on a semé au printemps ; c'est lui qui produit la filasse avec laquelle on fabrique une grande partie de la toile employée dans l'économie domestique. Ses tiges arrachées et séchées sont soumises au *rouissage,* au *halage ;* puis vient la séparation de la chènevotte et de la filasse, par le *trillage,* l'*espadage,* le *peignage* et l'assouplissement ; ainsi travaillé le chanvre est en état d'être filé, et c'est avec le fil qu'on fait de la toile.

La préparation du coton nécessite un travail analogue :

---

[1] L'élan, animal qui vit dans les forêts marécageuses du nord. L'urus, bœuf sauvage d'une taille énorme, qu'on ne trouve plus que dans les monts Carpathes.

le coton est le produit d'une plante des pays chauds, appelée le cotonnier et qui croît en Afrique, en Asie, en Amérique.

Venons-en aux vêtements de laine.

La laine est fournie par les moutons, et après diverses préparations, elle passe par le travail de la filature pour

Fig. 94. — Le Chanvre.

être rendue propre à former un tissu. Alors la fabrication d'une pièce de drap n'exige pas moins de onze opérations différentes, depuis celle qui consiste à tisser d'abord l'étoffe avec un fil lâche provenant de laines courtes, jusqu'à la presse, qui est la dernière façon du drap. Le drap fait, l'œuvre du tailleur commence; il découpe le drap pour en confectionner des vêtements, qui ont différents noms.

Dans son acception générale, le mot *habit* signifie un vêtement quelconque ; mais pris dans un sens spécial, il indique un vêtement d'homme : ainsi on dit un habit à la

Fig. 93. — Rameau de cotonnier.

française, un habit de cour, un frac. Au seizième et au dix-septième siècle, on portait un vêtement de ville appelé *pourpoint* ensuite *justaucorps*, ayant un collet, des manches et des basques. Puis vint la *capote ;* c'était d'abord une sorte de manteau d'étoffe grossière avec un capuchon, à l'usage des soldats et des voyageurs ; plus tard elle devint d'un usage plus général et figura à côté de la *redingote*. Celle-ci, d'origine anglaise, est un vêtement plus long que l'habit, et dont les pans entourent le corps et couvrent les jambes. La mode, du reste, influe sur la forme de l'*habit* selon les caprices du jour. Depuis des siècles, la culotte courte (elle n'allait que jusqu'aux genoux) avait remplacé les *braies ;* aujourd'hui elle a cédé la place au pantalon, qui descend jusqu'aux pieds.

Les culottes courtes laissant à découvert les jambes et les pieds, il fallut les couvrir ; or, les chausses se composaient de deux parties : les *hauts-de-chausses,* qui allaient des hanches aux genoux, et les *bas-de-chausses* qui cou-

vraient les pieds, les jambes et remontaient un peu au-dessus des genoux ; de là vient le nom que nous donnons à cette partie de nos vêtements.

Les bas sont faits avec certains tissus à mailles fixes, ou mobiles parmi lesquels on compte le tricot.

Ne quittons pas les bas sans parler des chaussures. Comme les autres parties du vêtement, elles ont varié de forme dans tous les

Fig. 96. — Le Tricot.

temps, mais la matière généralement employée est le cuir. Le cuir est fait avec la peau de certains animaux, tels que le bœuf, le cheval, la chèvre, le mouton, le chamois. Pour en faire du cuir et la rendre propre aux divers usages auxquels on la destine, il faut l'industrie des tanneurs, des corroyeurs, des mégissiers. La matière préparée passe entre les mains des cordonniers et des bottiers. Les cordonniers étaient appelés autrefois *cordouanniers*, parce qu'ils employaient pour les chausures le *cordouan* ou maroquin, qui leur venait de Cordoue. Avec les bottes et les souliers, nous avons les sabots que tout le monde connait, et qui se font en bois.

Parmi les chaussures bizarres, on cite au moyen âge les souliers à la *poulaine*, inventés par Foulques le Réchin, comte d'Anjou, qui avait les pieds difformes. Ces souliers se terminaient en pointes de fer, droites ou recourbées, de 22 centimètres d'abord, et qui furent portées jusqu'à 49 centimètres. Une pointe de 9 à 11 centimètres sortait aussi par le talon. Leur nom de *poulaine* venait de ce que l'extrémité de la chaussure se terminait en bec de poule. Au temps de Charles VI les souliers étaient ridicules d'une autre façon : ils avaient 32 centimètres de large et une entrée garnie de fourrures.

La coiffure complète le vêtement. On fit d'abord usage du *capuchon*, qui tenait à la cape, espèce de manteau ; puis vinrent le *chaperon*, qui n'était qu'une variété du capuchon ; les *bonnets*, y compris le bonnet de coton, et enfin le *chapel* ou *chapeau*, de diverses formes, commun, comme le bonnet, aux hommes et aux femmes ; il y a les chapeaux de feutre, de castor, de peluche, de soie, de paille, etc.

Les vêtements des femmes, qui diffèrent de forme, sont faits avec les mêmes matières, toile, coton, soie, drap, velours, etc.

Les vêtements, quels qu'ils soient, doivent être entretenus avec propreté, la propreté étant une condition nécessaire de la santé en même temps que le signe extérieur de la dignité humaine. La négligence du corps et des vêtements rapproche l'homme de l'animal, et encore voit-on des animaux prendre soin de leur fourrure ou de leur plumage, les laver, les nettoyer. Un extérieur propre témoigne d'habitudes soigneuses et dignes, et produit une impression favorable.

D'ailleurs la propreté est non-seulement utile, elle est nécessaire : il faut tenir la peau en état de remplir ses fonctions, dont la principale et la plus continue est la transpiration, c'est-à-dire l'excrétion, à peine sensible quelquefois, qui se fait par les pores ou imperceptibles ouvertures de la peau. Cette transpiration est une des fonctions les plus essentielles à la santé ; par suite, il faut que la peau soit tenue, au moyen de lotions et d'ablutions, dans un état qui permette aux pores de s'ouvrir : la malpropreté, en la couvrant d'une sorte d'enduit, ferme les pores, et rend impossible la transpiration. Cette loi d'hygiène a été comprise de tout temps : « La souillure du corps est enlevée par l'eau, dit le code religieux de l'Inde, comme celle de l'esprit par la vérité. » Chez les Hébreux, et encore aujourd'hui chez les mahométans, les ablutions étaient prescrites par la religion. Chez les Romains, il y avait des étuves, ou bains publics, où chacun se rendait tous les jours ; il y en a eu en France jusqu'au quinzième siècle.

Les anciens n'avaient pas l'usage du linge, ce qui leur rendait encore plus indispensable celui des bains ; il faut cependant y avoir recours au moins une fois par mois, pour débarrasser la peau des résidus laissés à sa surface soit par la matière grasse contenue dans de petites glandes placées sous l'épiderme, soit par l'évaporation de la sueur qui laisse un dépôt de matière saline et de matière animale, soit par la sécrétion de l'épiderme, ou enfin par le contact des objets extérieurs ou simplement de l'air qui est toujours plus ou moins chargé de poussières diverses.

La confection et l'entretien de la plupart des vêtements portés par les hommes et par les femmes regardent particulièrement celles-ci, de même que la confection et l'entretien de tous les objets de linge et d'étoffe employés dans un ménage. On désigne en général sous le nom de travaux d'aiguille cette partie des attributions des mères de famille et des jeunes filles. Il importe que ces dernières en contractent dès l'école l'habitude et le goût, car personne, même parmi les privilégiés de la fortune, ne doit se soustraire à la loi divine du travail.

LECTURE.

Les Conseils d'une aiguille.

Marie vient d'enfiler sa première aiguille. Sa figure mutine s'est faite sérieuse ; elle serre l'une contre l'autre ses lèvres roses, tant elle est attentive à son nouveau travail. En vain son oiseau favori, excité par un beau rayon de soleil qui lui envoie ses caresses à travers un dôme de mouron frais, lance de son gosier gonflé ses roulades les plus audacieuses ; en vain son chat bien-aimé vient se frotter en ronronnant contre ses genoux : rien ne la distrait. Piquer son aiguille dans l'étoffe sans l'enfoncer dans son doigt, tirer le fil sans le casser, faire de jolis points bien égaux, bien fins, bien propres, c'est si difficile ! et c'est si amusant surtout quand on le fait pour la première fois ! On se sent presque une grande personne, puisqu'on travaille absolument comme maman! Peu à peu, en effet, la tâche devient plus facile. La petite Marie respire à l'aise ; cela va tout seul, l'ouvrage ; il y en a déjà long comme le doigt ! Mais voilà qu'une petite voix se fait entendre ; elle parle à Marie :

« Écoute, enfant, les conseils de ton aiguille. Je suis pour toi une nouvelle amie, mais notre amitié doit être longue, et pendant bien des années nous ne nous quitterons plus. Je suis la maîtresse des pensées sérieuses ; c'est moi qui commence à te montrer ton rôle de femme, car du moment où tu as commencé à te servir de moi, tu as commencé en même temps à devenir utile. Je suis pour toi l'emblème du travail : le travail, c'est la vie, c'est l'activité, c'est le bonheur. Tout travaille autour de toi. Pour me placer dans ta petite main, des milliers d'hommes ont creusé la terre profonde; ils en ont extrait le métal grossier, ils l'ont fondu, purifié, affiné, et m'ont enfin produite telle que tu me vois, brillante, fine et légère. Pour faire l'étoffe où tu me piques, des milliers de travailleurs ont supporté le soleil dans des climats brûlants ; d'autres, mettant en mouvement les machines inventées par la science, ont filé et tissé le fin duvet blanc (le coton) que de nombreux bateaux avaient apporté en traversant la grande mer. Pour te donner le fil que j'entraîne à ma suite, des milliers de laboureurs ont remué la terre et semé la graine que Dieu a fait germer et grandir ; puis, la plante flétrie, d'autres mains l'ont prise, et de sa tige morte ont tiré ce beau fil, si uni, si blanc et si doux. Tous ont travaillé pour toi : selon tes forces, travaille à ton tour pour tous. Sois la gaieté de la maison, sois l'ange du foyer : donne de la joie à ton père quand il rentre au logis, fatigué de son travail du dehors ; donne de la joie à ta mère pour lui rendre sa tâche plus douce. Toi, enfant, qui profites du travail de chacun, respecte le plus humble des travailleurs et rends-toi digne d'occuper un jour ta place parmi eux. »   (*Magasin pittoresque.*)

XIII

Les Tissus.

Les vêtements que nous portons aujourd'hui, en faisant même rentrer la coiffure sous cette dénomination générale, sont faits, à l'exception des souliers et des sabots, avec des tissus, c'est-à-dire avec des matières filées et tissées. Ainsi, pour en citer seulement quelques exemples, la toile, le coton, avec lesquels on fait les chemises, les vêtements d'été, les blouses, les jupons ; le drap, avec lequel on fait les manteaux, les paletots, les redingotes, les habits ; les tricots de laine ou de coton, avec lesquels on fait des gilets, des cravates, des gants, des bonnets, des bas, des chaussettes ; le feutre, avec lequel on fait des chapeaux, la paille même qui sert au même usage ; la soie, le velours avec lesquels on fait des robes ; la laine, avec laquelle on fait des robes et des châles : tout cela, ce sont des tissus.

Les anciens connaissaient déjà les tissus, mais d'une manière beaucoup moins complète que nous, qui savons en fabriquer de nombreuses variétés, et qui les employons à d'autres usages encore qu'au vêtement. Ainsi, les draps de lit, les serviettes, tout le linge employé dans une maison, les étoffes diverses qui servent à l'ameublement, sont encore des tissus.

Il ne faut pas croire que l'usage de tous ces produits et notamment de toutes les parties du vêtement moderne remonte très-haut. Les anciens ne portaient ni chemises, ni bas : on cite comme une exception mémorable l'exemple de l'empereur Alexandre Sévère [1], qui avait, dit-on, des bas et des chemises de soie. Charlemagne faisait tenir un inventaire exact de ce qu'il possédait : on sait ainsi que dans une de ses maisons il y avait un mouchoir de poche, deux nappes, une paire de draps, et cela est cité comme

----

[1] Régna de 222 à 235 avant J.-C.

une grande rareté. La reine Isabeau de Bavière [1], célèbre par sa coquetterie, possédait deux chemises de toile, et il parait qu'elle fut la première à en avoir de cette étoffe ; auparavant on les faisait en serge, étoffe de laine assez rude et peu souple, et encore étaient-elles fort rares : un duc de Bretagne, nommé Salomon, en envoya trente au pape Adrien II [2] ; c'était un cadeau royal pour l'époque. Au quatorzième siècle, on commença à employer le lin pour le même usage.

La reine Élisabeth [3] est la première qui, en Angleterre, ait porté des bas tricotés ; les plus riches ne connaissaient encore que les bas de drap. Au dernier siècle, en France, tout le monde ne pouvait pas se procurer des vêtements de laine, des souliers, même des chemises. Les étoffes de coton peintes, appelées *indiennes,* du nom du pays d'où on les tirait, se payaient un louis l'aune [4] : la première fabrique fut établie à Mulhouse en 1746 par Kœchlin, Schmalger et Dollfus. Les châles étaient absolument inconnus : les deux premiers qui aient paru en Europe furent rapportés d'Égypte par le général Bonaparte à sa femme, Joséphine de Beauharnais.

Nous ne nous en étonnerons pas, si nous songeons à tout le travail qu'exigent la préparation et la confection des tissus, travail désigné sous le nom de tissage.

On entend par ce mot l'ensemble des opérations par lesquelles on parvient à réunir des substances fibreuses ou filamenteuses, de manière à en former un corps plus ou moins flexible, d'une très-faible épaisseur comparée aux dimensions en longueur et en largeur ; c'est à ce produit qu'on donne le nom de tissu.

Les matières textiles sont en grand nombre, et fournies par les trois règnes. Le règne minéral donne l'amiante, le verre, l'or, l'argent, le cuivre, le fer, le plomb, le platine ;

---

[1] Épouse de Charles VI ; née en 1371, morte en 1435.
[2] Pape de 867 à 872.
[3] Régna de 1517 à 1603.
[4] Ancienne mesure, équivalente à $1^m,30$ environ. — Le louis, monnaie d'or, valait 24 francs.

le règne végétal, le chanvre, le lin, le coton, l'osier, certaines pailles, et même quelques espèces de bois ; le règne animal, la soie, la laine, le poil de chèvre, de castor, de lièvre, etc. Le coton, la soie, se tissent comme le chanvre et la laine, et le tissage a atteint un si haut degré de perfection qu'on obtient aujourd'hui des étoffes qui représentent les dessins les plus variés, les plus fins, les plus magnifiques, des étoffes tissées de soie de diverses couleurs et même de fils d'or et d'argent. On les fabrique au moyen d'un métier à tisser.

La soie est un produit animal, qu'on tire du *ver à soie*. Le ver à soie, ainsi que le mûrier, dont il mange les feuilles, est originaire de la Chine : parties de ce pays, les premières soieries se répandirent par le commerce en Asie, puis en Europe. Sous les Romains, vers 270 après J.-C., une robe de soie, qu'on peut se procurer aujourd'hui pour 4 ou 5 francs le mètre, coûtait si cher, que l'empereur Aurélien en refusait une à sa femme, comme une parure hors de prix. Les premiers œufs de vers à soie furent apportés à Constantinople, en 555, par deux moines.

On appelle sériciculture l'ensemble des opérations qui

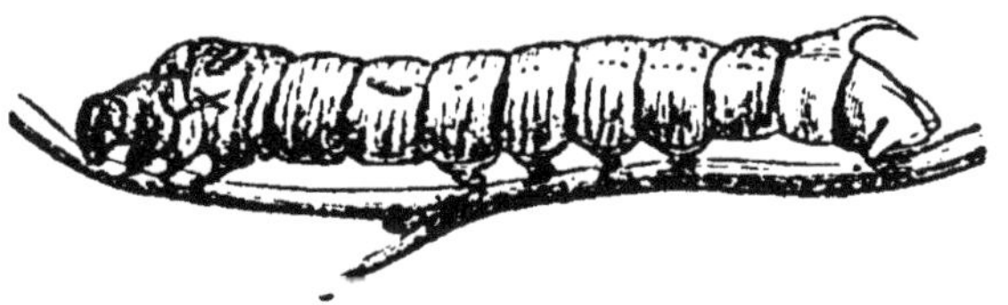

Fig. 97. — Le Ver à soie.

ont pour but la fabrication de la soie. Cette industrie fut introduite en Espagne par les Arabes au huitième siècle, en Sicile et en Calabre par Roger II au douzième, en Toscane et dans la Haute-Italie au quinzième ; elle existait dans le midi de la France dès le treizième siècle, et dès le seizième elle était déjà très-florissante à Lyon.

La découverte du métier à tisser est un des plus grands bienfaits de l'industrie humaine : elle est due à Jacquart, ouvrier lyonnais et fils d'ouvrier. Il avait senti lui-même, dès son enfance, tout ce que le tissage à la main avait de pénible ; il s'appliqua à chercher un remède à cet état de choses et finit par trouver une machine qui d'abord fut mal accueillie, brisée sur la place publique de Lyon par les prud'hommes, tandis que Jacquart était l'objet de la haine des ouvriers. En effet, on a fait à presque toutes les machines industrielles, lors de leur apparition, le reproche

Fig. 98. — Métier à tisser.

d'enlever le travail aux ouvriers. L'expérience a prouvé le contraire : plus la production a été rendue facile, plus elle a augmenté, et plus le travail s'est accru. L'Angleterre est le pays d'Europe où l'industrie du coton est le plus développée : avant l'invention des machines auxquelles vint s'appliquer plus tard la vapeur, c'est-à-dire il y a environ un siècle, la filature de coton y employait à peine 10,000 ouvriers et ouvrières : aujourd'hui la même industrie y fait vivre environ deux millions d'hommes ; le salaire a monté de 1 franc à 3f,50. On aura une idée de la prodigieuse quantité de coton annuellement exportée par l'Angleterre, en calculant que c'est une longueur de mètres qui suffirait à faire trente-cinq fois le tour du globe terrestre [1].

[1] M. Baudrillart.

LECTURE.

Les Machines industrielles.

Ouvriers, respectez les machines et enseignez-en le respect à ceux qui se laisseraient aller contre elles à de mauvaises pensées. Respectez les machines, car à quoi sert-il de les outrager, de les détruire dans un quart d'heure d'égarement, pour qu'elles se redressent l'instant d'après, non par la mauvaise volonté des entrepreneurs, mais parce qu'elles sont dans les nécessités de l'industrie qui veut réaliser des progrès, mais parce qu'un industriel qui s'en passerait serait distancé par les autres, mais parce qu'une nation qui voudrait y renoncer, inférieure immédiatement aux nations rivales, serait forcée de renoncer au commerce d'exportation, ce qui serait à la fois la ruine du capital et du travail. Respectez les machines, parce qu'elles sont le seul moyen de domination de l'homme sur la matière, parce que l'homme est, sans elles, le plus désarmé, le plus dépourvu, le plus misérable des animaux, parce que, par elles, les ouvriers ont pu devenir libres et moins malheureux que dans le passé!... Tout est mécanisme. Mécanisme, le navire à hélice qui s'avance dans la mer. Mécanisme, l'horloge ingénieuse qui marque les pas du temps, en enseigne à l'homme le bon emploi. Mécanisme, la boussole qui empêche le navigateur de s'égarer, et le télescope qui va chercher les secrets des cieux, et le télégraphe qui fait converser les esprits avec la rapidité de la pensée elle-même à travers les continents et les mers. Mécanisme, l'arc et les flèches, primitifs instruments de chasse qui arment la main du sauvage. Mécanisme, le rouet qui, lui aussi, fit concurrence à un travail plus élémentaire encore, et que la machine à vapeur a presque partout détrôné. Mécanisme, ce corps humain que la pensée anime, que la volonté dirige, et que meut une âme maîtresse, source inépuisable de tous les mouvements qu'elle transmettra aux machines faites de bois et de fer, avec la raison qui leur sert de règle. Mécanisme enfin, cet univers, où tout a été fait avec poids et mesure, et qui marche obéissant aux ordres et sous la main du Mécanicien infini.

(BAUDRILLART.)

XIV

L'Ameublement.

Dans une chambre d'un modeste appartement, une famille est réunie un soir d'hiver. Groupés autour d'une table, les enfants font leurs devoirs pour le lendemain, la mère travaille à un ouvrage de couture, le père lit. Faisons un petit voyage autour de cette chambre, et voyons de quels objets elle est meublée.

Au fond est un lit ; çà et là des fauteuils, des chaises ; une bibliothèque adossée au mur ; sur la cheminée, une glace, une pendule, des flambeaux : devant le foyer, où

Fig. 99. — Une Chambre habitée.

brûle un feu de bois et de houille, un tapis ; sur la table, une lampe, des livres, des cahiers, des plumes, une corbeille à ouvrage.

D'où viennent tous ces objets et en quelle matière sont-ils faits ?

Le lit, les sièges, la table, la bibliothèque, sont en bois de noyer ou d'acajou. Le noyer, notre pays l'a fourni, mais l'acajou vient de l'Amérique : il a fallu des vaisseaux pour lui faire traverser l'Océan ; il a fallu des ébénistes pour les tailler l'un et l'autre, les polir, les transformer en meubles.

La laine des matelas, comme celle des couvertures, a été fournie par la toison du mouton ; le crin, par la queue du cheval ; le duvet de l'édredon, par les plumes de l'eider, du cygne ou de l'oie ; la toile ou le calicot des matelas, par le chanvre ou le coton.

Et la cheminée, d'où vient-elle ? Elle a été extraite des carrières de marbre des Pyrénées, peut-être de l'Italie ou de la Grèce, au prix de bien des travaux ; transportée de si loin, elle a été taillée par le marbrier, posée par le fumiste.

La glace qui la décore, obtenue, comme le verre dans lequel nous buvons, par la fusion du sable avec un mélange de soude et de chaux, sort d'une de nos grandes manufactures, Saint-Gobain, Saint-Quirin, Saint-Louis; le tain dont elle est revêtue sur celle de ses faces qui est appliquée au mur, et sans lequel elle n'aurait pas la propriété de réfléchir les objets, est un composé d'étain et de mercure. Le cadre dont elle est entourée est en bois, un ébéniste ou un menuisier l'a fait, et un doreur l'a ensuite recouvert d'une couche d'or. La pendule est en marbre, avec des ornements de métal ; les flambeaux portent des bougies. La bougie est faite avec de la graisse de bœuf ou de mouton, graisse qu'on appelle suif, et qui, transformée par l'industrie, perd son aspect sale et jaunâtre et son odeur désagréable.

La lampe allumée sur la table éclaire le travail de la famille, au moyen de l'huile, qui est un produit végétal, et qu'un mécanisme amène dans une mèche en coton, laquelle brûle dans une cheminée de verre [1].

Le bois qui brûle dans la cheminée, on l'a coupé dans nos forêts ; la houille, qui l'accompagne, on l'a extraite des entrailles de la terre. L'un et l'autre sont soutenus sur deux montants en fonte, surmontés d'une tête en cuivre : ce sont des chenets, et à côté voici une pelle, une pin-

---

[1] Les lampes les plus parfaites sont la *lampe Carcel*, inventée en 1800 par un horloger de Paris, qui se nommait Carcel, et la *lampe à modérateur*, inventée en 1836 par Franchot, mécanicien français.

cette, également en fonte. Le cuivre, qu'on trouve dans le sol, vient des mines de l'Angleterre, du Mexique, du Chili ; la fonte, on ne la trouve pas toute faite : elle existe à l'état de minerai, ou de poussière mêlée à de la terre, dans les mines de fer : récolté dans ces mines, fondu avec du charbon, le minerai s'écoule en longs ruisseaux de fonte brûlante ; refroidie, elle est travaillée, martelée, coupée, amincie, transformée en mille objets, parmi lesquels une pincette.

Le tapis sur lequel on pose les pieds s'étalait d'abord, comme tant d'autres objets en laine, sur le dos d'un mouton. Il a fallu tondre le mouton, filer la laine, la tisser, la teindre de nuances variées.

Le damas des grands rideaux, la mousseline des petits ont été également obtenus par le tissage et le brochage.

Autrefois, même chez les rois et les seigneurs, le mobilier était beaucoup plus simple et moins commode qu'aujourd'hui ; les sièges étaient en bois, même en fer, comme le trône du roi Dagobert ; les chambres à coucher ne contenaient qu'un lit, un coffre pour serrer les vêtements et servant en même temps de siège ; les pieds posaient sur la pierre. En hiver, on répandait de la paille sur ces dalles froides et nues ; en été, des herbes odoriférantes. Philippe-Auguste ordonna que l'Hôtel-Dieu de Paris aurait droit aux *jonchées* et à la paille qu'on retirait chaque jour des salles de son palais. Ce n'est que beaucoup plus tard que cette espèce de litière, qu'il fallait renouveler sans cesse, fut remplacée par des nattes, puis par des tapis.

Et ainsi il n'est pas un seul des objets qui servent quotidiennement à notre usage, qui ne soit le produit de l'industrie humaine, qui n'atteste l'intelligence de l'homme, la puissance de son activité. Ce qu'il cherche, il l'obtient : la nature, fermée devant l'ignorance, l'insouciance, la paresse, s'ouvre largement devant l'instruction, le travail, la bonne volonté. C'est une grande preuve de la puissance de l'homme. C'est en même temps pour lui une invitation à travailler toujours, puisque, par le travail, le plus pauvre améliore sa condition et prépare à ses enfants un sort plus heureux.

LECTURE.

Les Conseils du bonhomme Richard.

La paresse rend tout difficile, et le travail rend tout aisé. Si nous sommes laborieux, nous ne mourrons jamais de faim. La faim regarde la porte de l'homme qui travaille, mais elle n'ose pas y entrer. Le travail est le père du bonheur, et Dieu donne à tous ceux qui s'occupent. Si vous étiez domestique, ne seriez-vous pas honteux qu'un bon maître vous trouvât les bras croisés? Eh bien! puisque vous êtes votre propre maître, rougissez lorsque vous vous surprenez vous-même dans l'oisiveté, tandis que vous avez tant à faire pour vous-même, pour votre famille, pour votre patrie. — Ne mettez point de gants pour prendre vos outils; souvenez-vous que le bonhomme Richard dit qu'un chat ganté n'attrape point de souris. — Il est vrai qu'il y a beaucoup à faire et peut-être manquez-vous de force, mais ayez de la persévérance, et vous en verrez les bons effets. L'eau qui tombe constamment goutte à goutte finit par user la pierre. Avec de la patience, une souris coupe un câble, et de petits coups répétés abattent de grands chênes.

Il me semble entendre quelqu'un d'entre vous me dire : — Ne faut-il donc pas se permettre quelques instants de loisir ? — Mon ami, je veux vous apprendre ce que dit le bonhomme Richard. Si vous voulez avoir du repos, employez bien votre temps ; et puisque vous n'êtes pas sûr d'une minute, gardez-vous de perdre une heure. Le loisir est un temps qu'on peut employer à quelque chose d'utile. L'homme laborieux se procure ce loisir, mais le paresseux ne l'obtient jamais; car une vie tranquille et une vie oisive sont deux choses fort différentes. Le travail mène toujours à sa suite la satisfaction, l'abondance et le respect. Les plaisirs courent après ceux qui les fuient. La fileuse vigilante ne manque jamais de chemise. Depuis que j'ai des brebis et une vache, chacun m'ôte son chapeau et me souhaite le bonjour.

(FRANKLIN.)

XV

Le Sac de l'Écolier.

Comme le soldat, l'écolier a son sac, contenant tout son *fourniment :* plumes, crayons, encre, cahiers, livres. Tous ces objets lui sont nécessaires en classe. Pourquoi va-t-il à l'école ? Pour s'instruire ; et en quoi consiste l'instruction ? A savoir penser, parler, lire, écrire.

Mais on pense tout naturellement et l'on parle de même. Henri, qui n'a pas su sa leçon et qui a été grondé, voit à travers la vitre le ciel bleu et les arbres verts ; il pense qu'il serait plus agréable pour lui d'être à la promenade que dans la classe ; et peut-être, dans son mécontentement, dit-il quelque sottise dont il sera honteux plus tard. C'est qu'il ne suffit pas de penser, de parler : l'affaire importante, c'est de penser juste et de ne parler que lorsqu'on a des choses justes à dire. Nous pensons, en effet ; chacune de nos idées est exprimée par un mot, et c'est le jeu de notre pensée qui fait que nous sommes capables de juger, de comparer, de raisonner, de trouver le *pourquoi* de bien des choses.

L'enfant, qui ne connaît pas même encore les lettres dont les mots se composent, entre dans l'école avec trois facultés qu'il a déjà exercées sans le savoir, et qui sont le jugement, le raisonnement, et la mémoire ; elles ne sont pas les seules, mais il suffit que nous parlions en ce moment de celles-là.

Quand cet enfant mange une pomme, s'il la trouve de son goût, il dit : Cette pomme est bonne ; si elle lui déplaît, pour une cause ou pour une autre, il dit : Cette pomme est mauvaise. Dans les deux cas, il affirme qu'une qualité ou un défaut appartient à la pomme : *il juge.* Quand un tribunal déclare qu'un homme accusé de vol est coupable ou qu'il ne l'est pas, il affirme que le nom de voleur lui convient ou ne lui convient pas, *il juge ;* son *jugement* est encore une affirmation.

A l'école, quand l'enfant a bien travaillé, le maître le récompense ; s'il a été paresseux, il le punit, et l'enfant comprend très-bien qu'il est récompensé ou puni *parce qu'il* a bien ou mal fait, que la récompense est la *conséquence* de son zèle, et la punition la *conséquence* de sa paresse : en d'autres termes, *il raisonne.* Quand un tribunal condamne ou absout un accusé, c'est *parce que* celui-ci, étant coupable, a encouru la peine portée par la loi, ou que, ne l'étant pas, il doit être absous ; sa sentence est aussi un *raisonnement*.

Ainsi, toutes les fois que l'enfant dit *oui* ou *non*, il juge, parce qu'il énonce une affirmation : fait-il beau ? Oui ; pleut-il ? Non. Toutes les fois qu'il répond à un *pourquoi* par un *parce que*, il raisonne, parce qu'il énonce une conséquence : pourquoi manges-tu ? parce que j'ai faim ; pourquoi ne manges-tu pas ? parce que je n'ai pas faim.

Il y a bien des cas où l'enfant peut répondre sans avoir appris par l'étude, et pour ainsi dire instinctivement. Cette première somme de connaissances ne peut pas lui suffire ; pour devenir réellement un homme, il faut qu'il entre dans le domaine des vérités à acquérir, et qu'il le travaille comme le laboureur fait de son champ. Combien de fois l'homme resté ignorant est-il incapable de dire oui ou non, de répondre à un *pourquoi* en formulant le *parce que* nécessaire, et cela à son détriment et dans des circonstances graves !

Il doit donc apprendre, et la nature l'y invite en lui donnant une admirable faculté, sans laquelle toute étude serait impossible : cette faculté est la mémoire. Grâce à elle il se souvient de ce qu'il a fait, de ce qu'il a vu, de ce qu'il a appris ; c'est le magasin dans lequel il a mis en réserve les connaissances qu'il a acquises et qu'il y va chercher au besoin.

Mais toutes ces idées, toutes ces notions que l'esprit forme ou acquiert, n'ont d'existence que dans l'esprit, par conséquent elles sont fugitives, elles paraissent et disparaissent. Il faut en quelque sorte, pour les bien conserver, leur donner un corps, les fixer par quelque apparence matérielle ; il faut les *écrire*.

Pour écrire, il faut non-seulement savoir tracer certains signes qui sont des lettres, ou des chiffres, mais encore savoir reconnaître ces signes avec leur signification propre, c'est-à-dire qu'il faut savoir *lire*.

En effet, toute science a son langage particulier, qui s'exprime par des signes : l'arithmétique se sert de chiffres,

avec certains signes qui veulent dire *plus, moins, autant*
(+ — =), etc.; la géométrie se sert de figures telles que
la circonférence, le carré, le triangle, etc.; la géographie se
sert de cartes, sur lesquelles il y a des degrés, des méri-
diens, des parallèles, etc.

Tous ces signes, il faut savoir à la fois les écrire et les
lire, comprendre leur valeur, et les employer à propos.
Alors on est instruit et l'instruction sert à quelque chose.

Un Anglais nommé Lee, ouvrier charpentier, ayant vu
dans une synagogue où il travaillait de son état une Bible
imprimée en caractères hébraïques, fut pris d'un immense
désir de savoir l'hébreu : il acheta une grammaire d'occasion, apprit tout seul, et devint un professeur fort savant.

Un autre Anglais, Edmond Stones, avait commencé par
être jardinier. On lui demandait un jour comment il avait
fait pour devenir non-seulement instruit, mais savant :
« Il suffit, répondit-il, de savoir les vingt-quatre lettres de
l'alphabet.... et de vouloir; avec cela on apprend tout le
reste. »

LECTURE.

L'Utilité de l'Instruction.

Quels sont ceux qui réussissent le mieux en général, si ce n'est
les plus instruits, et combien ne pourrait-on pas citer d'enfants,
issus de parents pauvres, qui ont fait leur chemin dans le monde,
grâce à leur instruction, et qui sont ainsi parvenus à une situation bien supérieure, sous le rapport de la fortune, à celle dans
laquelle ils étaient nés ! Quelques-uns, par une faveur spéciale de
la Providence, se sont élevés si haut qu'il serait présomptueux de
prétendre les égaler. Vous avez pu voir leur biographie dans les
ouvrages qui sont entre vos mains. Ainsi, qu'était-ce dans son
enfance, que Franklin, ce savant illustre à qui nous devons la
découverte du paratonnerre, ce grand homme d'État, un des
fondateurs de la République des États-Unis? Franklin était un
petit apprenti imprimeur. Il eut l'admirable bon sens de réfréner
son caractère, qui était mauvais, de cultiver son esprit, qui était
excellent ; il s'est rendu ainsi capable de servir sa patrie et l'humanité ; il s'est acquis un nom immortel dans les fastes de l'histoire. Et Georges Stephenson, le premier des ingénieurs de ces
temps, à qui l'Angleterre a dû ses premiers chemins de fer, savez-

vous ce qu'il faisait à l'âge de douze ans ? Il gardait des vaches à raison de vingt centimes par jour ; à treize ans, il aidait son père à chauffer une machine destinée à extraire l'eau d'une mine. Mesurez la distance qui sépare ces infimes occupations et les œuvres auxquelles le nom de Stephenson est resté attaché ! alors que ce rare esprit, développé par le travail le plus assidu, par les études les plus opiniâtres, accomplissait, aux applaudissements de ses compatriotes, une si bienfaisante réforme dans les voies de communication. Je ne vous demande pas de vous élever à ces hauteurs : aussi bien, il n'est pas nécessaire de les atteindre pour vivre heureux, et la sagesse de Dieu n'a pas mis le bonheur à ce prix. Mais, croyez-moi, travaillez et instruisez-vous dans votre jeunesse; vous serez un jour récompensés de vos efforts.

(CH. JOURDAIN.)

Pourquoi les parents veulent faire instruire leurs enfants.

Mon père me tournait vers les pensées sérieuses. Il avait servi, il s'était même engagé fort jeune, à seize ans à peine ; il avait rapporté de l'armée ce qui l'y avait poussé, le désir de se distinguer, mais avec un profond regret de n'avoir pas eu assez d'instruction pour s'ouvrir plus largement la carrière. L'instruction était son ambition, et, comme on n'y avait pas assez songé pour lui, il y songeait beaucoup pour moi, et il voulait à tout prix me procurer ce qu'il sentait lui avoir tant manqué. Comme je l'écoutais sur ce sujet avec une grande attention, et que je le comprenais, il m'en parlait volontiers, et c'était du ton et en des termes qui font l'éloquence du cœur du père, et produisent la docile persuasion de l'enfant. Je croyais à ce qu'il me disait, et j'étais prêt à lui obéir. J'étais ainsi studieux, même avant d'étudier.

(DAMIRON.)

XVI

Le Cahier.

C'est sur l'ardoise, encadrée dans un entourage de bois, ou incrustée dans une table, que l'enfant trace pour la première fois des lettres ou des chiffres. L'ardoise, comme

12.

nous l'avons déjà vu [1], s'extrait du sol ; c'est un chiste de couleur bleu foncé, quelquefois légèrement rougeâtre ; le crayon avec lequel on écrit sur l'ardoise est lui-même en ardoise, et s'appelle *crayon gris*.

Pour écrire sur le papier, on emploie une autre espèce de crayon, fait avec de la plombagine [2], dite improprement mine de plomb, ou une plume trempée dans l'encre.

La plus ancienne espèce d'encre s'obtenait avec du noir de fumée, de la suie ou du charbon pulvérisé, que l'on faisait dissoudre dans de l'eau gommée. Aujourd'hui les ingrédients principaux des encres employées communément sont la noix de galle et les sulfates de fer, de cuivre (*la couperose*). Outre l'encre noire, on connaissait il y a plusieurs siècles les encres de couleur, et même des encres d'or et d'argent. Celles-ci étaient surtout employées pour les ornements et les enluminures des manuscrits : on cite même deux manuscrits qui ont été écrits entièrement l'un en lettres d'or, l'autre en lettres d'argent ; c'étaient le livre d'Heures de Charles le Chauve, et le psautier de saint Germain. L'encre rouge servait pour les têtes, les premières lignes ou seulement les lettres initiales des chapitres; l'encre bleue, pour certaines lettres en manière de dessin ; l'encre noire, pour le corps de l'ouvrage.

On écrivit d'abord avec du roseau, mais au cinquième siècle on commença à se servir de plumes d'oie et d'autres oiseaux, tels que le vautour, le cygne, le corbeau ; ce ne fut guère que vers 1828 qu'on adopta les plumes métalliques, connues cependant vers le dix-huitième siècle. Elles furent inventées par un mécanicien français nommé Arnoux, mais c'est de Birmingham (en Angleterre) que leur fabrication a été réellement importée en France, à Boulogne-sur-Mer, en 1846 : elle est actuellement localisée dans quatre villes, à Birmingham, à Boulogne, à Berlin et à New-York : la France fabrique aujourd'hui plus que l'Angleterre, et ses plumes sont aussi recherchées que les plumes anglaises.

---

[1] Page 18.
[2] La plombagine est du carbure de fer.

Le papier ne se trouve pas tout fait comme les feuilles sur les arbres. On commença d'abord par graver sur le bois, sur le métal, sur la pierre : les lois de Solon furent primitivement écrites sur du bois, celles de Moïse sur de la pierre ; on écrivit aussi sur des lames de plomb, sur l'airain, sur des peaux de bête, et en particulier sur des peaux de brebis préparées et polies à la pierre ponce, ce qui produisit le *parchemin*, nom qui vient de *Pergame*, capitale d'un petit royaume de ce nom, où le parchemin fut inventé; les Égyptiens et les Babyloniens se servaient de pellicules tirées d'une espèce de roseau, nommé *papyrus*, d'où vient le nom de papier. On fit usage du parchemin et du papyrus jusqu'à l'introduction du papier de chiffons, au douzième siècle.

D'après les écrivains chinois, c'est en Chine qu'eut lieu l'invention de ce papier, environ deux cent dix ans avant notre ère. On fait du papier non seulement avec des chiffons, mais encore avec des fibres végétales; on en fait même avec de la paille, des orties, des roseaux, des écorces, des feuilles d'arbre.

Il n'y a pas encore quatre-vingts ans qu'on fabrique le papier *à la mécanique* : cette heureuse invention est due à un Français, Louis Robert, né en 1761, mort en 1830. En 1827, il y avait en France quatre papeteries mécaniques, douze en 1834 ; on en compte aujourd'hui plus de deux cent cinquante. Auparavant le papier se fabriquait à la main, ce qui était beaucoup plus long, plus pénible et plus coûteux.

Avant l'invention de l'imprimerie, l'art de l'écriture avait été porté à une haute perfection. C'était surtout dans les monastères que l'on faisait les copies des ouvrages que, sans cela, très-peu de personnes auraient pu lire; mais il y avait en outre une corporation laïque de *maîtres écrivains*, dont les statuts dataient de l'an 1323, et comprenant les libraires et les copistes enlumineurs. Leur importance diminua en proportion des progrès de l'imprimerie; l'un des derniers et des plus célèbres calligraphes français fut Pierre Hamon, maître d'écriture, puis secrétaire de Charles IX. On cite encore Nicolas Jarry, qui exécuta en 1647 les *Heures de Notre-Dame de Paris*.

Le cahier a des emplois variés, aussi l'écolier en a-t-il plusieurs dans son sac : d'abord le cahier d'écriture, puis le cahier de calcul, celui d'histoire, celui de grammaire, etc., sur lesquels il inscrit ses différents devoirs. Tous doivent être tenus avec soin : c'est l'indice d'un esprit appliqué. Sans doute il ne suffit pas qu'une page soit bien écrite et proprement tracée pour qu'elle soit irréprochable; mais la même attention à laquelle l'enfant s'est habitué pour remplir la tâche matérielle de l'écriture l'aidera à faire un travail plus difficile en exigeant un plus grand effort de réflexion. L'habitude de l'ordre et du soin, une fois acquise, ne se perd plus, elle passe des actes du corps aux actes de l'esprit, et devient comme une seconde nature. Voilà pourquoi il est si utile d'étudier à l'école, et en particulier de bien tenir ses cahiers. Un cahier propre et soigné semble dire : Voyez celui qui a écrit sur mes pages blanches : aujourd'hui c'est un écolier sérieux, studieux, habile; demain ce sera un ouvrier rangé, laborieux, adroit, sachant se conduire.

LECTURE.

Le Rôle de l'encre et du papier dans la civilisation.

On peut dire de l'encre et du papier que ce sont les deux sortes de matériaux sur lesquels les hommes bâtissent leurs principaux monuments [1]. Combien il importe que ces monuments soient inviolables et incorruptibles, c'est ce que tout le monde sait.

L'encre appartenant à la nature minérale, il est assez facile de lui donner les qualités d'incorruptibilité qui lui sont nécessaires, c'est-à-dire la faculté de résister pendant une longue suite de siècles aux lentes décompositions chimiques qui, à la fin, ruinent naturellement toutes choses. Il y a plusieurs combinaisons qui jouissent de la propriété de produire, après le dessèchement du liquide qui les tenait en suspension, un sédiment consistant, de

---

[1] Parmi les produits humains, les produits de la pensée sont les plus précieux et les plus durables; mais s'ils durent, c'est grâce à l'écriture, et, depuis Gutenberg, à l'imprimerie; or l'encre et le papier en sont les éléments matériels indispensables.

couleur foncée, stable et suffisamment adhèrent au corps sur lequel on le dépose. C'est tout ce qu'il y a sujet de demander à l'encre pour le service de l'histoire.

Né en Orient, l'art de fabriquer du papier était surtout destiné à l'Occident, car c'est là qu'il devait être le plus goûté et rendre le mieux toute l'abondance de ses fruits. Le moyen âge même qui, en comparaison de l'antiquité, a tant écrit n'aurait jamais pu croire à l'énorme quantité de papier que la civilisation, en se développant, allait bientôt réclamer, et peut-être nos enfants diront-ils de nous la même chose. C'est une consommation de première nécessité. Le papier est devenu pour la parole un second véhicule qui la porte à l'état visible presque aussi naturellement que l'air à l'état de son, et auquel il ne nous semblerait guère moins dur de renoncer. Aussi y aurait-il lieu de concevoir, touchant le service de l'avenir, quelques craintes, en considérant que l'usage du papier augmente dans une proportion bien plus rapide que celui du linge qui en est le fondement, si l'on ne savait que l'industrie tient en réserve à cet égard toutes sortes de ressources. Au fond, la fabrication du papier ne demande que de la fibre végétale. On peut donc suppléer aux fibres du vieux linge par d'autres fibres tirées directement de la végétation. Le nombre des lecteurs, comme celui des écrivains, peut donc augmenter autant que doit le faire présager la vivacité sans cesse croissante de la communion des esprits, ce ne sera pas la pénurie du papier qui mettra en souffrance ce magnifique mouvement. La matière n'a été placée au-dessus de l'esprit que pour fournir incessamment un support à son travail.

(J. Reynaud.)

XVIII

Le Livre.

Quelques feuilles de papier blanc marquées de signes noirs rangés en lignes régulières, et réunies sous deux feuilles de carton formant couverture : voilà un livre. Les signes sont des lettres, les lettres groupées forment des mots, les mots forment des phrases, et le tout est la perception par les yeux de la pensée humaine, un des plus beaux miracles du génie humain.

Quand un écolier est obligé de copier seulement une page ou deux d'un livre, il trouve que cette besogne est très-longue : qu'était-ce donc autrefois, quand il fallait copier des ouvrages tout entiers ! Aussi peu de personnes pouvaient s'en procurer, et c'était un grand obstacle à l'instruction. Un homme imagina de fabriquer sous forme de petits carrés de bois, plus tard de métal, et en grand nombre, toutes les lettres de l'alphabet : disposées ensemble de manière à former des mots et des phrases, il les plaça sur une espèce de table, les enduisit d'une encre noire, plaça par-dessus une feuille de papier légèrement mouillée,

Fig. 100. — Gutenberg.

soumit le tout à une certaine pression, et au bout de quelque temps retira la feuille de papier : les lettres s'y trouvaient reproduites, formant des mots et des phrases, le papier était *imprimé*, l'*imprimerie* était découverte, et le *livre* était créé.

Cet homme s'appelait Jean Gutenberg ; il était né à Mayence en 1409. A quinze ans, devenu orphelin, il passa à Strasbourg, et c'est dans cette ville que lui vint pour la première fois l'idée de l'art nouveau que Louis XII qualifiait « d'invention plus divine qu'humaine ». C'est aussi Strasbourg qui lui a élevé en 1840 une statue sur l'une de ses places publiques.

Gutenberg s'associa Pierre Schœffer et Jean Faust qui exploitèrent sa découverte, tandis que le pauvre inventeur, bien loin d'en profiter, traînait dans la misère une vie qui finit en 1468. Il arrive quelquefois que les hommes qui enrichissent l'humanité d'une magnifique invention ou d'une découverte importante, au prix de leurs travaux et de leurs sueurs, souvent au prix de la vie, sont méconnus de leurs contemporains. Mais la postérité les venge de cette ingratitude, en faisant vivre leur nom dans la mémoire reconnaissante des siècles.

Le premier livre imprimé fut une Bible, dont la date est de 1450. En France, la première imprimerie fut établie à Paris en 1469, grâce à l'initiative de l'Université et avec la protection de Louis XI. L'Imprimerie royale (aujourd'hui nationale) est une création du cardinal de Richelieu. Les imprimeurs les plus célèbres ont été les Alde Manuce à Venise [1], les Elzévir à Leyde [2] et les Didot à Paris.

C'est depuis la propagation de l'imprimerie que l'instruction a été réellement mise à la portée de tout le monde.

Fig. 101. — Presse d'imprimerie (Marinoni), avec laquelle a été tiré le volume des *Leçons de Choses*, 1000 feuilles à l'heure, imprimées des deux côtés.

Les presses en usage aujourd'hui permettent d'imprimer par heure et des deux côtés six cents, mille et jusqu'à dix-huit cents feuilles de papier ; chaque feuille contient en moyenne trente-six pages comme celles de ce volume. Tout

[1] C'était une famille d'imprimeurs, florissant de 1488 à 1880, au seizième et au dix-septième siècle.
[2] Leyde, ville de Hollande.

le monde peut donc se procurer des livres, et à bon marché; mais ce qui est un bienfait deviendrait un malheur, si les livres étaient mauvais. On peut dire du livre ce qu'Ésope, un fabuliste grec, disait de la langue, qu'elle était à la fois la meilleure et la pire des choses : voici ce qu'on raconte à ce sujet dans la vie d'Ésope.

« Un certain jour de marché, Xanthus (maître d'Ésope), qui avait dessein de régaler quelques-uns de ses amis, commanda à Ésope d'acheter ce qu'il avait de meilleur, et rien autre chose. — Je t'apprendrai, dit en soi-même le Phrygien [1], à spécifier ce que tu souhaites, sans t'en remettre à

Fig. 102. — Une Librairie.

la discrétion d'un esclave. Il n'acheta donc que des langues, lesquelles il fit accommoder à toutes les sauces. Les conviés louèrent d'abord le choix de ces mets ; à la fin ils s'en dégoûtèrent. — Ne t'avais-je pas commandé, dit Xanthus, d'acheter ce qu'il y aurait de meilleur ? — Eh ! qu'y a-t-il de meilleur que la langue ? reprit Ésope. C'est le lien de la vie civile, la clef des sciences, l'organe de la vérité et de

[1] Ésope était né en Phrygie, province de l'Asie Mineure, plusieurs siècles avant J.-C.

la raison. Par elle on bâtit les villes et on les police, on
instruit, on persuade, on règne dans les assemblées, on
s'acquitte du premier de tous les devoirs, qui est de louer
les dieux. — Eh bien ! dit Xanthus qui prétendait l'attra-
per, achète-moi demain ce qu'il y a de pire ; ces mêmes
personnes viendront chez moi, et je veux diversifier. Le
lendemain Ésope ne fit encore servir que le même mets,
disant que la langue est la pire chose qui soit au monde.
— C'est la mère de tous les débats, la nourrice des procès,
la source des divisions et des guerres. Si l'on dit qu'elle est
l'organe de la vérité, elle est aussi celui de l'erreur, et qui
pis est celui de la calomnie. Par elle on détruit les villes,
on persuade de méchantes choses. Si d'un côté elle loue
les dieux, de l'autre elle profère des blasphèmes contre
leur puissance. »

La langue peut faire, en effet, beaucoup de bien et beaucoup de mal ; un livre aussi, et on peut en dire autant de
l'instruction, comme en général de tous les talents que
l'homme acquiert. Si nous ne nous servons des connaissances dont nous sommes ornés que pour satisfaire nos
mauvais penchants, et si nous employons à mal faire notre
intelligence cultivée, nous avons tort. Par exemple, un
homme instruit, qui sait calculer et réfléchir, profite de ces
avantages pour tromper un autre homme que son ignorance rend crédule : il est coupable. Mais est-ce une raison
pour ne pas rechercher l'instruction ? Tout au contraire,
car l'homme instruit est en garde contre la fourberie des
autres, il est capable de se défendre contre leurs mauvais
desseins : « Quand l'homme qui trompe et exploite ses semblables s'aperçoit que ses semblables sont éclairés, il n'es-
saye même plus de placer ses sophismes : il les sent d'a-
vance impuissants [1]. » Il est d'ailleurs prouvé que le
nombre des crimes et des délits est en proportion de
l'ignorance : la statistique criminelle a relevé 36 %
d'accusés complétement illettrés, 43 % presque illettrés,

____
[1] Frédéric Passy.

19 % sachant lire et écrire et 2 % ayant reçu une instruction supérieure.

C'est pour cela que Dieu nous a donné l'intelligence, le désir de savoir et la faculté d'apprendre, et comme en même temps il nous a créés libres d'agir bien ou mal, selon notre volonté, il nous a rendus responsables de l'usage que nous faisons de tous ces biens.

LECTURE.

Les bons et les mauvais livres:

Un livre est comme un ami, qui nous parle bas et en quelque sorte à l'oreille, et qui, pour peu qu'il ait d'art, d'habileté et d'agrément, gagne d'autant mieux votre confiance qu'il s'insinue plus doucement et plus intimement dans votre âme. Or, parmi les livres il y a aussi de faux amis, et il est bon de savoir les discerner pour s'en préserver. Un mauvais livre est un flatteur, un ennemi caché sous l'apparence de la bienveillance ; il importe de n'en être pas dupe, et chacun en a le moyen aussi sûr que facile: c'est la conscience. Tout livre qui la blesse, qui parle par conséquent contre la piété, la charité, la justice, la pudeur et les bonnes mœurs, quelque art perfide qu'il y mette, est un méchant et mauvais livre ; comme tout livre qui la satisfait, pour peu qu'il ait d'ailleurs de ce charme sérieux qui ne messied pas à l'honnête, est un bon et excellent livre.

(DAMIRON.)

XVIII

Les Industries [1].

Pour avoir tous les objets dont l'usage nous paraît si naturel et si indispensable, à commencer par les aliments, il faut en général deux choses : d'abord la matière pre-

[1] On retrouvera dans ce chapitre — et la remarque s'applique à quelques autres encore — des questions déjà indiquées ailleurs. Nous l'avons fait à dessein, pour permettre à l'instituteur d'y revenir et de les traiter sous des points de vue nouveaux. L'instituteur aura soin du reste de développer ce chapitre, selon la nature des industries locales.

mière qui fournit le fond, le corps de l'objet, ensuite certains procédés pour tirer parti de cette matière première, et qu'on appelle la main-d'œuvre.

Il y a un vieux proverbe qui dit : Pour faire un civet, il faut un lièvre. Cela signifie que pour avoir un mets quelconque, il faut une substance qui ait la propriété de nourrir, mais à la condition de subir une certaine préparation. Le grain de blé est une substance très-nourrissante, la pomme de terre aussi : néanmoins celui qui croirait se rassasier en croquant des pommes de terre ou des grains de blé crus serait bien trompé dans son espoir : non seulement il ne serait pas nourri, mais encore il se rendrait malade. Le raisin est du vin en espérance, néanmoins il ne désaltère ni ne fortifie. C'est avec le lait qu'on fait du beurre sans y rien ajouter ; néanmoins si l'on mettait du lait au lieu de beurre dans la poêle pour faire frire du poisson, on obtiendrait tout autre chose qu'une friture.

Ainsi tout ce qui se rapporte à l'alimentation a donné naissance à de nombreuses industries, celles du meunier, du boulanger, du cuisinier, du marchand de vin, du fabricant de vinaigre, du laitier, du coquetier, du pâtissier, etc.

Nos habits, on peut le dire, poussent dans les champs sous forme de chanvre, de lin, de coton, ou se promènent sur le dos des moutons, des bœufs, des animaux à fourrures : mais celui qui pour se vêtir mettrait sur ses épaules la peau de son mouton, ou autour de ses reins les tiges de sa chènevière, passerait à bon droit pour un insensé. Tout ce qui regarde le vêtement, la toilette, et d'une manière plus générale, les étoffes, a donné lieu aussi à des industries très-diverses ; ainsi celles du tanneur, du corroyeur, du fourreur, du cordonnier, du tisserand, du drapier, du toilier, du fabricant de couvertures, de tapis, de velours, de rubans, de dentelles, du tailleur, de la lingère, de la couturière, de la modiste, du chapelier, etc.

Une autre industrie se rattache au même objet : celle de la teinture. Les étoffes, les tissus, les objets divers que nous employons sont de différentes couleurs ; ces couleurs ne sont pas toujours inhérentes à la matière première : l'art du teinturier consiste à l'en revêtir. C'est une des plus belles applications de la chimie.

Les substances colorantes sont fournies par les trois règnes.

Les couleurs végétales sont données pour le *rouge* par

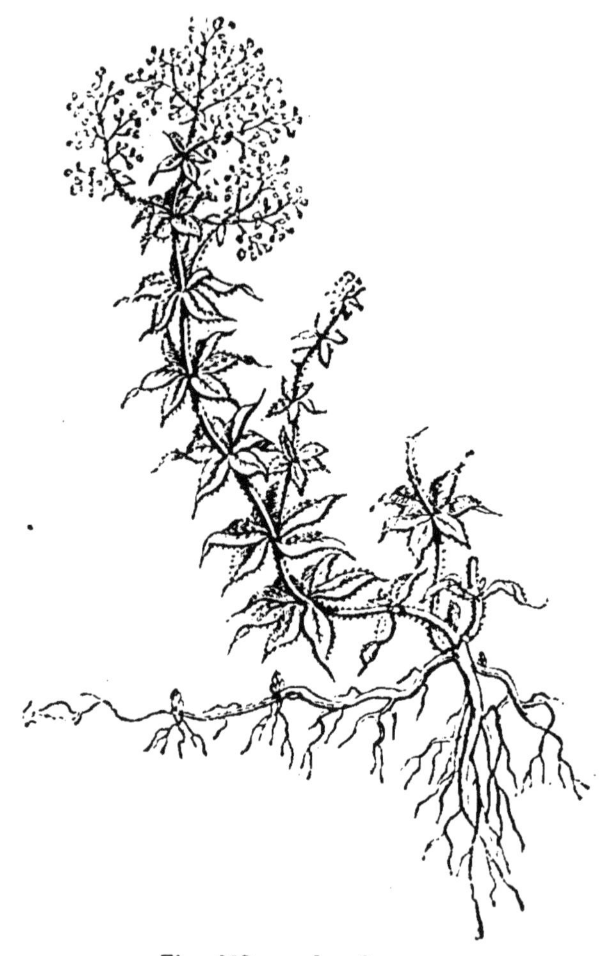

Fig. 103. — La Garance.

la garance, dont on fait un si grand usage dans l'armée; le bois du Brésil, de Fernambouc, de Santal, etc.

Le *jaune* est donné par la gaude, le safran, le rocou, le fustel.

Le *bleu* provient d'un grand nombre de plantes, mais le plus précieux de tous est l'indigo.

Les couleurs minérales employées en teinture sont pour le rouge le sulfure de mercure et d'arsenic, et l'iodure de mercure ; en fait de bleu, il faut citer le bleu de Prusse.

Le règne animal est le moins riche des trois pour le nombre des principes colorants, mais en revanche il a la *cochenille*. Ce nom vient de l'insecte dont on l'extrait par

Fig. 104. — Mineurs.

décoction ; elle donne les rouges et les cramoisis les plus éclatants et les plus solides ; ils remplacent pour nous la couleur pourpre des anciens,

Ces trois couleurs fondamentales jointes au noir et au blanc forment par leurs combinaisons une foule de nuances et de couleurs nouvelles employées pour les vêtements et surtout pour les robes des femmes et les accessoires de leur toilette.

Les meubles qui décorent nos chambres, les ustensiles qui garnissent la cuisine, le buffet, l'écurie, l'étable, le magasin, sont faits avec des matières qui se trouvent dans la nature : la forêt nous donne le bois de nos lits et de nos

Fig. 105. — Haut-fourneau.

tables, mais nous trouverions peu commode de coucher, comme Robinson, sur un arbre ; le fer avec lequel on fabrique une pelle, une pincette, un couteau, se trouve dans les entrailles de la terre, mais nous aurions beau ramasser du minerai de fer pendant un jour entier, ce tas de poussière noirâtre ne nous serait guère utile. Il faut donc encore que le travail de l'homme transforme et façonne la matière première sans laquelle nous n'aurions pas de mobilier ; de là, d'autres industries, celles du menuisier, de l'ébéniste, du tapissier, du matelassier, du poêlier, du lampiste, du ferblantier, du miroitier, du quincaillier, surtout celles du fondeur, du forgeron, du fabricant d'objets en fer, en acier, en cuivre, en métaux précieux.

En effet, parmi les industries qui ont pour but de fournir aux autres des matériaux, il faut mettre en première ligne l'exploitation des mines. C'est à elle qu'on doit les minerais dont on extrait toutes les substances métalliques, par exemple le fer, le métal le plus précieux par sa dureté, sa tenacité, et tous les usages auxquels il se prête ; en outre, combiné avec trois à quatre pour cent de charbon, li'produit la fonte, et avec une quantité de charbon encore moindre, l'acier. Citons aussi le cuivre dont les usages sont bien connus, et qui allié à l'étain donne la matière qui sert à la confection d'un grand nombre d'objets, tels que les canons, les cloches, les statues, les médailles, etc. Ces divers alliages, dont la composition varie dans certaines limites, suivant leur destination, sont connus plus généralement sous le nom de bronze.

A propos du cuivre, il n'est pas inutile de rappeler que les bonbons colorés en vert empruntent cette coloration aux arsénites [1] de cuivre, de même que d'autres le sont en jaune avec le chromate [2] de plomb, deux couleurs très-vénéneuses. On voit sur les bonbons d'autres couleurs qui, sans être nuisibles, ne sont pas propres : la couleur rose est donnée par un insecte, la cochenille, ou bien par un lichen, l'oseille, qu'on fait macérer dans l'urine.

Ainsi la nature met à notre disposition les matériaux bruts, la nécessité ingénieuse nous fait découvrir les moyens primitifs de les mettre en œuvre, la science nous

[1] Combinaison d'oxyde d'arsenic et de cuivre.
[2] Sel formé par la combinaison de l'acide chronique et du plomb.

enseigne l'art d'en tirer le parti le plus sûr, le plus expéditif et le plus varié. A mesure que progresse la science appliquée à l'industrie, elle produit de plus en plus vite et toujours à meilleur marché, ce qui est aussi avantageux pour le fabricant que pour l'acheteur, car moins le prix de vente est élevé, plus on vend. Un coutelier qui fait cinq couteaux par jour et les vend 1 franc la pièce ne fait pas de bonnes journées. S'il trouve le moyen d'en fabriquer dix et de les vendre 0f,75, ses journées sont meilleures; si, à l'aide d'une meulière, il en produisait cent et les vendait 0f,25, il ferait sa fortune, tout en rendant service à beaucoup de personnes, car tel qui peut payer un couteau cinq sous ne pourrait pas le payer un franc.

En même temps que la valeur vénale des objets fabriqués s'abaisse, la valeur de la matière première augmente par la fabrication, à mesure qu'elle passe par une main-d'œuvre plus compliquée.

Un morceau de fer ordinaire qui coûte 1 franc, par exemple, en vaut 3, converti en fer à cheval; il se vend 4 francs transformé en outils de campagne; 45 francs dès qu'il est appliqué, sous la forme de fer forgé, à des ornementations; 75 francs lorsqu'il est converti en aiguilles; 900 francs lorsqu'il est converti en boutons et en boucles d'acier; 2,000 francs dès qu'il est employé comme acier de décors; 6,000 francs lorsqu'il est transformé en boutons de chemise; 50,600 francs lorsqu'il est appliqué aux aiguilles de l'horlogerie la plus fine.

Pour l'acier, voici un exemple encore plus frappant. Un kilogramme de fer coûte, terme moyen, environ 0f,50 pris sur place. Si l'on transforme ce fer en acier, et que l'on emploie cet acier à la fabrication des petits ressorts de montres, on en pourra faire cent quatre-vingt mille au kilogramme, le poids de chacun d'eux n'excédant guère un demi-centigramme. Or, lorsqu'un de ces ressorts est parfait, il vaut 6 francs : on en pourra donc faire pour plus d'un million de francs dans un kilogramme de fer, et donner ainsi à la matière travaillée deux millions de fois plus de valeur qu'à la matière brute.

Que ne fait-on pas avec la soie, le coton, le lin, le fil de chanvre? C'est ainsi que la dentelle acquiert une valeur dix mille à cent mille fois plus considérable que le lin qui a servi à la façonner.

Qu'avons-nous à conclure de tout cela? D'abord que la loi du travail est la première loi de la vie. S'il est jamais permis à l'homme de s'enorgueillir des progrès de la civilisation, c'est lorsqu'il peut se dire avec un cœur reconnaissant qu'en travaillant il s'améliore et se rend plus digne de sa nature d'être intelligent et moral. Le travail est un bienfait pour l'homme, puisque c'est par lui qu'il s'élève au-dessus de toutes les autres créatures, et qu'il exploite à son profit tous les éléments de prospérité que la nature met à sa disposition. Un sage disait : « Ne te nourris pas des restes d'une table étrangère. Ne dois qu'à toi-même ta subsistance, et ne l'achète pas au prix de l'ignominie. » Ce qui signifie qu'il est honteux de mendier quand on peut travailler; le paresseux, disait-il encore, fait un vol à la société.

Un second enseignement à tirer de là, c'est combien l'instruction est précieuse, puisque c'est à la science que sont dus les progrès de l'industrie. Quand on voit les savants plongés dans leurs calculs, absorbés dans l'étude d'un

Fig. 100. — Un savant dans son cabinet.

problème purement scientifique, on est tenté de se demander : à quoi cela sert-il? Est-ce là ce qui nous procurera des outils, des meubles, des vêtements, des aliments?

13.

Question irréfléchie, à laquelle la réflexion et l'expérience répondent bientôt : Oui, de ces chiffres, de ces calculs, de ces études abstraites sortiront des découvertes fécondes ; l'industrie est à la porte de ce cabinet de travail, et elle va s'emparer de ces découvertes comme d'une source inépuisable de richesse et de bien-être.

LECTURE.

La Science et l'Industrie.

Vous entrez le matin dans l'atelier au son de la cloche. C'est par centaines que les ouvriers se présentent. Pourquoi tant d'ouvriers et tant d'ouvrage ? On fabrique à Metz des souliers qui seront usés dans le Nouveau-Monde ; on fait à Saint-Étienne des ceintures pour les femmes de l'Amérique et de l'Australie. A Paris, on confectionne des chemises, des blouses et des pantalons pour des ouvriers séparés de nous par des milliers de lieues. Nous ne parlons pas des objets de mode, de l'article de Paris, que l'univers entier nous demande tous les jours. L'Amérique nous envoie ses peaux, après les avoir desséchées et salées. Nous faisons le dessaignage, le pelanage, le debourrage, l'épilage, etc. : nous utilisons les poils ; nous faisons le tannage : nous utilisons le tan ; et nous renvoyons à la Havane, au Cap-Vert, à Buenos-Ayres, au Sénégal, en Russie, en Islande, etc., les cuirs manufacturés dont ces mêmes pays nous ont fourni la matière première. Genève fait des instruments d'horlogerie en blanc et les envoie à Paris, qui repasse, qui ajuste, qui règle et qui fournit des montres à la Suisse elle-même. La plus grande partie de la bijouterie de cuivre dont les paysannes espagnoles sont si fières est faite à Paris avec du cuivre espagnol. Gand a des jardiniers incomparables, dont on réclame les services de toutes les parties de l'univers. On leur expédie de New-York des fleurs qu'ils guérissent, qu'ils développent, qu'ils complètent et qu'ils renvoient dans leur pays natal parées de grâces toutes nouvelles[1]. Pour rendre possible cet échange de matériaux et de travail, qui centuple la valeur de la matière première, procure aux uns de l'ouvrage, aux autres des produits utiles, il a fallu le concours de plus d'un homme de génie : de celui, quel qu'il soit, qui a fait le

---

[1] L'instituteur aura soin de montrer aux élèves la position qu'occupe sur la Mappemonde chacun des pays dont il est question dans ce morceau, puis de leur faire apprécier la position respective de chacun d'eux et la distance qui les sépare du nôtre.

premier bateau ; de celui qui a inventé la boussole [1]; de Christophe Colomb, qui a découvert le Nouveau-Monde [2] ; de Papin [3], qui a centuplé par la vapeur la puissance humaine ; de Fulton [4], qui a dompté la mer une seconde fois, en remplaçant le vent par le feu ; de ce groupe de savants et d'ingénieurs qui ont inventé la locomotive [5], des grands politiques qui ont fait les lois de commerce et assuré la liberté du trafic; des commerçants habiles qui ont perfectionné l'art des échanges, etc.

Ce grand atelier, où tant d'ouvriers travaillent du matin au soir, est aussi salubre que la maison du riche, malgré cette agglomération d'hommes, cet entassement de matières premières traitées et transformées industriellement, ces huiles, ces essences, ces effluves humaines. Quels sont les magiciens à qui l'ouvrier est redevable chaque jour de l'air qu'il respire, redevable par conséquent de la santé et presque de la vie? Ce sont les savants qui ont calculé ce qu'il faut à un ouvrier de mètres cubes d'air pour que sa santé ne souffre pas de l'altération de l'atmosphère, combien il se perd de chaleur par les vitres, combien par les murs; ceux qui ont remplacé l'air refroidi et l'air vicié par de l'air chaud et neuf, les Darcet, les Pouillet, les Péclet, les Morin [6].

(J. SIMON.)

XIX

Le Commerce.

L'industrie fabrique les produits, elle crée les objets nécessaires aux besoins de l'homme ; le commerce les distribue partout, les met dans la circulation : il les vend.

[1] La boussole est un instrument dont se servent les marins pour s'orienter, par le moyen d'une aiguille aimantée qui, suspendue de manière à se mouvoir librement, se dirige toujours vers le pôle nord. L'aimant est un minéral doué de la propriété de se mouvoir dans la direction du nord.

[2] En 1492.

[3] Denis Papin, né à Blois en 1647, mort en 1710, fut le premier qui conçut l'idée d'employer la vapeur comme force motrice, notamment pour la navigation.

[4] Ingénieur américain, né en 1764, mort en 1815, résolut le problème de la navigation à vapeur: le premier bateau à vapeur fut essayé par lui, sur la Seine, à Paris, en 1803

[5] Machine à vapeur qui fait mouvoir les trains de chemins de fer. Joseph Cugnot, né à Void, en Lorraine, en 1725, construisit le premier un chariot à vapeur ; mais la locomotive est due aux constructeurs anglais Trevithick et Vivian (1804), et elle a reçu ses perfectionnements de Stephenson, en 1830.

[6] Chimistes et physiciens français dont les travaux scientifiques appliqués aux arts industriels et à l'hygiène, ont honoré la première moitié de notre siècle.

Le marchand est l'intermédiaire entre le fabricant et le public. Le *marchand en gros* réunit dans ses magasins des produits venus de l'étranger ou fabriqués dans le pays même, il les vend par grandes quantités à d'autres marchands; ceux-ci les revendent *en détail* aux consommateurs : le marchand de vin vend au cabaretier le vin par hectolitres, le cabaretier le vend au consommateur par litres. On voit par là quels rapports existent entre le

Fig. 107. — Épicerie.

commerce et l'industrie.

Le progrès du commerce fut favorisé au moyen âge par l'institution des *foires*, qui étaient le rendez-vous des marchands de tous pays, et où l'on venait s'approvisionner de toute espèce de marchandises. Les foires sont aujourd'hui beaucoup moins fréquentes et moins utiles, parce que la facilité des communications et l'extension de toutes les industries ont augmenté le nombre des marchands sédentaires ; autrefois, dans le plus grand nombre des localités, on ne pouvait s'approvisionner qu'en se rendant aux foires les plus voisines, ou en achetant aux colporteurs.

L'établissement des foires remonte très-haut : le roi Dagobert avait institué la foire de Saint-Denis, Charlemagne celle du Landit, où l'on vendait surtout du parchemin. Celles de la Champagne, à Troyes, à Provins, à Reims, à Bar-sur-Aube, faisaient tant de bien que les nobles champenois avaient pour la plupart secoué le préjugé qui interdisait tout négoce à la noblesse. Dans le midi, les plus célèbres étaient celles du Puy, de Lyon et de Beaucaire.

Les destinées du commerce et de l'industrie ont été diverses en France jusqu'à la fin du seizième siècle. Leur prospérité date réellement de Sully, continué par Colbert.

puis par Turgot. Jusqu'à la Révolution française, les industries et les métiers étaient spécialisés : aujourd'hui, par exemple, si l'on a besoin d'un vêtement, on s'adresse à un tailleur qui non-seulement le confectionne, mais encore en fournit l'étoffe, avec la doublure, les boutons, tous les accessoires. Au moyen âge cela n'aurait pas été possible : le drapier fournissait le drap, le tailleur le coupait sans avoir le droit de le vendre ; les boutons se trouvaient exclusivement chez le boutonnier, la passementerie chez le mercier. C'est ainsi qu'existaient à l'état de corporations distinctes, les orfèvres, les batteurs d'or, les épingliers-aiguilliers, les ouvriers en fil de fer, les ouvriers en dés, les couteliers-fourbisseurs, les armuriers, les éperonniers, les ouvriers en bassins, les potiers d'étain, les fondeurs en cuivre, les fondeurs de cloches et de canons, les cordonniers, les savetiers, les chapeliers, etc. Du temps de saint Louis, il y avait cent corps d'état différents ; au dix-septième siècle, il n'y en avait pas moins de 1551.

Au dessus des communautés d'artisans il y avait celles des marchands, au nombre de six : les drapiers, les épiciers, les merciers, les pelletiers, les bonnetiers, les orfèvres. Ces six corps constituaient une sorte d'aristocratie qui mettait le négoce bien au-dessus de l'industrie manuelle, et les marchands étaient, selon les idées du temps, bien au-dessus des artisans ; ils avaient leurs statuts et leurs privilèges, leur costume, leurs armoiries et bannières dans les cérémonies publiques ; ils avaient le droit de figurer dans le cortège de ville et de porter le dais sur la tête du roi. La maîtrise se transmettait comme un privilège héréditaire.

A l'origine, c'était dans le but de se protéger mutuellement, de devenir plus forts en devenant plus unis, que les artisans d'un même métier ou les marchands d'un même genre s'étaient groupés pour former un corps, ce qui était honnête et avantageux. Mais peu à peu, ces corporations portèrent atteinte à la liberté d'autrui, en obtenant du gouvernement en retour d'une redevance annuelle le privilège d'exercer seules leur profession et de l'interdire aux autres.

C'était une entrave à la liberté du travail individuel, à celle du commerce et de l'industrie, et en même temps à leur complet développement. C'était aussi supprimer la concurrence et l'émulation.

L'abolition des corporations est un des titres d'honneur de Turgot, qui la proposa à Louis XVI, et de Louis XVI, qui voulut l'effectuer par l'édit de 1776. Cet édit fut, il est vrai, retiré peu de temps après, et il n'eut son effet qu'en 1791, par la loi du 2 mars.

LECTURES.

1. La Liberté du Travail: Préambule de l'Édit de 1776.

Nous devons à tous nos sujets de leur assurer la jouissance pleine et entière de leurs droits; nous devons surtout cette protection à cette classe d'hommes qui, n'ayant de propriété que leur travail et leur industrie, ont d'autant plus le besoin et le droit d'employer dans toute leur étendue les seules ressources qu'ils aient pour subsister.

Nous avons vu avec peine les atteintes multipliées qu'ont données à ce droit naturel et commun des institutions, anciennes à la vérité, mais que ni le temps, ni l'opinion, ni les actes mêmes émanés de l'autorité qui semble les avoir consacrés, n'ont pu légitimer.

Dans presque toutes les villes de notre royaume, l'exercice de différents arts et métiers est concentré dans les mains d'un petit nombre de maîtres réunis en communautés, qui peuvent seuls, à l'exclusion de tous les autres citoyens, fabriquer ou vendre les objets de commerce particulier dont ils ont le privilège exclusif; de sorte que ceux de nos sujets qui, par goût ou par nécessité, se destinent à l'exercice des arts et métiers, ne peuvent y parvenir qu'en acquérant la maîtrise, à laquelle ils ne sont reçus qu'après des épreuves aussi longues et aussi nuisibles que superflues, et après avoir satisfait à des droits et à des exactions multipliées, par lesquelles une partie des fonds dont ils auraient eu besoin pour monter leur commerce ou leur atelier, ou même pour subsister, se trouve consommée en pure perte.

Ceux dont la fortune ne peut suffire à ces pertes sont réduits à n'avoir qu'une subsistance précaire, sous l'empire des maîtres, à languir dans l'indigence ou à porter hors de leur patrie une industrie qu'ils auraient pu rendre utile à l'État.

La source du mal est dans la faculté même accordée aux artisans d'un même métier de s'assembler et de se réunir en corps.....

C'est sans doute l'appât des moyens de finance qui a prolongé l'illusion sur le préjudice immense que l'existence des communautés cause à l'industrie et sur l'atteinte qu'elle porte au droit de travail. Cette illusion a été portée chez quelques personnes jusqu'au point d'avancer que le *droit de travailler* était un *droit royal*, que le prince pouvait vendre, et que les sujets devaient acheter.

Nous nous hâtons de rejeter une pareille maxime.

Dieu, en donnant à l'homme des besoins, en lui rendant nécessaire la ressource du travail, a fait du droit de travailler la propriété de tout homme, et cette propriété est la première, la plus sacrée et la plus imprescriptible de toutes.

Nous regardons comme un des premiers devoirs de notre justice et comme un des actes les plus dignes de notre bienfaisance d'affranchir nos sujets de toutes les atteintes portées à ce droit inaliénable de l'humanité. Nous voulons, en conséquence, abroger ces institutions arbitraires.

(TURGOT. [1])

2. — Le droit de travailler.

Puisque le travail est d'obligation, en un mot, un devoir, il a son droit correspondant, mais comment faut-il entendre ce droit ?

Oui, le droit au travail est un droit sacré ; maintenu dans les limites de l'équité, ce n'est pas moins que le droit de vivre. Aussi, quand une grève se déclare, les ouvriers sont libres de ne pas travailler ; mais ceux qui, ne voulant pas céder aux mauvais conseils venus du dehors, entendent continuer à gagner leur pain du jour et celui de leur famille, en ont-ils le droit ? Oui, cent fois oui, et bien criminels ceux qui les en empêchent par la menace ou des voies de fait. C'est violer la liberté individuelle ; c'est violer tous les droits de l'homme et du citoyen. Ceux qui se portent à ces excès sont de véritables fléaux de l'industrie, et, en se faisant tort à eux-mêmes, ils deviennent pour les ouvriers laborieux et honnêtes, pour le pays tout entier, plus à craindre que le choléra et les Prussiens.

De là faut-il conclure le droit au travail, en ce sens que l'Etat est obligé d'en procurer à ceux qui n'en ont pas ? Cette prétention est déraisonnable.

L'Etat, dans le sens général, est la société tout entière ; l'argent de l'Etat est celui des contribuables, et c'est avec cet argent qu'il faudrait payer ceux qui réclameraient de l'ouvrage. Il y

---

[1] C'est Turgot qui a rédigé le préambule et l'édit ; Louis XVI l'a signé.

aurait un nouvel impôt, l'impôt du travail, dont une conséquence forcée serait la ruine de l'industrie privée, car si l'Etat se faisait entrepreneur et fabricant, il serait forcé d'écouler ses marchandises à tout prix ou de les donner, et celles des particuliers resteraient en magasin ou à l'étalage. Le véritable et légitime droit au travail a été proclamé le jour où la Constituante a définitivement aboli les corporations. Elles avaient eu leur raison d'être, mais depuis longtemps elles étaient devenues un obstacle au développement de l'industrie, et la négation du droit qu'a chacun d'user de ses facultés, et de travailler à améliorer son sort.

(XAVIER ROUSSELOT.)

XX

Les Monnaies.

Si un cordonnier qui a besoin d'une coiffure allait chez le chapelier, une paire de souliers à la main, et la lui offrait en échange d'un chapeau, il pourrait se faire que le chapelier n'eût pas besoin de chaussures et refusât l'offre du cordonnier. Celui-ci serait donc obligé de s'adresser à un autre, et de perdre ainsi beaucoup de temps. Au lieu de cela, il achète un chapeau, en échange duquel il donne une somme d'argent qui en représente la valeur. C'est ce que font aussi les personnes qui ne fabriquent ou ne débitent aucun produit, et qui, par conséquent, seraient bien embarrassées si

Fig. 108. — Monnaies de Billon.

elles n'avaient pas d'autre moyen de se procurer ce qu'il leur faut.

Le commerce, qui consiste dans l'échange des produits, serait donc impossible sans la monnaie, qui représente en or, en argent ou en bronze, la valeur de ces produits.

La monnaie est un instrument d'échange, qui, en même temps qu'il sert de mesure pour évaluer le prix des objets échangés, est par lui-même un équivalent. Telle est l'idée

Fig. 109. — Monnaies d'argent.

la plus générale qu'on se fait de la monnaie. Considérée dans l'usage, elle s'entend des pièces métalliques frappées au coin d'un souverain ou d'un État, et servant au commerce.

Il faut distinguer la monnaie du numéraire. Celui-ci est la masse des espèces monnayées qui sont en circulation ; on y comprend quelquefois le papier-monnaie et les billets de banque. Ainsi le numéraire d'un pays consiste dans l'en-

Fig. 110. — Monnaies d'or.

semble de sa richesse monétaire, et sa monnaie dans les pièces frappées à son coin.

Il a fallu bien des siècles avant d'en venir à la monnaie d'or et d'argent. Les peuples barbares firent d'abord usage de coquillages, de fruits, de pelleteries, puis d'anneaux de fer et de plaques de métal. Quand on commença à employer l'or et l'argent, on les livrait au poids, mais pour éviter la fraude on imagina les pièces de monnaie proprement dite. Il y a aussi la monnaie de billon faite avec du cuivre, ou métal de cloches.

L'État seul a le droit de battre monnaie, c'est-à-dire de faire fabriquer les pièces qui sont en usage dans le pays. Il y a en France des pièces d'or de cent, cinquante, quarante, vingt, dix et cinq francs, — des pièces d'argent de cinq, deux et un franc, de cinquante et de vingt centimes, — des pièces de cuivre ou de billon de dix, cinq, deux et un centime.

Toutes ces pièces ont un poids, un volume et un diamètre déterminés ; elles portent des désignations ou des emblèmes également arrêtés, et il entre dans leur composition une quantité de métal qui est aussi fixée par l'autorité.

Les monnaies ne se font pas avec une seule espèce de métal ; par exemple, dans une pièce de cinq francs en argent, il y a 9 parties d'argent et 1 partie de cuivre ; dans une pièce de vingt francs il y a 9 parties d'or et 1 partie de cuivre. Ce mélange est ce qu'on appelle l'*alliage*, et la proportion dans laquelle le métal le plus précieux est employé s'appelle le *titre*. Ainsi, par exemple, notre monnaie d'argent est au titre de 0,9 pour les pièces de cinq francs, de 0,835 pour les pièces de un franc, de cinquante et de vingt centimes.

On appelle fausse monnaie celle qui n'est pas faite d'après ces proportions et qui est fabriquée en secret ; faux-monnayeurs, ceux qui la fabriquent. Les faux-monnayeurs sont passibles des travaux forcés. En effet, ils sont coupables de vol, et d'un vol répété autant de fois que la fausse monnaie est mise en circulation ; aussi la loi punit ceux qui s'en servent sciemment, quoique ne l'ayant pas fabriquée eux-mêmes.

Il y a encore en France une autre sorte de monnaie ce : sont les billets de banque, petits morceaux de papier fabriqués par la Banque de France qui en a seule le droit, et qui représentent une somme de mille, cinq cents, deux cents, cent, cinquante, vingt et même quelquefois cinq francs. C'est une monnaie d'échange très-commode, puisqu'on peut ainsi avoir sous un mince volume une très-grosse somme ; et ces petits morceaux de papier ont réellement la valeur qui y est inscrite, car il y a toujours dans les caves de la Banque, en lingots d'or ou d'argent, une somme égale ou supérieure à celle que représentent les billets en circulation.

La contrefaçon des billets de banque est punie comme celle de la monnaie et pour les mêmes motifs.

La richesse est donc bien précieuse, puisque la monnaie a une si grande importance ? Oui, parce qu'elle permet de faire beaucoup de bien, et ensuite parce qu'elle représente le fruit du travail : le riche qui n'a pas travaillé lui-même a reçu en héritage le bien gagné par le travail de ses ancêtres. Le travail et l'épargne, voilà la double source de la fortune ; non pas qu'il ne faille travailler et épargner que dans le but de devenir riche, mais n'est-il pas juste que l'homme laborieux et honnête acquière non seulement le pain quotidien, mais encore la tranquillité de sa vieillesse, et s'encourage en pensant qu'il se donne de la peine aussi pour ses enfants ?

Or, la plus légère épargne porte ses fruits, et tout le monde peut en essayer, car il existe des établissements où l'on peut placer ses économies, depuis la somme de un franc jusqu'à celle de 1000 francs. Il faut être bien pauvre pour ne pas pouvoir mettre de côté un franc de temps en temps. Or cet argent ainsi placé à la *caisse d'épargne* rapporte intérêt, et on a calculé qu'un ouvrier qui économiserait dix centimes par jour, c'est-à-dire trente-six francs par an, et qui les placerait à la caisse d'épargne, en retirerait, au bout de quarante ans, grâce aux intérêts accumulés, un capital de 4,300 francs. S'il avait commencé à vingt ans, ce serait à soixante ans, au moment de la vieillesse et du repos, qu'il se trouverait possesseur de cette petite fortune, et elle ne lui aurait pas coûté beaucoup de peine à acquérir.

Mais il ne faut pas croire que ces 4,300 francs représentent le seul avantage qui lui en reviendrait : pour économiser journellement 10 centimes, cet ouvrier se serait privé, non pas de son pain, mais de quelque dépense superflue, peut-être dangereuse, par exemple du petit verre d'eau-de-vie ; par suite il n'aurait pas contracté d'habitudes d'intempérance, et aurait évité aussi bien d'autres dépenses supérieures à cette petite somme de 2 sous par jour. Ce n'est pas tout : pour ne rien perdre de son salaire, il aurait travaillé tous les jours, sauf le jour du repos du dimanche ; il n'aurait pas *fait le lundi*, jour où non-seulement l'ouvrier paresseux et intempérant ne gagne rien, mais où il dépense ; n'étant ni intempérant ni paresseux, il aurait conservé ses forces plus longtemps, évité bien des occasions de maladie, ou d'affaiblissement. Ajoutons à cela la bonne renommée, la satisfaction d'être un honnête homme et de passer pour tel, le bon exemple donné aux enfants et aux camarades d'atelier ou de fabrique, l'estime des patrons et des maîtres. Que de choses gagnées à la fois, au prix d'un petit effort, continué avec persévérance !

On voit aussi par là qu'il est nécessaire de savoir calculer, et qu'il ne faut pas négliger d'apprendre, tant que l'on est à l'école, l'arithmétique et le système métrique. Car si l'on se donne du mal pour gagner honnêtement les moyens de vivre, il est agréable et utile de connaître exactement la valeur du gain que l'on fait, de la dépense à laquelle on se livre et du placement que l'on effectue en vue de l'épargne.

L'arithmétique, comme l'indique son nom, est la science des nombres ; or les nombres jouent partout un rôle qui se révèle à chaque instant. On compte les heures, les jours, les saisons, les distances ; on compte les objets qu'on achète, ceux que l'on possède ; on compte les mers et les continents sur le globe, les planètes dans le ciel.

Les nombres représentent non seulement des quantités, mais encore la mesure, l'harmonie et les proportions en toutes choses. Ainsi l'on exprime, par des nombres, que

Paris a une population de deux millions d'habitants, et Londres une population de trois millions (en chiffres ronds); mais, par le même moyen, on exprime de plus que la population de Londres surpasse d'un tiers celle de Paris. Nous aimons en toutes choses la régularité et la symétrie : une maison aurait mauvaise apparence, si, à côté d'une fenêtre de deux mètres de hauteur, il s'en trouvait une autre d'un mètre et demi. C'est toujours par le calcul et au moyen des nombres, qu'on obtient la régularité qui plait à l'œil et qui contente l'esprit.

On se sert pour représenter les nombres de signes appelés chiffres ; les chiffres sont donc les caractères servant à figurer les nombres dont se compose l'échelle fondamentale de la numération ; ce sont les mots du langage de l'arithmétique. Ainsi dans notre système décimal, il y a neuf chiffres significatifs, et un dixième, le *zéro*, qui est indispensable pour indiquer la valeur relative ou de *situation* des autres. Avec ces dix chiffres seulement, l'homme peut former des nombres sans valeur propre, qui s'énoncent par milliards et sans jamais trouver un terme où s'arrêter. Quel chemin il a fait dans la science depuis le jour où il pouvait à peine aller jusqu'à dix, en comptant sur ses doigts!

Les Grecs employaient pour chiffrer les vingt-quatre lettres de leur alphabet; les Romains avaient ce qu'on a appelé les lettres numérales, au nombre de sept, et qui étaient les suivantes : I, V, X, L, C, D, M, représentant 1, 5, 10, 50, 100, 500, 1000. Elles n'avaient pas plus que les lettres grecques de valeur de position, et pour composer un nombre on les écrivait les unes à la suite des autres : ainsi MDCCCLXXXI représente 1881. Les caractères dont nous nous servons paraissent nous être venus des Indiens par les Arabes qui les connaissaient dès le huitième siècle; ils ne furent adoptés par les chrétiens que quatre siècles plus tard environ.

LECTURE.

Le Salut par l'Épargne.

C'était dans un des faubourgs de Paris.Il y a une vingtaine d'années, un fabricant avait un ouvrier à haute paye très-adonné au vin et s'enivrant à outrance, sans que rien pût le corriger, mais d'une rare habileté. Pas une quinzaine ne se passait sans qu'il le renvoyât : mais il ne tardait pas à le reprendre dans l'intérêt de sa fabrique. Cependant le vin finit par prendre un tel empire sur le malheureux ouvrier, qu'on jugea impossible de le conserver. Notre ivrogne comprit que c'était sérieux cette fois et qu'il lui fallait se décider à un effort. Il supplie son patron, mais celui-ci ne consent à le recevoir qu'à un salaire très-réduit.

— Vous n'aurez plus ainsi, dit-il, 10 centimes pour aller au cabaret ; à peine pourrez-vous vous suffire avec une telle réduction ; mais il faut en passer par là, sinon non.

L'ouvrier consent. Pendant quinze mois, on n'eut rien à lui reprocher : il tint sa promesse.Après ce délai,cependant,survinrent quelques circonstances de fêtes et de noces qui semblèrent amollir son courage. Il retournait parfois au cabaret sans s'enivrer néanmoins. Mais les visites devinrent de plus en plus fréquentes. Le patron le fit alors appeler, et lui montrant un livret de caisse d'épargne avec un dépôt de 600 francs :

— Tenez, Albert, voici un livret à mon nom où j'ai fait inscrire chaque quinzaine, la retenue faite sur votre paye. Je vois que vous allez retomber dans votre ancien vice ; je ne vous tolérerai pas même une apparence d'infraction à nos conventions. D'un autre côté je ne veux pas profiter de votre abandon de salaire. Je vais donc faire transférer ce livret à votre nom, et nous nous séparerons encore bons amis.

A la vue d'une somme dépassant tout ce qu'il avait pu rêver, l'ouvrier fut comme frappé de stupeur. La possession imprévue d'un tel capital lui fut un coup de foudre hygiénique auquel il ne put résister. Tombant sur une chaise, il s'écria :

— Non, non ! gardez, patron, et que Dieu vous bénisse mille fois ! Six cents francs à moi ? A moi, six cents francs ? Est-ce que je rêve ? Gardez, patron, gardez toujours pour moi. J'y ajouterai encore de mon côté, car je ne veux plus goûter au vin, et je veux me marier.

Ce ne fut plus le même homme ; il tint parole, fit un versement à chaque paye, se maria et fonda une honnête famille.

Une petite somme n'eût ouvert chez lui qu'une perspective de bombance ou d'orgie ; mais le capital formé lentement par son travail lui était apparu comme un instrument de salut, de travail et d'indépendance.

QUESTIONNAIRE

SUR LA TROISIÈME PARTIE.

I. *Les aliments*. — Pourquoi les êtres vivants se nourrissent-ils ? Qu'est-ce que la faim et la soif ? Qu'appelle-t-on aliment ? Comment divise-t-on les êtres vivants par rapport aux aliments qu'ils prennent ? Où l'homme trouve-t-il ses aliments ? Que doit-il faire pour utiliser les productions de la nature ? La gourmandise est-elle honteuse et funeste ?

II. *Le pain*. — Que faut-il faire pour avoir du pain ? Combien d'ouvriers sont nécessaires pour la fabrication du pain ? D'où vient le nom de boulangers ? Qu'est-ce que la levure ? Qu'est-ce qu'un four ? L'invention du pain est-elle un bienfait ? Pourquoi ? Faut-il dédaigner et jeter un morceau de pain ?

III. *Les légumes et les fruits*. — Combien distingue-t-on de sortes de légumes ? Les légumes sont-ils employés comme aliments depuis longtemps ? Comment appelait-on, au moyen âge, les marchands de légumes ? Quel est le légume le plus utile ? A qui doit-on l'introduction de la pomme de terre dans l'alimentation ? A quelle époque vivait Parmentier ? Quelles sont les principales espèces de fruits ? Quelles étaient les espèces connues dans l'antiquité et au moyen âge ? Combien connait-on aujourd'hui de variétés de fruits ? Comment les obtient-on ? Qu'est-ce que les confitures ? Citez le nom d'une confiture célèbre. Qu'est-ce que le jardinage ?

IV. *Les laitages*. — Quels sont les usages du beurre ? Est-il l'objet d'un commerce important ? Quelles sont les principales sortes de fromage ? Citez les plus connus. L'industrie fromagère est-elle considérable ? Date-t-elle d'une époque éloignée ?

V. *La viande*. — Qu'est-ce que la viande ? Que faut-il observer quant à l'usage de la viande comme aliment ? Par quels animaux nous est-elle fournie ? Viande de boucherie, viande de basse-cour, gibier. Comment se procure-t-on le gibier ? Qu'est-ce que la chasse ? Pourquoi les hommes ont-ils chassé dans l'origine ? La chasse a-t-elle été permise de tous temps ? A quelles conditions l'est-elle aujourd'hui ? Qu'est-ce qu'un braconnier ? Pourquoi le braconnage est-il un délit ? L'usage de la nourriture animale remonte-t-il à une haute antiquité ? Qu'appelle-t-on anthropophages ? Y a-t-il encore des peuplades anthropophages ? Quelles sont les professions auxquelles donne lieu l'alimentation animale ? Quelle est la plus importante ? Qu'était-ce que la corporation des bouchers de Paris au moyen âge ?

VI. *Le poisson*. — La grenouille est-elle un poisson ? Est-elle un aliment ? Qu'appelle-t-on poisson d'eau douce ? La pêche est-elle permise à toute époque de l'année ? Y a-t-il des braconniers de rivière ? Qu'est-ce que l'écrevisse ? Comment pêche-t-on l'écrevisse ? Quels sont les aliments que nous fournit la mer ? Qu'est-ce que le homard, la langouste ? Qu'est-ce que l'huître, la moule ? Qu'est-ce qu'un parc d'huîtres ? Qu'est-ce que la morue ? Comment se fait la pêche de la morue ? Où pêche-t-on le hareng ? Est-ce une pêche abondante ? Qu'est-ce que la pisciculture ? Depuis combien de temps est-elle connue ? Quels sont ses avantages ?

VII. *Les assaisonnements*. — Qu'appelle-t-on assaisonner un mets ? Quels sont les principaux assaisonnements ? A qui doit-on l'introduction en France de certains assaisonnements venus du Nouveau-Monde ? Dans quelle mesure doit-on employer les assaisonnements ? Quel est le plus utile et le plus répandu ? Où trouve-t-on le sel ? Qu'est-ce qu'une saline ? Où y a-t-il des salines ?

VIII. *La cuisson. Le feu.* — La cuisson est-elle nécessaire pour la préparation des aliments ? Quels sont les procédés de cuisson primitifs, employés par les premiers hommes et encore aujourd'hui par les peuplades sauvages ? Qu'est-ce que la combustion ? Qu'est-ce qu'une cheminée ? Quels sont les ustensiles nécessaires pour faire du feu ? Utilité et dangers du feu.

IX. *Les boissons.* — Quelle est la boisson par excellence ? Quelles sont les boissons inventées par différents peuples ? Après l'eau, quelle est la boisson la plus répandue ? A quelle condition le vin est-il utile ? Qu'est-ce que la bière, le cidre ? Quelles sont les liqueurs désignées sous le nom général d'alcools ? Quels sont les résultats de l'ivrognerie ? Quelles sont les mesures prises par l'autorité contre l'ivrognerie ?

X. *Le couvert.* — Qu'appelle-t-on le couvert et quels sont les objets qui le composent ? L'invention de la poterie date-t-elle du commencement du monde ? D'où vient le mot soupière, le mot assiette ? Qu'est-ce que la céramique ? Quelles sont les faïences et les porcelaines les plus célèbres en France ? En quoi sont fabriqués les vases destinés à contenir la boisson ? Qu'est-ce que le cristal de roche ? Peut-on fabriquer du cristal ? Comment fabrique-t-on le verre ? Le verre était-il connu des anciens ? Quelle était la condition des ouvriers verriers au moyen âge ? L'usage de la cuiller et de la fourchette est-il ancien ? En quoi sont faits ces ustensiles ? Tout le monde peut-il s'en procurer ? En quoi sont faites les nappes et les serviettes ? Quel est le premier ornement d'un couvert ?

XI. *Le costume.* — Quels furent les premiers vêtements des hommes ? A quels règnes de la nature ont-ils été empruntés ? Le goût de la parure est-il naturel à l'homme ? Qu'est-ce que le tatouage ? Que faut-il penser de cet instinct de la parure ? Dans quelles limites doit-il être maintenu ? Comment étaient vêtus les anciens Gaulois ?

XII. *Ce qu'il faut pour s'habiller.* — Comment obtient-on les vêtements de toile ou de coton ? Qu'est-ce que le chanvre ? Comment le prépare-t-on ? D'où viennent les étoffes de laine ? Comment fait-on le drap ? Quelles sont les différentes parties du vêtement d'un homme ? D'où vient le nom de bas ? celui de cordonnier ? Les vêtements doivent-ils être entretenus avec soin ? Pourquoi ? Pourquoi la propreté est-elle nécessaire ? Que faut-il penser du travail à l'aiguille ?

XIII. *Les tissus* — En quoi sont faits presque tous nos vêtements ? Les anciens connaissaient-ils les tissus ? En faisaient-ils un usage aussi complet que nous ? Depuis quelle époque tout le monde peut-il porter des chemises de toile, des bas, etc. ? A quelle époque a-t-on eu en France les premières *indiennes*, les premiers châles ? Qu'est-ce que le tissage ? Quel est l'inventeur du métier à tisser ? Cette invention est-elle un bienfait ? Que faut-il penser en général des machines industrielles ? Suppriment-elles le travail pour l'ouvrier ?

XIV. *L'ameublement.* — Voyage autour d'une chambre. Quels sont les objets qui la garnissent ? En quoi sont faits les lits, les tables, les chaises, la bibliothèque ? les matelas, les couvertures, les oreillers ? D'où vient le marbre de la cheminée, le bois et la houille qu'on y brûle ? Qu'est-ce que les chenets, la pelle, les pincettes, la pendule, le tapis, les rideaux ? En quoi consistait autrefois l'ameublement, même chez les rois et les seigneurs ? D'où vient l'amélioration actuelle ? Que faut-il en conclure ? L'homme doit-il travailler ?

XV. *Le sac de l'écolier.* — Qu'y a-t-il dans le sac d'un écolier ? Pourquoi va-t-on à l'école ? Qu'est-ce qu'on y apprend ? Que fait l'enfant lorsqu'il dit *oui* ou *non* ? lorsqu'il répond à un *pourquoi* par un *parce que* ? Qu'est-ce que juger ? raisonner ? Qu'est-ce que la mémoire ? Pourquoi faut-il savoir lire et écrire ?

XVI. *Le cahier.* — Sur quoi l'écolier écrit-il d'abord ? Qu'est-ce qu'une ardoise ? Qu'est-ce qu'un crayon ? Avec quoi fait-on l'encre ? Combien d'espèces d'encre étaient connues des anciens ? Depuis quand se sert-on pour écrire de plumes d'oiseau ? de plumes métalliques ? Comment se font les plumes métalliques ? Sur quoi écrivait-on autrefois ? D'où vient le papier ? Avec quoi fabrique-t-on aujourd'hui le papier ? Quelle était l'importance de l'art de l'écriture avant l'invention de l'imprimerie ? Qu'était-ce que la corporation des maîtres écrivains ? Citez les noms de quelques calligraphes.

XVII. *Le livre.* — Qu'est-ce qu'un livre ? En quoi consiste l'art de l'imprimerie ? Quel en est l'inventeur ? Par qui l'inventeur a-t-il été aidé ? A quelle époque vivait-il ? Quelle est la date de l'établissement de la première imprimerie en France ? Les livres sont-ils une bonne ou une mauvaise chose ? Que disait Esope à propos de la langue ou de la parole ? Que doit-on penser de l'instruction en général ?

XVIII. — *Les industries.* — Qu'est-ce que la matière première ? Qu'est-ce que la main-d'œuvre ? Quelles sont les principales industries auxquelles ont donné lieu l'alimentation, le vêtement, le mobilier ? Qu'est-ce que l'exploitation des mines ? Quelles sont les industries qu'elle a fait naître ? Le progrès du bon marché est-il en rapport avec le progrès de l'industrie en général ? Les matières premières augmentent-elles de valeur par le travail auquel l'industrie les soumet ? Quels sont les avantages que l'homme retire du travail ? La loi du travail est-elle une loi providentielle ? Quels sont les rapports existant entre l'industrie et la science ?

XIX. *Le commerce.* — Quelle différence et quels rapports y a-t-il entre le commerce et l'industrie ? Comment le progrès du commerce a-t-il été favorisé au moyen âge ? Qu'était-ce que les foires ? Quelles sont les plus anciennes ? Quels sont les ministres français qui ont le plus favorisé le commerce ? Qu'était-ce que le régime des corporations ? Combien y avait-il de corporations distinctes d'artisans, au treizième siècle, puis au dix-septième siècle ? Quelles étaient les six corporations de marchands ? Quels étaient leurs priviléges ? Que faut-il penser des corporations ? A qui doit-on la liberté du travail et du commerce ?

XX. *Les monnaies.* — A quoi sert la monnaie ? Qu'entend-on par monnaie et par numéraire ? A qui appartient le droit de battre monnaie ? Quelles sont les monnaies françaises ? Qu'appelle-t-on alliage ? Qu'est-ce que le titre des monnaies ? Qu'appelle-t-on fausse monnaie et faux-monnayeurs ? Comment les faux-monnayeurs sont-ils punis ? Pourquoi ? Qu'est-ce que les billets de banque ? Que représentent-ils ? Pourquoi ont-ils de la valeur ? La richesse est-elle désirable ? Pourquoi ? Quelle est la manière la plus sûre de l'acquérir ? Qu'est-ce qu'une caisse d'épargne ? Quels sont les avantages de l'épargne et de l'économie ? Est-il utile d'apprendre à compter ? Quelle est l'utilité de l'arithmétique ? Quel rôle jouent les nombres ? Qu'est-ce que les chiffres ?

QUATRIÈME PARTIE

LA DIVISION ET L'EMPLOI DU TEMPS

I

Le Jour et l'Année.

En entrant en classe au début de l'année scolaire, les
écoliers voient inscrits à la craie sur le tableau noir, et ils
y verront le lendemain, le surlendemain, toujours, le nom
et la date de chaque jour de la semaine : par exemple,
lundi 4 octobre 1880. Cette date, ils l'inscriront eux-mêmes
sur leur cahier, en tête des devoirs du jour.

Ils voient, en outre, suspendu au mur, le Règlement qui
indique l'emploi du temps pour la classe du matin et la
classe du soir : par exemple, *récitation des leçons*,
de huit heures du matin à huit heures et vingt minutes;
lecture, de deux heures du soir à deux heures et demie, etc.

Qu'est-ce qu'une minute? C'est le temps qu'il faut, à peu
près, pour compter jusqu'à soixante, ni trop lentement, ni
trop vite, la minute comprenant soixante secondes. Soixante
minutes font une heure, vingt-quatre heures font un jour,
sept jours font une semaine, trente ou trente et un jours
font un mois; douze mois font une année.

Mais qu'est-ce qu'un jour, au point de vue de la durée?
C'est l'espace de temps que met la terre à accomplir son
mouvement de rotation sur elle-même, mouvement qui a
lieu en vingt-trois heures, cinquante-six minutes et quatre
secondes, ou un peu moins de vingt-quatre heures. C'est
là ce qui produit le *jour* et la *nuit*.

Pourquoi? Parce que la terre, en tournant sur elle-même, présente successivement toutes ses parties à la lumière du

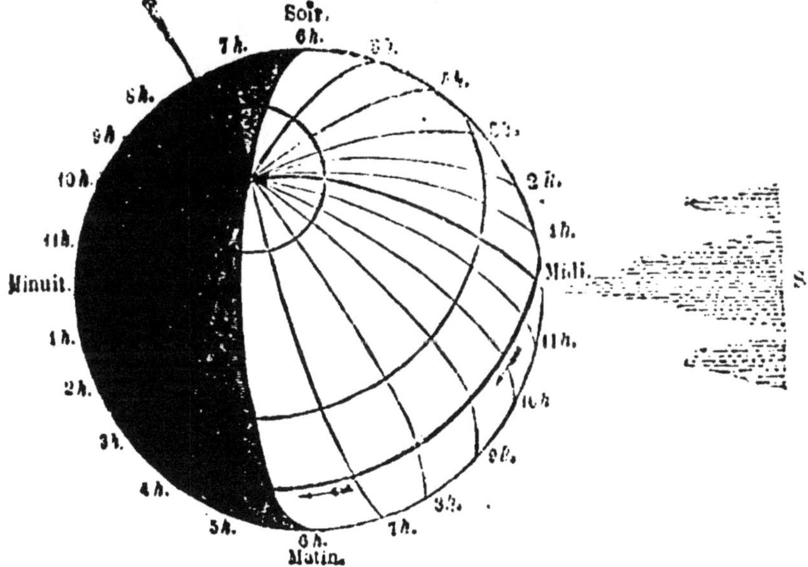

Fig. 111. — Les heures de la journée.

soleil : il est jour pour le côté éclairé, et nuit pour celui qui ne l'est pas.

Outre ce premier mouvement, la terre en accomplit un second qui constitue sa révolution autour du so- leil, en trois cent soi- xante-cinq jours cinq heures et quarante-huit minutes, et qui produit *l'année.* Ce nom vient d'un mot latin, *annulus,* qui veut dire anneau ou cercle , puisque , dans une durée déterminée, l'année décrit un cercle autour du soleil ; c'est

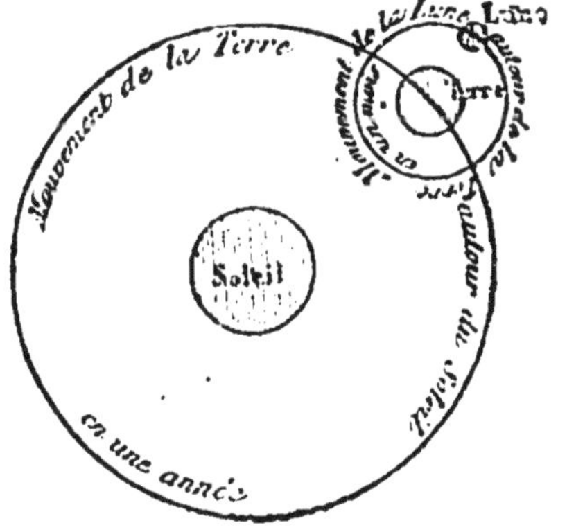

Fig. 112. — Le mouvement de la terre.

dans le même sens qu'on emploie le mot *cycle* qui si- gnifie également *cercle.* Le cycle indique une période de temps au bout de laquelle certains phénomènes astronomiques se reproduisent dans le même ordre; ainsi le *cycle lunaire* est une période de dix-neuf ans, au bout de laquelle les nouvelles lunes reviennent au même jour du mois.

La terre est sans support et isolée dans l'espace, comme le soleil, et c'est le mouvement circulaire qui la tient suspendue en équilibre. Il en est de même de tous les corps célestes.

La terre étant habitée sur divers points de sa surface, dans ses diverses parties, il en résulte ce qu'on appelle des *antipodes,* mot qui signifie *pieds opposés.* Supposons une droite qui, partie de l'endroit où posent vos pieds, passe par le centre de la terre et se prolonge jusqu'à ce qu'elle perce de nouveau la surface; ce sera un diamètre du globe. Si un homme placé sur terre ou dans un vaisseau se trouve à l'une des extrémités de ce diamètre, comme vous l'êtes à l'autre, il sera votre antipode comme vous serez le sien.

En Europe, c'est seulement vers le centre de l'Espagne qu'on a des antipodes permanents : ce sont les insulaires de la Nouvelle-Zélande. Pékin a son antipode dans la Terre magellanique [1].

Les antipodes, comme l'apparence semble le montrer, n'ont pas la tête en bas, puisque, comme nous, ils s'appuient par les pieds sur la terre, et que leurs corps s'élèvent vers le ciel; ils ont en un mot la même position que nous.

Il est à remarquer que l'atmosphère a le même mouvement de rotation que la terre. En effet, qu'on regarde pendant longtemps un nuage situé au-dessus de soi, et par un temps très-calme; il y restera constamment, jusqu'à ce qu'il se dissipe ou que le vent s'élève. Il tourne donc comme nous et comme la terre, ce qui prouve que l'air a le même mouvement, car s'il ne tournait pas, il retarderait la marche du nuage, qui resterait en arrière.

On a cru longtemps que la terre était le centre immobile

---

[1] L'Instituteur fera reconnaître ces points sur la carte.

de l'univers, et que le soleil tournait autour d'elle pour l'éclairer ; les anciens se représentaient l'univers comme une série de sphères concaves en cristal, enveloppées les unes dans les autres, et dans lesquelles se mouvaient les astres, qui se trouvaient ainsi tourner tous autour de la terre. Ce système porte le nom de Ptolémée, astronome et géographe célèbre qui vivait au deuxième siècle de notre ère [1], et qui l'a formulé scientifiquement sans l'avoir inventé, car il existait avant lui.

Copernic, astronome polonais du seizième siècle [2], est le premier qui ait compris le véritable système du monde solaire : il pensa que le soleil est un astre fixe et central, autour duquel tournent la terre et les autres planètes. Après lui, Galilée [3] affirma également le mouvement de la terre, et Képler [4] au dix-septième siècle a développé leurs découvertes.

Un savant français, secrétaire perpétuel de l'Académie des sciences, Fontenelle [5], a raconté sous une forme plaisante la découverte de Copernic, mais il s'est trompé en lui donnant la qualification d'Allemand, car Copernic était Polonais.

LECTURE.

Copernic.

Figurez-vous un Allemand nommé Copernic, qui fait main-basse sur tous ces cercles différents et sur tous ces cieux solides qui avaient été imaginés par l'antiquité. Il détruit les uns, met les autres en pièces. Saisi d'une noble fureur d'astronomie, il prend la terre et l'envoie bien loin du centre de l'univers, où elle s'était placée ; et dans ce centre, il met le soleil, à qui cet honneur était bien mieux dû. Les planètes ne tournent plus autour de la terre, et ne l'enferment plus au milieu du cercle qu'elles décrivent. Si elles nous éclairent, c'est en quelque sorte par hasard et parce

---

[1] Vers l'an 140.

[2] Copernic était né à Thorn, en Pologne, en 1473. Il était chanoine à Frauenburg. Le livre dans lequel il exposait son système est écrit en latin et parut en 1543, l'année même de sa mort. Le titre, traduit en français, est celui-ci : *Des révolutions des globes célestes.*

[3] Né à Pise, en 1564, mort en 1642.

[4] Né à Magstatt, en 1571, mort en 1630.

[5] Né à Rouen, le 11 février 1657, mort à Paris, le 9 janvier 1757.

qu'elles nous rencontrent en leur chemin. Tout tourne présentement autour du soleil ; la terre y tourne elle-même. Enfin, de tout cet équipage céleste, dont notre petite terre se faisait accompagner et environner, il ne lui est demeuré que la lune. Le jour qu'on lui apporta le premier exemplaire imprimé de son livre, savez-vous ce qu'il fit ? Il mourut. Il ne voulut point essuyer toutes les contradictions qu'il prévoyait et se tira habilement d'affaire.

(FONTENELLE.)

II

Le Soleil.

Par une sombre journée de décembre, je travaille à la rédaction de ce petit livre ; le ciel est gris, l'air froid, et je me demande involontairement : « Quand aurons-nous le chaud et brillant soleil de l'été ? »

Fig. 113. — Le Soleil.

C'est qu'en effet nous ne pouvons pas séparer dans notre esprit les idées de lumière et de chaleur, de l'idée du soleil : le plus savant, comme le plus ignorant des hommes, pense là-dessus de la même manière. Dans les premiers temps, les hommes n'avaient aucune notion scientifique de ce qu'est en réalité le soleil et de sa constitution physique ; mais, frappés comme nous de sa beauté et de ses bienfaits, ils le regardaient dans leur ignorance comme un Dieu ; ils l'appelaient *Flambeau du monde, Voyant-tout, Dieu visible, Esprit, Gouverneur du monde*. Aujourd'hui encore, que le soleil disparaisse momentanément, et ses éclipses causeront une certaine crainte à ceux qui ne connaissent pas la cause de ce phénomène [1], comme le prouve l'anecdote suivante rapportée par Arago [2], à propos de l'éclipse totale de juillet 1842 :

« Un pauvre enfant de la commune de Siéyès (Basses-Alpes) gardait son troupeau. Ignorant complétement l'événement qui se préparait, il vit avec inquiétude le soleil s'obscurcir par degré, car aucun nuage, aucune vapeur ne lui donnait l'explication de ce phénomène. Lorsque la lumière disparut tout-à-coup, le pauvre enfant, au comble de la frayeur, se mit à pleurer et à appeler *au secours !*... Ses larmes coulaient encore lorsque le soleil donna son premier rayon. Rassuré à cet aspect, l'enfant croisa les mains en s'écriant : *O beou souleou* (ô beau soleil) ! »

En réalité, le soleil est une étoile, et il est pour nous un foyer de lumière et de chaleur.

Il est éloigné de la terre de 38 millions 230 mille lieues de 4 kilomètres. De cette distance, étant au zénith, c'est-à-dire au point le plus éloigné de la terre, il éclaire par un ciel pur 75,200 fois autant qu'une bougie placée à un mètre de l'endroit éclairé. Sa lumière nous arrive en huit minutes et un peu plus de seize secondes. Pour donner une idée de cette rapidité, comparée à la distance qui nous sépare du soleil, on a fait cette comparaison : imaginez un chemin de fer reliant en droite ligne le soleil et la terre ; un train express et direct voyageant à la vitesse constante de 50 kilomètres par heure, sans s'arrêter jamais, n'arriverait à destination qu'au bout de trois cent trente-sept ans et demi. Parti le 1er janvier 1881, il n'arriverait que dans le courant de l'année 2218 !

---

[1] Lorsque la lune se trouve placée entre le soleil et la terre, elle dérobe à celle-ci la lumière du soleil, en totalité ou en partie, selon la position qu'elle occupe entre les deux. C'est ce qu'on appelle une éclipse de soleil.

[2] Astronome français, né en 1786, mort en 1853.

Quant à la chaleur, on a aussi calculé celle que nous envoie le soleil. Prenez un kilogramme d'eau à dix degrés, par exemple, au-dessus de zéro, chauffez-le jusqu'à ce qu'il arrive à onze degrés, la quantité de chaleur qui a été nécessaire pour obtenir ce résultat s'appelle une *calorie*. Eh bien ! la terre et son atmosphère reçoivent du soleil, en une année, une quantité de chaleur égale à plus de 1200 quintillions de calories : 1.210.000.000.000.000.000.000.

Sans la chaleur et la lumière, la vie disparaîtrait de la surface du globe, non-seulement parmi les animaux, mais parmi les plantes. La lumière est aussi indispensable à celles-ci que la chaleur. Enfermez loin des rayons du soleil une fleur éclatante, elle perdra ses vives couleurs, et jusqu'à son parfum. Supposez le soleil éteint dans la vaste étendue des cieux, et, du même coup disparaîtront les fruits des jardins, les riches moissons, les prairies verdoyantes, les grappes vermeilles. Si les plantes cessaient d'être nourries par la chaleur et la lumière que le soleil verse incessamment, le règne animal périrait puisqu'il emprunte à la végétation une part essentielle de sa nourriture.

Le soleil est beaucoup plus grand que la terre : celle-ci, comparée au soleil, est comme un point comparé à une vaste circon-

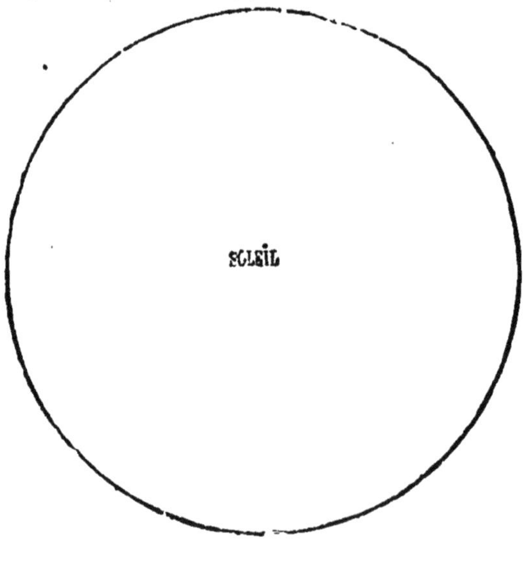

Fig. 114. — Comparaison du soleil avec la terre.

férence. Pour se faire une idée de la différence, on n'a qu'à se représenter un seul grain de blé, en regard d'un tas de cent quarante litres de blé : telle est la terre en regard du soleil.

LECTURES.

1. — Lever du Soleil.

On le voit s'annoncer de loin par les traits de feu qu'il lance au devant de lui. L'incendie augmente, l'Orient paraît tout en flammes ; à leur éclat on attend l'astre longtemps avant qu'il se montre ; à chaque instant, on croit le voir paraître ; on le voit enfin. Un point brillant part comme un éclair, et remplit aussitôt tout l'espace ; le voile des ténèbres s'efface et tombe. L'homme reconnaît son séjour et le trouve embelli. La verdure a pris durant la nuit une vigueur nouvelle ; le jour naissant qui l'éclaire, les premiers rayons qui la dorent, la montrent couverte d'un brillant réseau de rosée, qui réfléchit à l'œil la lumière et les couleurs. Les oiseaux en chœur se réunissent, et saluent de concert le père de la vie ; en ce moment, pas un seul ne se tait ; leur gazouillement, faible encore, est plus lent et plus doux que dans le reste de la journée : il se sent de la langueur d'un paisible réveil. Le concours de tous ces objets porte aux sens une impression de fraîcheur qui semble pénétrer jusqu'à l'âme. Il y a là une demi-heure d'enchantement auquel nul homme ne résiste ; un spectacle si grand, si beau, si délicieux, n'en laisse aucun de sang-froid.

(J.-J. ROUSSEAU.)

2. — Le Coucher du Soleil dans la Campagne romaine.

Je ne me lassais point de voir le soleil se coucher sur les cyprès du mont Marius et sur les pins de la villa [1] Pamphili, plantés par Le Nôtre [2]. J'ai souvent aussi remonté le Tibre pour jouir de cette grande scène de la fin du jour. Les sommets des montagnes apparaissent alors de lapis-lazzuli [3] et d'or pâle, tandis que leurs bases et leurs flancs sont noyés dans une vapeur d'une teinte violette ou purpurine ; quelquefois de beaux nuages, comme des chars légers, portés sur le vent du soir avec une grâce inimitable font comprendre l'apparition des habitants de l'Olympe [4] sous ce ciel mythologique ; quelquefois l'antique Rome semble avoir étendu

---

[1] Maison de campagne.
[2] Célèbre jardinier français, vivant sous le règne de Louis XIV.
[3] Pierre de couleur bleu pâle.
[4] D'après la mythologie grecque et romaine, le palais des dieux était situé sur le mont Olympe, au nord de la Grèce.

dans l'Occident toute la pourpre de ses consuls et de ses Césars, sous les derniers pas du dieu du jour. Cette riche décoration ne se retire pas aussi vite que dans nos climats : lorsque vous croyez que les teintes vont s'effacer, elle se ranime sur quelque autre point de l'horizon : un crépuscule succède à un crépuscule, et la magie du couchant se prolonge. Il est vrai qu'à cette heure du repos des campagnes, l'air ne retentit plus de chants bucoliques[1]; les bergers n'y sont plus ; mais on voit encore des bœufs blancs ou des troupeaux de cavales demi-sauvages, qui descendent au bord du Tibre et viennent s'abreuver dans ses eaux.

(CHATEAUBRIAND.)

I

La Lune.

La terre, dans sa révolution autour du soleil, est suivie par une planète qui est la lune, et dont le cours a servi de base au calendrier de certains peuples de l'antiquité.

La lune, comme une petite maison de campagne aux portes d'une grande ville, n'est qu'à 96,725 lieues de la terre, distance moyenne. C'est un astre de forme globulaire, à ce qu'on peut supposer, car on n'en voit jamais que la même face, qui achève son double mouvement de translation et de rotation en vingt-sept jours, douze heures et quarante-quatre minutes. Son diamètre est de 860 lieues, environ le quart de celui de la terre, et son pourtour de 2,700 lieues. Son volume est quarante-neuf fois moindre que celui de la terre, et sa masse paraît être quatre-vingt-quatre fois moins considérable que la masse terrestre ; il faudrait donc quatre-vingt-quatre globes comme celui de la lune dans un plateau de balance pour faire équilibre au poids de la terre placée dans l'autre plateau.

La lune, en tournant autour de la terre d'occident en orient, donne lieu à différentes phases, d'après ses rapports avec la terre et le soleil. Ainsi, après qu'à l'époque de la nouvelle lune on l'a perdue de vue durant trois à quatre

---

[1] Des chants de bergers.

jours, on l'aperçoit sous la forme d'un croissant, près de l'horizon et à l'occident, dès que le crépuscule est suffisamment affaibli. Quatre jours plus tard, la lune, dans son premier quartier, se trouve bien plus éloignée du soleil, car le soir elle est près de notre méridien. Sept à huit jours ensuite, nous avons pleine lune, et l'astre, qui a toujours marché vers l'orient, se lève en même temps que le soleil se couche. Le dernier quartier arrive au bout de sept à huit jours, et la lune ne se lève plus qu'au milieu de la nuit. Quand elle montre de nouveau un croissant, ce qui a lieu trois ou quatre jours plus tard, son lever précède seulement de trois heures celui du soleil. Enfin, cessant de se montrer ou redevenue nouvelle, elle a fait un tour complet d'occident en orient, et les deux astres se lèvent et se couchent de nouveau en même temps.

La lune, changeant ainsi constamment de forme, fut

Fig. 115. -- La Lune.

prise par les anciens pour le symbole de l'inconstance, ce qui a donné lieu à la petite fable suivante : « La lune un jour pria sa mère de lui faire une robe à sa taille : Eh! ma fille, lui répondit sa mère, comment cela se pourrait-il? Tu n'as pas deux jours de suite la même taille, tu crois et tu décrois continuellement : la robe ne t'irait plus dès qu'elle serait faite. »

Les deux faces de la lune ne sont pas éclairées d'une manière égale. Celle que nous ne voyons jamais est exposée à la lumière du soleil et à une très-haute température durant près de quinze jours, huit jours avant et huit jours après la *nouvelle lune ;* après quoi elle tombe dans d'épaisses ténèbres et dans une température excessivement froide, pour un laps de temps de même durée, huit jours avant et huit jours après notre *pleine lune.*

Il n'en est pas de même pour l'hémisphère de la lune visible à nos regards. Pendant une moitié du mois (le temps de notre pleine lune) cet hémisphère est directement éclairé par le soleil ; pendant l'autre moitié (le temps de la nouvelle lune) il est éclairé par la terre, qui réfléchit sur lui les rayons du soleil, et notre planète renvoie à la lune au moins treize fois plus de lumière que notre satellite ne nous en donne quand il est directement éclairé par le soleil, et de même que nous disons pleine lune, un habitant de la lune, si elle avait des habitants, dirait *pleine terre.* La lumière que lui donne la *pleine terre* produit ce qu'on nomme la *lumière cendrée,* qu'on voit sur la partie de la lune que le soleil n'éclaire pas.

Il a été démontré par la science que la lune, dans son plein, éclaire autant qu'une chandelle de sept pieds, et le soleil comme trois cent vingt et un mille quatre cent quarante chandelles de même grandeur ;. c'est assez dire que la lune ne suffit pas pour remplacer le soleil. Cependant à l'arrivée de la nuit, surtout en hiver, l'homme n'est pas toujours à la fin de son travail, il a besoin de voir clair dans sa demeure et au dehors ; il faut donc qu'il supplée à la lumière naturelle par une autre lumière, et c'est ce qu'il a su faire, car ici comme en bien d'autres cas, la nécessité est la mère de l'industrie.

LECTURE.

A la lune.

Astre aux rayons dorés, que ta splendeur est douce
Quand tu cours sur les monts, que tu dors sur la mousse,

Que tu trembles sur l'herbe ou sur les blancs rameaux,
Ou qu'avec l'alcyon tu flottes sur les eaux !

(LAMARTINE.)

Parmi tous les foyers de lumière idéale,
La clarté la plus pure et la plus amicale,
O lune, c'est la tienne ! — A l'heure où le soleil
S'éteint dans les vapeurs de l'Occident vermeil,
Tu sors timidement de ta calme retraite ;
Sur ton trône d'argent tu te glisses discrète,
Et des étoiles d'or le peuple harmonieux
Dispose autour de toi ses chœurs silencieux.

(ANDRÉ THEURIET.)

IV

Les Saisons.

De même que la succession du jour et de la nuit est produite par le mouvement de la terre tournant sur elle-même en vingt-quatre heures, la succession des saisons est amenée par son mouvement autour du soleil en une année ; de sorte que, sans le soleil, ni le jour et la nuit, ni les saisons n'existeraient.

Les saisons divisent l'année en quatre parties à peu près égales : l'hiver et l'automne sont chacun de quatre-vingt-neuf jours environ, le printemps et l'été de quatre-vingt-treize à quatre-vingt-quatorze jours. Elles sont caractérisées par le plus ou moins de chaleur ou de froid ; or, ces circonstances ne dépendent pas du plus ou moins d'éloignement où la terre se trouve du soleil, mais de la direction que les rayons solaires ont à midi, et, par suite, de la longueur des nuits. Plus la terre est rapprochée du soleil, plus les rayons solaires sont obliques et moins ils ont de durée ; en outre, affaiblis par l'atmosphère qu'ils traversent, ils sont moins chauds : de là, la brièveté des jours, la longueur des nuits, et la rigueur de la température pendant certains mois de l'année. Au contraire, plus la terre dans son mouvement s'éloigne du soleil, plus les rayons de celui-ci lui arrivent perpendiculairement et comme d'aplomb, lui apportant à la fois une lumière plus prolongée et une chaleur plus intense.

L'hiver commence le **21** décembre ; alors la terre est à un point de sa course qu'on nomme *périhélie* et qui la met à sa plus petite distance du soleil (1 million 142 mille lieues de moins qu'en été): celui-ci ne luit que pendant huit heures

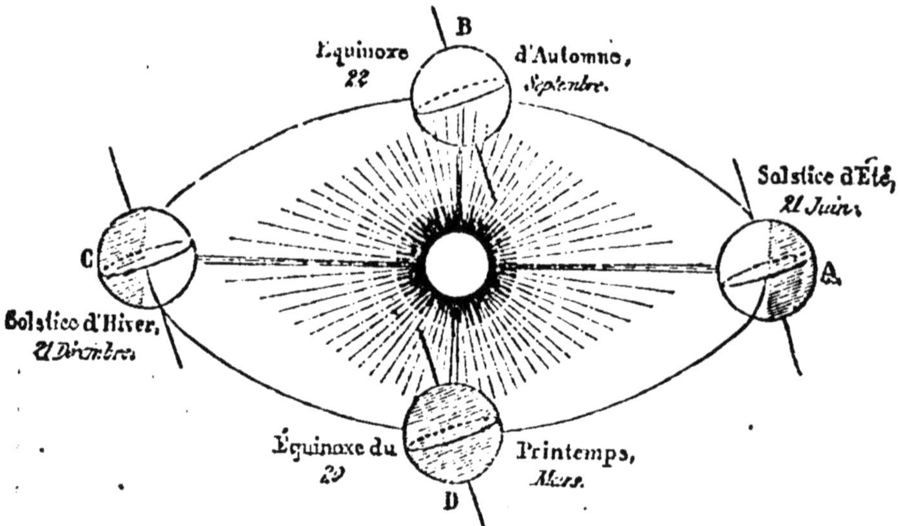

Fig. 116. — Les Saisons.

par jour, ses rayons ont leur plus grande obliquité et leur minimum de puissance.

Il arrive quelquefois qu'au solstice [1] d'hiver, le froid n'est pas dans toute son intensité : cela tient à ce que la terre échauffée par les rayons du soleil d'été ne se refroidit qu'au bout d'un certain temps.

Au printemps, c'est-à-dire au **20** mars, la température reste faible, parce que la terre s'est sensiblement refroidie

---

[1] Les *solstices* ont lieu quand l'axe terrestre fait son plus grand ou son plus petit angle avec la droite qui joint le centre du soleil au centre de la terre, parce que l'astre atteignant alors sa plus grande ou sa plus petite hauteur méridienne au-dessus de l'horizon, semble s'arrêter, pour descendre ou remonter ensuite.

pendant les mois d'hiver, et qu'elle perd pendant la nuit une grande partie de la chaleur qu'elle commence à recouvrer pendant le jour.

Nous entrons dans l'été le 21 juin, quand notre globe est à sa plus grande distance du soleil ; mais alors cet astre luit pendant seize heures, ses rayons sont à midi le plus près possible de notre verticale. Mais les plus grandes chaleurs n'ont lieu que plus tard, parce qu'au moment du solstice d'été, la terre n'a pu encore acquérir sa plus haute température.

En automne, saison qui commence le 22 septembre, la terre perd plus de chaleur durant la nuit qu'elle n'en reçoit pendant le jour, parce que les rayons solaires redeviennent de jour en jour plus obliques et les journées plus courtes. Néanmoins, la température de cette saison reste relativement douce jusqu'à environ la fin de novembre, tant il s'est accumulé de chaleur dans le sol pendant l'été.

On peut remarquer que les températures des quatre saisons sont à peu près entre elles comme celles des quatre parties du jour : la nuit, le matin, l'après-midi et le soir. Les différences pour les unes et les autres ont des causes analogues.

La périodicité des saisons exerce une grande influence sur la végétation, et par suite sur les animaux et sur les hommes, car la nature végétale, qui sert de base à l'alimentation de ceux-ci, se renouvelle selon le cours des quatre saisons. L'hiver représente une période de sommeil apparent, pendant laquelle les plantes se préparent, dans le sein profond de la terre, à éclore et à naître au jour ; le printemps voit en quelque sorte leur naissance et leur jeunesse ; l'été fait succéder les fruits aux fleurs, l'automne les mûrit et en permet la récolte. Les arbres perdent en hiver leur feuillage pour se revêtir au printemps d'une nouvelle parure ; les végétaux plus petits, et spécialement alimentaires, subissent encore plus intimement l'influence des saisons. Ainsi le blé, qui alimente en Europe le quart du genre humain ; le millet, le maïs, qui nourrissent le midi de l'Europe, l'Inde et les contrées tropicales ; le riz et d'autres plantes, sont autant de végétaux nommés annuels par les botanistes, parce qu'ils doivent à l'hiver la faculté, très-précieuse pour nous, de mourir (en apparence) pour renaître au printemps. Sans l'hiver, le blé ni les autres céréales ne donneraient pas d'épis, mais sans l'été, ces épis ne mûriraient pas.

C'est avec raison que l'on a vu dans ces lois qui régissent la nature une preuve de l'existence de Dieu et de sa bonté providentielle. Dieu n'a pas voulu placer l'homme sur la terre, pour l'y abandonner ensuite : il veille sur lui au moyen des lois sages et intelligentes qu'il a établies dans l'univers.

LECTURE.

La succession des saisons.

Voici venir l'hiver sur son char de glaçons
Traîné par les corbeaux aux sinistres chansons.
Allumez un grand feu ! La neige sur la terre
Tombe, tombe sans bruit, délicate et légère,
Et sa blancheur revêt les champs silencieux
Jusqu'à l'horizon vague où se perdent les yeux...
En mars, quand le soleil lance ses jeunes flèches,
Tout un peuple de fleurs perce les feuilles sèches :
Dans l'onde des ruisseaux tremblent les boutons d'or,
Les narcisses rêveurs se penchent vers le bord,
Et les taillis sont pleins de jeunes primevères.
Avril, avril commence ! Un bruit d'ailes légères
Frémit dans les rameaux des arbres reverdis.
Voici les doux chanteurs des bois, voici les nids !..
Le printemps fuit et juin, comme un roi magnifique
Vêtu de pourpre et d'or, apparaît dans les champs.
Les herbes des fourrés jaunissent, et les chants
S'apaisent ; dans le fond des combes retirées,
Au clair de lune, on voit les biches altérées
Venir avec leurs faons tondre les jeunes brins
          Imbibés de rosée....
La fleur fait place au fruit, l'été place à l'automne.
Salut, maturité, saison puissante et bonne !
Saison où la forêt tient ce qu'elle a promis,
Et fait pleuvoir du haut de ses rameaux jaunis
Des trésors à foison ! — Les noisettes sont pleines,
Les fruits des cornouillers sont vermeils, et les faînes

Tombent comme une grêle, et le long des sentiers
Roulent les glands dorés...

(A. THEURIET.)

V

Le Calendrier.

« A quelle date du mois sommes-nous aujourd'hui ? »
demande l'instituteur à un de ses élèves. Celui-ci ne peut
répondre : l'instituteur lui présente une feuille de carton
sur laquelle est collée une feuille de papier; sur cette dernière est imprimée la liste de tous les jours de l'année
pour chacun des douze mois. — « Dans quel mois sommes-
nous ? — Dans le mois d'avril, monsieur. — A quel
jour ? — C'est aujourd'hui lundi : nous sommes au
4 avril. — Que lisez-vous à droite de ce nombre 4 ?
— Un nom propre, celui d'Isidore. — Que signifie ce nom ?
— Que c'est au 4 avril qu'est fixée la fête de saint Isidore. »

Continuant la leçon ainsi commencée, le maître explique
aux enfants toutes les indications du calendrier, et ceux-ci
en comprennent aisément le but.

Le calendrier est donc un tableau indiquant la succession
des jours pendant une année, selon les notions astronomiques acquises, les usages civils, agricoles et religieux.
Chaque jour du calendrier se compose de vingt-quatre
heures, temps moyen; ce jour est dit jour *civil*, par opposition au jour *sidéral* et au jour *solaire*. Le jour sidéral est
l'intervalle écoulé entre deux passages consécutifs d'une
étoile quelconque par un même méridien[1]; l'intervalle
d'un midi au midi suivant dans le même lieu donne le
jour solaire, et forme l'unité du *temps vrai*. Le jour civil
commence au milieu de la nuit, à l'heure appelée *minuit*.
Ainsi un enfant qui serait venu au monde le 31 décembre
à onze heures et demie du soir, en 1880, appartiendrait

[1] Montrer sur la Mappemonde ce que c'est qu'un méridien

encore à l'année 1880 ; né moins d'une heure après, à minuit et dix minutes, par exemple, il appartiendrait à l'année 1881. Cette différence est peu de chose, et la distinction qui en résulte paraît insignifiante : il y a néanmoins des circonstances où elle acquiert une importance considérable, par exemple pour l'époque du tirage au sort.

La réunion de sept jours consécutifs forme la semaine ; le septième jour, qui la termine, est le jour du repos, ou *dimanche*. Le repos et la distraction sont nécessaires aux hommes comme aux enfants, à certains intervalles : de même qu'il faut s'arrêter quelques instants dans une journée de travail, pour manger, pour respirer, changer d'air, et interrompre les occupations du jour pour réparer ses forces dans le sommeil de la nuit, de même il faut au bout d'une période de quelques jours une journée entière de délassement. Le lendemain, on n'en reprend sa tâche que plus courageusement, et on travaille avec plus de profit. Aussi faut-il plaindre autant que blâmer ceux qui affectent de ne pas profiter du repos du dimanche, car l'expérience prouve que s'il travaille le dimanche, c'est pour ne rien faire le lundi. Ne vaut-il pas mieux faire comme tout le monde ?

Les mois ont les uns trente jours, les autres trente et un ; seul, février n'en a que vingt-huit, et vingt-neuf dans les années bissextiles qui reviennent tous les quatre ans. Si le jour civil est de vingt-quatre heures, le jour vrai n'est que de vingt-quatre heures moins trois minutes et cinquante-six secondes : ces minutes et ces secondes quotidiennement répétées donnent au bout de quatre ans la valeur d'un jour entier qu'on ajoute au mois ce février. Ordinairement les mois de trente jours alternent avec ceux de trente et un jours ; cependant juillet et août, décembre et janvier, qui se suivent, en ont chacun trente et un.

Tous les peuples de l'Europe, excepté les Russes et les chrétiens du rite grec, se servent du calendrier *grégorien*, du nom du pape Grégoire XIII [1], qui réforma le calendrier

---

[1] Grégoire XIII, né en 1502, page de 1572 à 1585.

romain ou *julien*, du nom de Jules-César [1], son auteur.
De là deux manières de fixer les dates : le *vieux* et le *nouveau style*. Pour ceux qui ont conservé le calendrier julien,

Fig. 117. — Jules-César.

les dates retardent de douze jours sur celles des autres : la différence primitive de dix jours s'est accrue d'un jour bissextile en 1700 et d'un autre en 1800, elle sera de treize jours en 1900.

Le commencement de l'année a souvent varié. En France, sous la première race, l'année commençait le 1er mai, jour où l'on passait les troupes en revue ; sous la deuxième race, ce fut le jour de Noël, au solstice d'hiver ; sous la troisième race, le jour de Pâques. Un édit de Charles IX, en 1563, ordonna que l'année commencerait le 1er janvier.

L'usage d'échanger des souhaits et des présents au renouvellement de l'année est très-ancien, il existait déjà chez les Romains plus de sept cents ans avant l'ère chrétienne.

[1] Jules-César naquit en 101 et mourut en 44 av. J.-C.

D'après ce qui précède, on voit que le calendrier est une invention fort utile, non seulement parce qu'il nous indique chaque jour de l'année, mais encore parce qu'il nous avertit indirectement de la rapidité avec laquelle le temps s'écoule et de la nécessité de le bien employer. Il y a de petits calendriers qui se composent d'autant de feuilles superposées qu'il y a de jours dans un an ; sur chacune de ces feuilles sont inscrits la date et le nom d'un jour, et chaque jour on enlève une de ces feuilles. Que c'est vite fait de détacher ce petit morceau de papier, qui tombe à terre et auquel on ne songe plus ! Mais qu'un jour est vite écoulé aussi, et combien on en peut perdre dans l'espace d'un an !

Ainsi le calendrier éveille naturellement l'idée du travail, de l'ordre, de la régularité dans la conduite et dans la vie. Cela est si vrai, que l'on ajouta bientôt au calendrier proprement dit des préceptes religieux et moraux, des conseils relatifs à l'hygiène, à l'agriculture, à l'économie domestique, etc. Il prit alors le nom d'almanach. Peu à peu l'almanach lui-même reçut des développements nouveaux, il devint un recueil d'observations scientifiques, un résumé des principaux événements de l'année écoulée, etc. Sous cette forme, on lui donne le nom d'annuaire.

LECTURE.

Ne pas perdre son temps.

S'il existait un gouvernement qui obligeât ses sujets à donner la dixième partie de leur temps pour son service, on le trouverait assurément très-dur ; mais la plupart d'entre nous sont taxés par leur paresse d'une manière beaucoup plus forte. La paresse occasionne des incommodités et raccourcit nécessairement la vie. La paresse, semblable à la rouille, use bien plus promptement que le travail ; mais la clef dont on se sert est toujours claire et luisante, comme dit le bonhomme Richard [1]. Si vous aimez la vie, ne prodiguez pas le temps ; car, comme dit le bonhomme Richard, c'est l'étoffe dont la vie est faite. Nous donnons au sommeil bien

____
[1] Voir la note page 184.

plus de temps qu'il ne faut, oubliant que le renard qui dort n'attrape point de poules, et que nous aurons assez le temps de dormir dans la tombe, comme dit le bonhomme Richard. Si le temps est la plus précieuse de toutes les choses, prodiguer le temps doit être, comme dit le bonhomme Richard, la plus grande des prodigalités ; puisque, comme il nous l'apprend ailleurs, le temps perdu ne se retrouve pas, et que ce que nous appelons *assez de temps* se trouve toujours fort peu de temps. Agissons donc pendant que nous le pouvons, et agissons à propos. Avec de l'assiduité nous ferons beaucoup plus sans autant de peine. La paresse rend tout difficile et le travail rend tout aisé. Celui qui se lève tard a besoin d'agir toute la journée, et peut à peine avoir fini ses affaires le soir. D'ailleurs, la paresse va si lentement que la pauvreté l'a bientôt attrapée. Conduisez vos affaires, et ne vous laissez jamais conduire par elles. Un homme qui se couche de bonne heure et se lève matin, dit le bonhomme Richard, devient bien portant, riche et sage.

(FRANKLIN.)

VI

La mesure du temps.

La division de l'année en mois, semaines et jours est déjà fort utile pour le bon emploi du temps et la bonne distribution du travail, mais elle ne suffit pas : chaque journée est remplie de plusieurs occupations différentes, il faut donc que la journée aussi soit exactement divisée, et que nous puissions suivre, pour ainsi dire, pas à pas la marche du temps depuis l'heure du lever jusqu'à celle du coucher.

« Quelle heure est-il ? » — Combien de fois ne fait-on pas cette question dans l'espace d'un jour ? Il est aisé d'y répondre aujourd'hui : quand on n'a pas une montre dans la poche de son gilet, on consulte la pendule qui est dans la maison ; à défaut de pendule, on a recours à l'horloge qui se trouve, dans le plus petit village, à l'église ou à la mairie, et dans les villes, à la plupart des édifices publics ; à défaut d'horloge, on trouve sûrement un cadran solaire. Pendant longtemps, on n'a pas eu, pour marquer les heures, d'autre instrument que le cadran solaire, et celui-ci fut encore précédé par la *clepsydre* et le *sablier*.

Clepsydre signifie *horloge d'eau*. C'était un vase rempli d'eau et percé à sa partie inférieure d'un petit trou ; l'eau s'échappait par là et servait à mesurer une certaine durée. Par exemple, chez les Grecs et les Romains, les avocats ne devaient pas dépasser dans leurs plaidoiries un temps déterminé ; ce temps était indiqué par le jeu de la clep-

Fig. 118. — Sablier.

sydre : quand toute l'eau s'était écoulée, la plaidoirie devait être terminée. Aussi les avocats disaient-ils, quand on voulait les arrêter trop tôt: « N'empiétez pas sur mon eau », au lieu de dire : « N'empiétez pas sur mon temps. » La clepsydre reçut par la suite des perfectionnements tels qu'on parvint à y adapter un cadran. La fameuse horloge que Charlemagne reçut du calife Haroun-al-Raschid était une clepsydre.

Le sablier est une *horloge de sable,* analogue à la clepsydre, c'est-à-dire que l'eau y est remplacée par du sable fin. Employé en Égypte dès les temps les plus reculés et ensuite chez les Romains, le sablier est encore en usage actuellement pour les examens dans les facultés de médecine, à Nancy, à Montpellier et à Paris.

Le cadran solaire consiste en une surface plane (une portion de mur, un tableau en bois, etc.) exposée au soleil, et au centre de laquelle est placée une tige en métal. Cette tige, éclairée par le soleil, projette sur le cadran une ombre dont le mouvement et la longueur varient suivant les heures et servent par conséquent à en indiquer le cours. En effet, les positions du soleil ne sont pas les mêmes à tous les moments du jour, les mêmes différences se reproduisent dans les positions de l'ombre, et c'est sur ce principe qu'est basé le cadran solaire. On en rapporte l'invention à des savants grecs qui s'étaient établis deux cents ans avant Jésus-Christ dans la ville d'Alexandrie, en Égypte.

Au commencement du moyen âge, c'est à peine si l'on connaissait l'usage de ces instruments. Au dixième siècle, dans plusieurs monastères allemands, on réglait l'heure des offices d'après le chant du coq. En 1108, dans l'abbaye de Cluny, le sacristain consultait les astres pour sonner matines. La première mention d'une horloge n'est pas antérieure à l'année 1120. En 1370, Charles V fit construire l'horloge du Palais de justice, à Paris, par un habile ouvrier, Lorrain d'origine et qui s'appelait Henri de Vic. C'était une horloge *à poids ;* l'horloge *à pendule* est une découverte due à Galilée, appliquée par Huygens [1], et complétée par ce dernier qui inventa le ressort à spirale. Le pendule suffisait pour construire avec précision de grandes horloges ; le ressort spiral permit de fabriquer de petites horloges de poche appelées *montres.* On ne connaît ni l'auteur ni l'époque de la construction des premières montres ; on sait seulement que les montres à répétition, c'est-à-dire pourvues d'une sonnerie, viennent d'Angleterre : les premières que l'on ait vues en France furent envoyées à Lous XIV par le roi Charles II [2].

L'industrie horlogère a pris aujourd'hui un développement proportionné aux perfectionnements qu'y ont introduits Pierre et Julien Le Roy, Lepaute et Bréguet [3]. Elle est très-répandue en Suisse, notamment à la Chaux-de-Fonds et à Genève, mais Besançon est aussi le centre d'un commerce étendu d'horlogerie, et c'est encore à Paris qu'on

---

[1] Sur Galilée, voir page 211. — Huygens: célèbre mathématicien et astronome, né à La Haye, en Hollande, en 1629, mort en 1695. Attiré en France par Louis XIV, il y résida jusqu'à la révocation de l'édit de Nantes.

[2] Figuier.

[3] Julien Le Roy, 1686-1759 ; Pierre, son fils, 1717-1785, célèbres horlogers. — Lepaute, né à Montmédy (Meuse) en 1707, construisit l'horloge du Luxembourg, la première horloge horizontale qu'on ait vue à Paris. Son frère, Jean-Baptiste, mort en 1802, a construit l'horloge de l'Hôtel de Ville de Paris; son fils, Pierre-Basile, celles des Tuileries, du Palais-Royal et du Muséum d'histoire naturelle. — Bréguet, né en Suisse, vécut à Paris où il mourut en 1823, membre de l'Académie des sciences et du Bureau des longitudes, horloger de la marine.

met souvent la dernière main aux produits de ce genre envoyés de la Suisse.

Voici l'explication de la marche des horloges.

Représentez-vous une tige de métal, soit de l'acier, suspendue à un point fixe par son extrémité supérieure, et terminée à son extrémité inférieure par une lentille pesante également en métal, soit du cuivre. Cette tige étant immobile, poussez-la à droite ou à gauche, elle décrira des mouvements d'allée et de venue qu'on appelle des oscillations. Ces oscillations seront toujours d'égale durée, en d'autres termes *isochrones* [1]. Cette tige est un *pendule* [2], et ce pendule appliqué aux horloges est un *balancier*, servant à rendre d'égale durée l'action du ressort en acier qui met en mouvement les aiguilles destinées à marquer les heures.

Ces aiguilles, aussi en métal, sont au nombre de deux, d'inégale grandeur. Elles sont fixées au centre d'un cadran en forme de circonférence, lequel est divisé en douze parties pour les heures et en soixante parties pour les minutes. La grande aiguille fait le tour du cadran tout entier, pendant que la petite va seulement d'une heure à une autre: ce qui montre que soixante minutes équivalent à une heure. La grande aiguille parcourt donc la circonférence du cadran vingt-quatre fois en un jour, et la petite deux fois seulement.

L'horloge est donc bien supérieure au cadran solaire, d'abord parce qu'elle peut mesurer avec une exactitude plus parfaite les plus petites divisions du temps, et ensuite parce que l'emploi du cadran solaire exige la présence des rayons du soleil. Il y a, d'ailleurs, entre les horloges et les cadrans solaires, des rapports qu'il est utile de constater.

Ils ne sont d'accord que quatre fois par an : le 24 décembre, le 15 avril, le 15 juin et le 31 août ; à ces quatre époques, le jour d'horloge égale le jour solaire, et midi sonne au moment même où le cadran le marque.

---

[1] De deux mots grecs, dont l'un signifie *égal* et l'autre *temps*.

[2] Le *pendule* étant la principale pièce d'une horloge, on a appliqué ce nom à une espèce d'horloges qu'on place sur les cheminées, et qui sont, pour ce motif, appelées des *pendules*.

Vers le 10 février, le cadran solaire retarde d'un quart
d'heure sur l'horloge.

Vers le milieu de mai, le cadran avance de quelques minutes par rapport à l'horloge.

Dans les derniers jours de juillet, le cadran retarde d'environ six minutes.

Enfin, au 1er novembre, le cadran avance de 16′ 16″.

La ligne qui marque le *midi vrai* sur le cadran solaire

Fig. 110. — L'Horloge de la cathédrale de Strasbourg.

est une ligne droite ; celle qui marque le *midi moyen*, celui
des horloges, forme une espèce de 8.

La première est nommée *méridienne du temps vrai*, la
seconde méridienne du *temps moyen;* celle-ci coupe l'autre
quatre fois.

C'est sur la méridienne du temps moyen qu'on doit régler sa montre. Pour la mettre à midi, il faut attendre que le faisceau lumineux qui passe par le trou de la plaque, ou l'ombre de l'extrémité de la tige du cadran, tombe sur la courbe en 8. Un cadran qui n'a pas cette courbe n'est pas propre à régler les horloges.

On donne le nom de *chronomètres* [1] ou montres marines, à certaines montres qui sont surtout en usage pour les besoins de la navigation, et qui sont remarquables par leur précision et leur exactitude. Ce sont les plus parfaites des horloges de poche. De même, à l'autre extrémité de la série des horloges, parmi celles qui sont fixes et attachées à un édifice, il y en a qui, outre les données ordinaires, fournissent d'une manière aussi exacte, des indications relatives aux mois, aux années, aux fêtes solennelles, aux saisons, à la marche des astres, aux éclipses, etc. On les appelle horloges astronomiques. La plus célèbre est celle de la cathédrale de Strasbourg, construite vers 1574 par Isaac Habrech, et reconstruite de 1838 à 1842 par M. Schwil-gué. On en voit une autre à la cathédrale de Besançon, pourvue d'un mécanisme du même genre, beaucoup moins compliqué mais encore remarquable.

LECTURE.

L'Horloge de sable.

Assemblage confus d'une arène [2] mobile,
Que l'art sut enfermer dans ce vase fragile ;
Image de ma vie, horloge dont le cours
Règle tous mes devoirs en mesurant mes jours,
Du monde, tel qu'il est, vous tracez une image.
Qu'est le monde en effet ? c'est un verre qui luit,
Qu'un souffle peut détruire, et qu'un souffle a produit.
Que sont tous les mortels ? autant de grains de sable,
Qu'anime cependant une âme raisonnable.....
Mais rangeons-nous aux lois d'une exacte raison,
Et tâchons d'ajuster notre comparaison.
Ce sable à chaque instant prend de nouvelles places,
Et le monde en un jour change de mille faces.

[1] De deux mots grecs dont l'un signifie *temps* et l'autre *mesure*.
[2] Expression poétique, à la place de *sable*.

Ces grains sont agités de mouvements divers ;
Tels sont les habitants de ce vaste univers...
Comme l'on voit ces grains agités dans leur verre,
Peu libres dans l'enclos d'un vase qui les serre,
Vers un centre commun faire un commun effort,
Et par la voie étroite atteindre l'autre bord ;
Telle on voit des humains la cohorte mortelle,
Dans le passage obscur de la mort éternelle,
De ses jours malheureux éteindre le flambeau,
Se pousser, s'enfoncer dans l'horreur du tombeau :
Nous y voyons tomber d'une chute commune,
Le pauvre et son espoir, le riche et sa fortune,
Les jeunes, les vieillards, les sujets et les rois,
Faits du même limon, subir les mêmes lois.
Après tant de leçons que fournit notre horloge,
Lui peut-on justement refuser un éloge ?
A toute la nature elle donne des lois ;
Pourvu qu'il ait des yeux le sourd entend sa voix ;
Au prince, au magistrat, à l'orateur, au sage,
Elle fait sans parler entendre son langage,
En suspend les arrêts, les discours, les travaux ;
Annonce à l'artisan l'heure de son repos ;
Enfin, réglant du temps la durée et l'espace,
Elle nous dit qu'il fuit et qu'avec lui tout passe.

(DECAUX.)

VII

Le Prix du temps.

Dans toute espèce de travaux, deux conditions sont indispensables : 1° faire chaque chose à son heure ; 2° perdre le moins de temps possible.

Ainsi quand il s'agit des semailles, par exemple, l'agriculteur sait qu'elles se font du 1er octobre au 15 novembre ; qu'on *roule* à la fin de l'hiver, après les dégels qui ont soulevé la terre et déchaussé les racines ; qu'au printemps il faut donner un bon coup de herse pour ouvrir le sol, lorsqu'après les pluies suivies de sécheresses les terres se recouvrent d'une croûte imperméable à l'air ; que si, en avril et mai, les blés sont trop forts, il est nécessaire d'arrêter la végétation, soit en faisant passer rapidement un troupeau de moutons sur le champ, soit en y semant de la chaux ou des cendres.

Pour recueillir le fruit de tant de travaux, il importe également que la moisson soit faite en son temps, ni trop tôt, ni trop tard.

S'agit-il des repas pour les animaux, il est utile qu'ils soient réglés, qu'ils aient lieu chaque jour à la même heure, le matin, à midi et le soir ; excepté pour les vaches laitières et les animaux à l'engrais, qui en font au moins quatre par jour. En s'habituant à la régularité des repas, les animaux conservent leur appétit sans être tourmentés par la faim, et l'organe digestif fonctionne mieux. On aurait grand tort de faire travailler les chevaux immédiatement après qu'ils ont mangé, sous prétexte de gagner du temps : il leur faut au moins une heure de repos afin que la fatigue n'entrave pas la digestion.

Régler l'emploi de son temps, s'accoutumer à agir à propos et à bien faire ce qu'on fait, c'est mettre de l'ordre dans sa vie et développer en soi l'idée du devoir ; c'est se prémunir contre ce qui peut en empêcher l'accomplissement, et prévenir les défauts de caractère ou de conduite qui consistent à ne pas user de notre activité comme nous le devons.

C'est dès l'enfance qu'il faut armer l'homme contre ces défauts, et à ce point de vue déjà la fréquentation de l'école est un grand bienfait. C'est là que celui qui, plus tard, esclave de la paresse, serait exposé à toutes les conséquences funestes qu'elle entraîne, s'habitue, à la voix du maître, à faire des efforts pour acquérir la force de volonté qui lui manque ; c'est là encore que l'indolent commence à trouver le stimulant dont il a besoin. Buffon donne une idée bien exacte de l'indolence quand il dit : « l'air morne de l'iman [1] et de l'aï [2], leur regard pesant, leur résistance indolente aux coups qu'ils reçoivent sans s'émouvoir, annoncent leur insensibilité. »

----

[1] Quadrupède de l'Amérique, de ceux qu'on appelle *paresseux.*
[2] Autre espèce de *paresseux.*

Il en est de même de la nonchalance et de la négligence, elles peuvent trouver dans l'école des correctifs nécessaires. Obligé d'accomplir sa tâche en un temps réglé, le *noncha-lant* prendra peu à peu l'ardeur et le zèle qui lui manquent; le *négligent*, qui se distingue par son défaut de soin, de vigilance et d'attention, sera rappelé à l'ordre et contrac-tera l'habitude de réfléchir. La négligence est surtout un défaut de l'enfance parce qu'elle est due à l'étourderie, à la légèreté, à la dissipation; c'est un manque d'ordre qu'il est facile de corriger; mais, si on lui laisse prendre le des-sus, elle peut conduire à des résultats déplorables. L'enfant qui s'habitue à être négligent pour ses devoirs se prépare à l'être plus tard pour ses affaires, et la négligence amène la ruine.

L'enfant d'ailleurs est comme le lièvre de la fable, il croit toujours avoir du temps de reste. La Fontaine nous dit en parlant du lièvre :

> Il broute, il se repose ;
> Il s'amuse à toute autre chose
> Qu'à la gageure.

De même l'enfant croit qu'il a bien le temps d'apprendre sa leçon, de faire sa page d'écriture, son opération d'arith-métique, et quand il s'y met, il fait vite et il fait mal.

> Rien ne sert de courir ; il faut partir à point.

C'est à l'école qu'il apprend à mettre en pratique ce sage précepte; c'est là qu'il s'accoutume à faire un bon emploi du temps. Les leçons étant données chaque jour réguliè-rement et à heure fixe, l'objet de chaque leçon étant réglé pour les différents jours de la semaine, il voit ce qu'il peut faire dans l'espace d'une heure bien employée; il prend, même à son issu, l'habitude de la ponctualité et de l'ordre; il se prépare ainsi à faire son profit d'un temps bien em-ployé. Quand on le veut, que de choses on peut faire en une heure, soit à l'intérieur de la maison, soit aux champs, soit à l'atelier! C'est alors que l'on comprend que le temps est de l'argent : que de pièces de cinq francs le travailleur perd en gaspillant son temps !

Rien ne devrait être perdu dans l'emploi d'une vie bien ordonnée. Les uns perdent leur temps parce qu'ils sont franchement paresseux, ennemis de tout travail, de toute règle, de toute peine ; les autres, parce qu'ils ne savent pas l'employer utilement ; d'autres tout simplement en remettant au lendemain ce qui devrait être fait le jour même. Il y a un proverbe espagnol bien expressif sous sa forme un peu bizarre : « Le sentier de Tout-à-l'heure et la route de Demain ne conduisent qu'au château de Rien du tout. » En fait de châteaux en Espagne, en voilà un dont il faut se garder. C'est une maxime bien vieille et bien usée, mais aussi vraie qu'elle est vieille, que de dire que le temps perdu ne revient pas. On le sait bien, mais on n'y pense pas ; on ne pense pas non plus que les minutes ajoutées aux minutes font des heures, que les heures font des jours, et les jours des années. Le chevalier d'Aguesseau disait : « Voici les volumes que j'ai composés pendant les cinq minutes dont tous les jours, depuis vingt ans, madame d'Aguesseau est en retard pour le dîner. »

Au reste, les enfants qui ont le désir d'apprendre savent toujours en trouver le moyen, même dans les conditions les moins favorables. Georges Stephenson, l'un des plus savants ingénieurs-mécaniciens qui aient existé [1], était fils d'un pauvre ouvrier mineur ; il travailla lui-même dans les usines dès l'âge de huit ans, pour gagner quatre sous par jour. A dix-sept ans, il ne savait ni lire ni écrire : il acheta un alphabet, étudia pendant ses repas et prit chaque soir une leçon près du maître d'école du village ; comme bientôt après il eut besoin d'autres livres, il prit sur ses nuits pour gagner l'argent nécessaire à cet achat, en raccommodant les vieux souliers de ses camarades.

Lincoln, qui est mort en 1868, président de la république des États-Unis d'Amérique, avait pour père un ouvrier ; il fut lui-même bûcheron, batelier, charpentier, épicier,

[1] Voir page 275.

maître de poste. Ignorant et sans argent, il étudia seul, empruntant les livr   qu'il ne pouvait pas payer, et il fit si bien qu'il put devenir maître d'école, avocat, député. Avant lui, Franklin avait eu des commencements aussi humbles et avait dû à sa persévérance dans l'étude et le travail une haute fortune.

Le général Drouot, né à Nancy en 1774, était fils d'un boulanger. Lorsqu'on organisa l'artillerie et le génie, il alla à Metz se présenter à la commission chargée d'examiner les candidats au grade d'officier dans ces deux armes. A la vue d'un jeune garçon vêtu en paysan, à l'air rustique, on crut à une méprise de sa part, mais il déclara qu'il venait pour être interrogé; on l'interrogea. Poussé de questions en questions jusqu'aux dernières difficultés du programme, il répondit de manière à émerveiller ses juges. — Où avez-vous étudié ? lui demanda l'un d'eux. — J'ai étudié seul. — L'examinateur se leva et l'embrassa, et le jeune paysan dont on était près de se moquer tout à l'heure fut porté en triomphe par ses concurrents.

LECTURE.

L'exemple de Francklin.

La vie de Francklin est un modèle à suivre. Chacun peut y apprendre quelque chose, le pauvre comme le riche, l'ignorant comme le savant, le simple citoyen comme l'homme d'État. Elle offre surtout des enseignements et des espérances à ceux qui, nés dans une humble condition, sans appui et sans fortune, sentent en eux le désir d'améliorer leur sort. Ils y verront comment le fils d'un pauvre artisan, ayant lui-même travaillé longtemps de ses mains pour vivre, est parvenu à la richesse à force de labeur, de prudence et d'économie; comment il a formé tout seul son esprit aux connaissances les plus avancées de son temps, et plié son âme à la vertu par des soins et avec un art qu'il a voulu enseigner aux autres; comment il a fait servir sa science inventive et son honnêteté respectée aux progrès du genre humain et au bonheur de sa patrie.

Peu de carrières ont été aussi pleinement, aussi vertueusement, aussi glorieusement remplies que celle de ce fils d'un teinturier de Boston, qui commença par couler du suif dans des moules de chandelles, se fit ensuite imprimeur, rédigea les premiers journaux américains, fonda les premières manufactures de papier dans ses colonies dont il accrut la civilisation matérielle et les lumières ; découvrit l'identité du fluide électrique et de la foudre, devint membre de l'Académie des sciences de Paris et de presque tous les corps savants de l'Europe, fut auprès de la métropole le courageux agent des colonies soumises, auprès de la France et de l'Espagne le négociateur heureux des colonies insurgées, et se plaça à côté de Georges Washington comme fondateur de leur indépendance ; enfin, après avoir fait le bien pendant quatre-vingt-quatre ans, mourut environné des respects des deux mondes comme un sage qui avait étendu la connaissance des lois de l'univers, comme un grand homme qui avait contribué à l'affranchissement et à la prospérité de sa patrie, et mérita non-seulement que l'Amérique tout entière portât son deuil, mais que l'Assemblée constituante de France s'y associât par un décret public.

Fig. 120. — Benjamin Franklin.

Sans doute il ne sera pas facile, à ceux qui connaîtront le mieux Franklin, de l'égaler. Le génie ne s'imite pas, il faut avoir reçu de la nature les plus beaux dons de l'esprit et les plus fortes qualités du caractère pour diriger ses semblables, et influer aussi considérablement sur les destinées de son pays. Mais si Franklin a été un homme de génie, il a été aussi un homme de bon sens ; s'il a été un homme vertueux, il a été aussi un homme honnête ; s'il a été un homme d'État glorieux, il a été aussi un citoyen dévoué. C'est par ce côté du bon sens, de l'honnêteté, du dévouement, qu'il peut apprendre à tous ceux qui liront sa vie à se servir de l'intelligence que Dieu leur a donnée pour éviter les égarements des fausses idées ; des bons sentiments que Dieu a déposés dans leur âme, pour combattre les passions et les vices qui rendent malheureux et pauvre. Les bienfaits du travail, les heureux fruits de l'économie, la salutaire habitude d'une réflexion sage qui précède et dirige toujours la conduite, le désir louable de faire du bien aux hommes, et par là de se préparer la plus douce des satisfactions et la plus utile des récompenses, le contentement de soi et la bonne opinion des autres : voilà ce que chacun peut puiser dans cette lecture.

(MIGNET)

VIII

Le Temps et l'Espace.

Les anciens représentaient le Temps sous la figure d'un vieillard chauve, avec des ailes, et une faux à la main, pour signifier la rapidité avec laquelle il passe, détruisant sur son passage les œuvres des hommes. Les ouvrages les plus magnifiques, les murailles des villes les plus fortes, les empires, les nations elles-mêmes, tout finit par s'affaiblir, puis par disparaître, ce qui faisait dire plaisamment au poëte Scarron [1] que son vieil habit pouvait bien s'user, lui aussi, sous l'action du temps :

> Superbes monuments de l'orgueil des humains,
> Pyramides, tombeaux dont la vaine structure
> A témoigné que l'art par l'adresse des mains
> Et l'assidu travail peut vaincre la nature ;
> Vieux palais ruinés, chefs-d'œuvre des Romains
> Et le dernier effort de leur architecture,
> Par l'injure du temps vous êtes abolis,
> Ou du moins la plupart on vous a démolis :
> Il n'est point de ciment que le temps ne dissoude [2].
> Si vos marbres si durs ont senti son pouvoir,
> Dois-je trouver mauvais qu'un mauvais pourpoint noir,
> Qui m'a duré deux ans, soit troué par le coude ?

Mais ce n'est pas en vain que l'homme est doué d'intelligence et de volonté. Avec ces deux facultés, il a trouvé le moyen de suppléer à la brièveté de sa propre vie, de lutter de rapidité avec le temps, de rapprocher les distances les plus éloignées. La science a fourni ainsi à son activité les plus précieux auxiliaires ; elle lui a permis de faire vite et bien.

La nuit arrive avant que la journée de travail soit terminée : l'ouvrier, l'artisan, l'artiste, l'industriel, le savant.

[1] Il vivait du temps de Louis XIV.
[2] Grammaticalement, il faudrait *dissolve*.

vont-ils se condamner à l'inaction parce que la lumière du jour a disparu ? De tous temps on a su éclairer les ténèbres.

D'abord on fut obligé de se contenter de la lumière produite par le foyer, et par là on fut amené à remarquer que

Fig. 121. — Arbre résineux.

certains bois donnaient plus de clarté que d'autres. Les bois résineux [1] furent choisis pour en faire des torches qu'on pût transporter à volonté ; tels furent les premiers flambeaux. Ce mode d'éclairage est encore en usage chez les paysans Corses, mais à l'air libre. On en vint bientôt à extraire la matière résineuse, à y tremper des fibres ligneuses, et à faire de la chandelle de résine. Les fibres ligneuses, par la continuité et la ténuité de leurs interstices, forment des espèces de tubes capillaires [2] dans lesquels la matière liquéfiée par le feu s'élève et, développée en gaz combustible, produit la flamme au contact de l'air.

A mesure que s'élargissait le cercle des connaissances usuelles, on finit par découvrir l'huile à brûler, que l'on extrait des semences de plusieurs espèces de choux, de la navette et du pavot. Cette substance étant liquide, il fallut un vase facile à transporter et propre à recevoir l'huile et la mèche : ce fut la lampe.

---

[1] La résine est une matière onctueuse et inflammable, qui suinte à la surface de certains végétaux.

[2] *Capillaires*, d'un mot latin qui signifie *cheveu* ; ce mot désigne des tubes d'un très petit-diamètre, et pour ainsi dire de la grosseur d'un cheveu.

Primitivement les lampes étaient des vases en forme de coupe, généralement oblongs, munis d'une espèce de gouttière ou de bec, où venait poindre une mèche ronde en coton, laquelle trempait dans l'huile ; mais le niveau de l'huile baissant par le fait de la combustion, il en était de même de la clarté ; en outre la lampe fumait et répandait une mauvaise odeur.

Comme on ne connaissait pas encore les principes de la combustion, on fut bien longtemps avant de pouvoir perfectionner les lampes ; on ne sut que substituer une mèche plate à une mèche ronde, l'expérience ayant appris que la flamme en était plus belle.

Ce ne fut que vers 1782 qu'un pharmacien de Paris, nommé Quinquet, entra dans la voie des améliorations en plaçant au-dessus de la flamme des lampes un tuyau de tirage qu'il appela *tuyau-cheminée*. A la même époque, Organd, physicien et médecin de Genève, disposa la mèche dans un double cylindre creux, où l'air passait, ce qui donna à la flamme de la puissance et de la netteté.

Dans le quinquet, le réservoir d'huile étant placé à un niveau supérieur au bec où s'effectue la combustion, ce réservoir projetait une ombre qui empêchait la lumière de rayonner circulairement. Corail, horloger de Paris, remédia à cet inconvénient en plaçant le réservoir à la partie inférieure, et en faisant monter l'huile par un mécanisme d'horlogerie. Enfin les derniers perfectionnements ont été apportés par l'horloger *Carcel*, inventeur de la lampe qui porte ce nom (en 1800), et par le mécanicien Franchot, inventeur de la lampe dite *à modérateur* (en 1836).

Ce ne fut que bien longtemps après la première invention de la lampe qu'on employa le suif et la cire pour en faire des chandelles et des bougies. Cependant la corporation des fabricants de bougies est déjà mentionnée dans le *Livre des métiers* d'Étienne Boileau, et celle des fabricants de chandelles dans le rôle de la taille sous Philippe-le-Bel.

L'éclairage public se fit d'abord avec des lanternes. La

lanterne est une boîte plus haute que large dans laquelle
on place une chandelle ou une bougie ; ses côtés sont en
verre afin que la transparence laisse passer la lumière ;
primitivement on employait la corne. Les lanternes donnant une lumière trop faible pour éclairer les lieux publics,
M. de Sartines, lieutenant de police sous Louis XIV, promit
une récompense à qui perfectionnerait le service de l'éclairage, et Bourgeois de Châteaublanc avec l'abbé de Périgny
inventèrent les réverbères. Le réverbère est une grande lanterne en fer battu, vitrée tout autour et en dessous, conte-

Fig. 122. — Lampe à pétrole.

nant une lampe munie d'un ou
plusieurs réflecteurs étamés ou
argentés, c'est-à-dire de petites
plaques métalliques destinées à
réfléchir la lumière suivant l'axe
des rues.

Enfin on arriva à un mode d'é-
clairage bien supérieur et moins
dispendieux, l'éclairage au gaz.
C'est à un Français qu'appartient
le mérite de cette invention. En
1785, Philippe Lebon eut l'idée
de faire servir à l'éclairage les
gaz qui se produisent pendant la
combustion du bois, et dans un
mémoire qu'il écrivit à ce sujet,
il indiquait la possibilité de dis-
tiller toutes les substances gras-
ses. Il fit un essai avec le gaz provenant de la houille. Assassiné
en 1804, Philippe Lebon n'eut
pas le temps d'apporter à sa découverte les perfectionnements

dont elle avait besoin. Les étrangers en profitèrent avant
nous, et ce ne fut guère qu'à partir de 1820, comme nous
l'avons déjà dit, que l'éclairage au gaz fut établi à Paris
d'abord, et peu à peu dans toutes les villes importantes.

Il existe dans la nature divers liquides qui sont formés,

comme le gaz donné par la houille, de carbone et d'hydrogène, et peuvent servir à l'éclairage. Telle est l'huile de schiste ou d'asphalte, provenant de la distillation du bitume, et le pétrole.

Le pétrole, comme son nom l'indique, est par excellence ce qu'on peut appeler l'huile de pierres. C'est dans l'Amérique du Nord qu'on le trouve en pratiquant des excavations qui font suinter le liquide ; on le recueille comme l'eau au fond d'un puits. Au Canada, il existe des sortes de lacs de cette huile, qui fut tout de suite utilisée en Amérique, puis en Europe. Elle offre de grands avantages, mais elle exige dans l'usage qu'on en fait les plus grandes précautions par suite de sa grande combustibilité, et de sa

Fig. 123. — Un chemin de fer.

vaporisation à une basse température ; il est nécessaire qu'elle soit purifiée.

On a trouvé un dernier mode d'éclairage qui sera encore supérieur à celui qui est donné par le gaz, si l'on peut le faire entrer dans la pratique, sans qu'il en coûte davantage : c'est l'éclairage électrique. Il est produit par l'étincelle électrique qui a pris un large développement par la grande masse d'électricité due à une pile voltaïque très-puissante.

L'homme peut donc travailler, marcher, voyager même

pendant les ténèbres ; néanmoins, fût-il capable d'ajouter aux heures du jour celles de la nuit, ce qui serait excéder ses forces et le vœu de la nature, il ne parviendrait pas à produire une grande somme de travail, si l'industrie savante ne remplaçait par une force presque inépuisable la force si vite épuisée de ses mains et de ses bras. Cette force est la vapeur.

Placez sur un foyer un vase rempli d'eau et fermé : lorsque le liquide échauffé a atteint un certain degré de température, il se dégage en partie sous forme de vapeur ; cette vapeur soulève le couvercle du vase s'il n'est pas trop résistant, et si la résistance est trop forte, le vase finit par éclater en quelque endroit. La vapeur d'eau, comme les gaz, a donc une force expansive très-considérable ; on l'a utilisée pour faire mouvoir des machines destinées à des usages variés ; ainsi il y a des usines à vapeur, des moulins à vapeur, mais une des applications les plus heureuses qu'on ait faites de cette découverte est celle de la vapeur aux moyens de locomotion : de là les chemins de fer et les bateaux à vapeur. Grâce à eux, l'homme est devenu, pour ainsi dire, maître du temps et de l'espace ; il fait en quelques heures ou en quelques jours le chemin qui demandait des jours ou des semaines. On a rappelé qu'en 1715, le coche mettait trois jours pour aller de Beauvais à Paris, c'est-à-dire pour franchir une distance de 64 kilomètres ; aujourd'hui, sur une voie ferrée, on fait 50 kilomètres à l'heure, en moyenne, et on peut aller jusqu'à près de 100 kilomètres en grande vitesse. C'est ce qui a lieu avec le train de Pensylvanie, le plus rapide qui existe, et qui ne met guère plus d'une heure et demie pour faire le trajet de New-York à Philadelphie, long de 150 kilomètres. En moins de deux semaines on franchit, sur un bateau à vapeur, l'océan qui sépare l'ancien et le nouveau monde. On pourrait, à la rigueur, faire le tour du monde en quatre-vingts jours.

C'est un Français, Denis Papin [1], qui a eu le premier

---

[1] Né à Blois, en 1642, mort en Angleterre, vers 1714 ; il avait quitté la

l'idée de génie d'employer la vapeur comme force motrice. Il est l'auteur de la première machine à vapeur qui ait existé, et il faut en retenir la date, 1690. Après lui, son invention fut exploitée et perfectionnée par les Anglais Newcosmen et Cawley [1], par l'Écossais James Watt [2], par Georges Stephenson [3], et au point de vue spécial de la navigation à vapeur, par l'abbé Gauthier [4], chanoine de Nancy, par le marquis de Jouffroy [5] en Franche-Comté, par Robert Fulton [6], ingénieur américain, par Frédéric Sauvage [7], constructeur français.

Le réseau des voies ferrées dans les diverses parties du monde s'étend à 344,182 kilomètres, ou 86,000 lieues, de quoi faire plus de sept fois le tour de l'équateur. On a calculé qu'il circule année moyenne sur ce réseau, 4 à 5 millions de voyageurs, et qu'on y transporte plus de quarante millions de quintaux de marchandises.

Fig 124. — Un bateau à vapeur.

De ce vaste réseau, les États-Unis possèdent presque la moitié, la France seulement 21,533 kilomètres en exploitation. Le tableau ci-après donnera une idée du développe-

France par suite de la révocation de l'édit de Nantes, en 1685, et avait porté à l'étranger sa découverte.
[1] Au dix-huitième siècle.
[2] Né en 1736, mort en 1189.
[3] Voir note 5, page 223.
[4] Vers 1752.
[5] Il fit une expérience décisive sur la Saône, le 15 juillet 1783.
[6] Né en 1764, mort en 1815.
[7] Né en 1780, mort en 1857.

ment sans cesse croissant des chemins de fer depuis cinquante ans :

DÉVELOPPEMENT DU RÉSEAU DES CHEMINS DE FER

Augmentation moyenne par an		Longueur totale à la fin de :	
Années	Kilomètr.	Années	Kilomètres
1830 à 40	826	1830	352
1810 45	1.767	1810	8.591
1815 50	4.120	1850	38.022
1850 55	6.025	1855	68.148
1855 60	7.748	1860	106.886
1860 65	7.646	1865	145.114
1865 70	15.373	1870	221.980
1870 71	13.395	1872	235.375
1871 72	15.657	1871	251.032
1872 73	19.039	1873	270.071
1873 74	13.001	1874	283.072
1871 75	12.711	1875	295.783
1875 76	13.820	1876	309.600
1876 77	11.830	1877	320.830
1877 78	10.306	1878	331.136
1878 79	13.016	1879	314,182

Avec ces moyens de locomotion, on va vite et loin; pourtant il y a quelque chose qui va encore plus vite, c'est la
pensée. Nous faisons part à nos semblables de ce que nous
pensons au moyen de la parole ; quand ils sont très-éloi-
gnés de nous, la parole est remplacée par l'écriture, mais
il y a une perte de temps quelquefois préjudiciable à nos
intérêts et souvent pénible à notre cœur. Les chemins de
fer transportent les correspondances, les journaux, les
livres, avec une rapidité déjà merveilleuse : la télégraphie
électrique nous permet de communiquer avec nos semblables, à des distances énormes, presque instantané-
ment.

La télégraphie électrique nous fait converser d'un bout
du monde à l'autre : trois câbles renfermant des fils télégraphiques, jetés au fond de l'Océan, relient aujourd'hui
l'Europe à l'Amérique, sur une longueur de près de 1000,
lieues ou 4000 kilomètres ; deux d'entre eux partent de

l'Angleterre, et le troisième part de la France. Ils ont été posés en 1858, 1865, 1866.

Voici un résumé de la statistique relative à la télégraphie électrique dans les divers pays du globe, pour faire comprendre quels développements elle doit atteindre et quelle importance aura le remplacement des câbles aériens par des câbles souterrains.

KILOMÈTRES DE LIGNES TÉLÉGRAPHIQUES PAR 10,000 KILOMÈTRES CARRÉS

Belgique	1.837	Etats-Unis	161
Suisse	1.583	Guatémala	151
Gde-Bretagne	1.312	Russie	139
Allemagne	1.321	Indes anglaises	126
Luxembourg	1.160	Costa Rica	121
Pays-Bas	1.140	Tunis	81
France	1.121	Egypte	77
Turquie	999	Japon	77
Danemark	8 8	Mexique	62
Italie	862	Australie	62
Autriche-Hongrie	781	Uraguay	56
Grèce	612	Honduras	45
Montenegro	469	Orange	40
Portugal	414	Rép. Argentine	36
Roumanie	403	Colombie	36
Bulgarie	322	Indes hollandaises	35
Espagne	310	Hawaï	33
Serbie	300	Perse	31
Norwège	236	Canada	23
Chili	233	Brésil	8
Suède	187	Venézuela	5
Algérie	176	Paraguay	3

On voit que cette statistique est loin d'être complète, et que pour certains Etats, comme les Etats-Unis, l'Australie, le Canada, la Russie, le Brésil, elle ne tient pas compte des espaces inoccupés. La France n'y tient encore que le septième rang.

DÉPÉCHES TÉLÉGRAPHIQUES PAR CENT HABITANTS :

Australie	156	Turquie	19
Suisse	93	Roumanie	16
Grande-Bretagne	67	Portugal	15
Pays-Bas	67	République Argentine	12
Belgique	59	Algérie et Tunis	12

Danemark	48		Espagne	12
France	39		Serbie	10
Norwège	37		Urugay	9
Allemagne	31		Perse	8
Canada	31		Russie	8
Luxembourg	29		Chili	7
Autriche-Hongrie	22		Colombie	4
Italie	20		Bulgarie	3
Suède	19		Indes néerlandaises	3
Grèce	19		Brésil	2

La télégraphie électrique est fondée sur ce fait que l'électricité se transmet d'un point à un autre dans un espace de temps tellement court qu'on peut à peine le mesurer : en une seconde, l'électricité fait 40,000 lieues environ, c'est-à-dire cent fois le voyage d'Europe en Amérique; on ne peut lui comparer que la vitesse de la lumière.

On peut facilement se faire une idée de l'électricité. Lorsqu'avec la main sèche, ou avec de la laine, on frotte des morceaux de résine, de soufre, de verre, des cristaux naturels ou des pierres précieuses, ces substances acquièrent par le frottement la propriété d'attirer les corps légers voisins, qui se précipitent à leur surface et, suivant leur nature, y restent attachés ou sont aussitôt repoussés; si l'expérience est faite dans l'obscurité et le silence, on aperçoit de petites étincelles, et l'on entend une légère crépitation. Tel est le point de départ de la science de l'électricité. Celle-ci doit son nom à l'ambre jaune que les Grecs nommaient *électron*, et dans lequel ils remarquèrent pour la première fois des faits tels que ceux que nous venons de citer.

Bien des siècles se passèrent avant que ces phénomènes fussent étudiés scientifiquement, mais depuis cent ans, les progrès ont été rapides et les résultats admirables. En première ligne on doit signaler la découverte de l'analogie ou plutôt de l'identité entre l'électricité et la foudre, et par suite la possibilité d'en prévenir les effets au moyen du paratonnerre. Mais nous ne parlons de l'électricité qu'à propos des services qu'elle rend par la rapidité de communication qu'elle procure à des distances énormes, et l'on voit ce que peut à cet égard la télégraphie électrique.

La première idée en appartient à un Génevois d'origine française, nommé Georges-Louis Lesage, et qui exécuta en 1774 le premier instrument pouvant servir de télégraphe électrique, mais plutôt comme un objet de curiosité que comme présentant un caractère d'utilité pratique. Le véritable fondateur de la télégraphie électrique est l'Américain Samuel Morse, mort en 1872. La première ligne télégraphique fut inaugurée aux États-Unis, entre

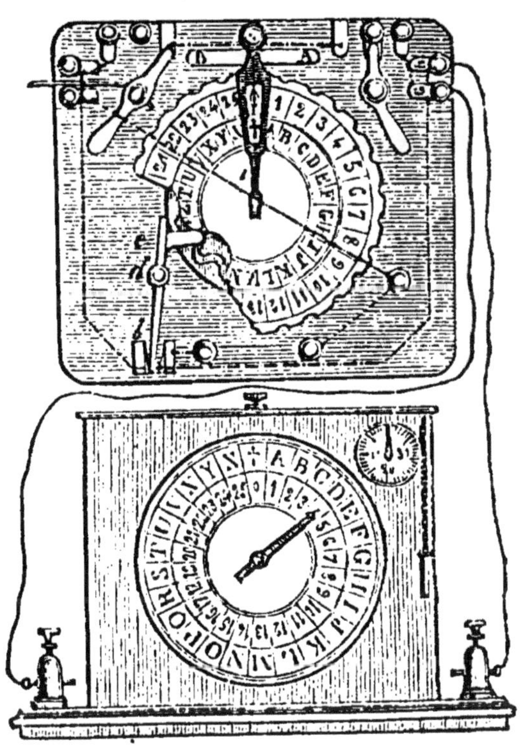

Fig. 128 — Appareil de télégraphie électrique.

Washington et Baltimore, en 1844 ; le premier télégraphe sous-marin, entre Douvres et Calais, le fut en 1851. Aujourd'hui les télégrammes circulent jusque dans l'Australie, dans le Japon, dans l'extrême Asie à travers les steppes de la Sibérie : en 1872, il y avait déjà des fils télégraphiques sur une longueur de plus de 66000 milles géographiques.

Tels sont les bienfaits de la science et les merveilles du travail humain. Ils constituent une partie importante de la civilisation, qui n'est entière qu'autant que les progrès dans l'ordre moral marchent de pair avec les progrès dans l'ordre matériel.

LECTURE.

La Civilisation.

L'homme a reçu en tous lieux l'intelligence nécessaire pour pourvoir à ses besoins. A quelque race qu'il appartienne, l'usage qui naît d'une nécessité fréquente aiguise son esprit et perfectionne ses aptitudes. Sans doute il met plus ou moins de temps à découvrir les choses dont il a besoin, mais il y réussit toujours; seulement, tant que son genre de vie demeure le même, il ne s'élève pas à des conceptions nouvelles et se borne à perfectionner plus ou moins les procédés auxquels l'a conduit ce genre de vie. Le progrès ne peut lui venir alorsque de l'extérieur, que de ceux que les circonstances avaient placés dans des conditions plus favorables pour découvrir ce qui lui était resté inconnu. Voilà pourquoi, tant que les communications n'ont point existé entre les peuples barbares et civilisés, ou que ces communications ont été rares, passagères, hostiles, les peuples sauvages sont demeurés dans le même état. Comme leur genre de vie ne changeait pas, ils ne pouvaient avoir recours qu'aux ressources dues à ce genre de vie lui-même, et ils demeuraient dès lors dans un état de barbarie prolongée.

La mission des populations blanches, et surtout des populations indo-européennes, paraît avoir été de multiplier ces relations qui ont mis sans cesse l'homme en face de conditions nouvelles et ont ainsi développé tous ses talents, toutes ses aptitudes. Il n'y a plus eu successivement, après que le contact eut rapproché les peuples et créé ce que l'on peut appeler véritablement des nations, à distinguer les peuples chasseurs, les peuples pêcheurs, les peuples nomades, les peuples agriculteurs. Tous ces genres de vie se sont trouvés bientôt réunis et se sont réduits simplement à des professions. L'adresse, l'esprit de ruse et de ressources des peuples chasseurs, le génie maritime des peuples pêcheurs, l'esprit contemplatif et réfléchi des peuples pasteurs, l'habileté manuelle et le génie commercial des peuples agriculteurs, ont été mis sans cesse en présence et se sont fait de mutuels emprunts. Les inventions des uns ont été perfectionnées par les autres, et le travail intellectuel, moral et industriel s'est accompli peu à peu sur une base de plus en plus large. C'est là ce qui a constitué véritablement la civilisation et ce qui fait qu'aujourd'hui ses progrès se sont si étonnamment accélérés.

Il est impossible de prévoir quel avenir est réservé à la science et à l'industrie humaine. Cependant on en connaît aujourd'hui assez la marche pour en deviner la direction. Peu à peu, les intelligences répandront leurs œuvres et leurs procédés sous tous les climats ; ce qu'un peuple aura accompli, les autres l'accompliront; les traces de l'enfance primitive des nations disparaîtront, et si la barbarie revient, elle ne pourra être que l'effet de la caducité de notre nature et de l'abus de nos facultés.

(A. MAURY.)

IX

Le Ciel.

Non-seulement l'homme, par le travail et la science, se rend maître du temps et de l'espace, mais il pénètre, pour

Fig. 126. — Le ciel étoilé.

ainsi dire, jusque parmi ces mondes étincelants répandus au-dessus de sa tête.

Pendant le jour, la lumière du soleil nous empêche de les apercevoir, et c'est pendant la nuit qu'ils semblent s'allumer dans le ciel. C'est alors qu'en élevant nos regards vers le firmament nous le voyons parsemé de points brillants qui semblent y être attachés : ce sont des étoiles.

Fig. 130. — Le *télescope*.

Nous en voyons un certain nombre à l'œil nu, mais ce nombre n'est rien comparé à celui qu'on découvre avec le télescope [1]. On les classe par ordre de grandeurs, en les jugeant non d'après leurs dimensions mais d'après leur éclat apparent, en sorte que les étoiles qui nous paraissent les plus petites doivent être les plus éloignées. On a évalué à quarante-trois millions le nombre total des étoiles de toutes grandeurs, visibles jusqu'à la quatorzième, et, si l'on ajoute celles des deux grandeurs suivantes, ce nombre s'élève à soixante-quinze millions. Déjà l'esprit peut à peine concevoir l'espace nécessaire pour contenir tant de globes : qu'est-ce donc, quand on s'est convaincu par l'observation et le calcul que deux étoiles, qui nous semblent à l'œil nu se toucher, ont entre elles une distance d'environ 34.000.000 de lieues! Quant à celles que le télescope nous montre presque en contact, leur écartement est au moins de 34.000.000.000 de lieues.

Mais c'est par la distance des étoiles à la terre qu'on peut se faire une idée moins vague de l'immensité infinie de l'univers.

---

[1] Instrument d'optique, avec lequel on voit à de grandes distances.

Une année se compose de 31.536.000 secondes, et
puisque la lumière parcourt 70.000 lieues par seconde,
elle fait 2.207.520.000.000 de lieues en un an. Or, la lumière met vingt-deux ans pour venir de l'étoile Sirius
à nous; de l'étoile polaire, trente et un ans. Au delà
de ces astres voisins, la distance est de plus en plus
grande, et il y a des étoiles dont la lumière ne nous
parvient qu'après cinq mille, dix mille, cent mille années,
toujours en conservant la même vitesse !

Ainsi, il y a des milliers d'années qu'est partie la lumière d'une étoile de moindre grandeur, c'est-à-dire d'une
des plus enfoncées dans la profondeur des cieux : la place
où nous la voyons est celle qu'elle occupait alors, et on ne
découvrira que dans des milliers d'années la place où elle
se trouve maintenant; et tout ce qu'on apprendra de cette
étoile pendant la durée de notre génération ne sera que de
l'histoire ancienne des temps les plus reculés.

Et tous ces globes se meuvent dans l'espace en vertu de
lois fixes, sans trouble, sans désordre : symbole visible de
l'Intelligence éternelle qui préside à toutes choses dans
l'univers. C'est la découverte de ces lois, qui régissent la
marche des corps célestes, qui a immortalisé les noms de
Képler et de Newton.

LECTURES.

1. — L'aspect du ciel et des astres.

De la Terre où nous sommes, ce que nous voyons de plus
éloigné, c'est ce ciel bleu, cette grande voûte où il semble que les
étoiles sont attachées comme des clous. Entre la Terre et cette
voûte sont suspendus, à différentes hauteurs, le Soleil, la Lune et
les cinq autres astres qu'on appelle des planètes : Mercure, Vénus,
Mars, Jupiter et Saturne. Ces planètes ayant des mouvements iné-
gaux, elles se regardent diversement et figurent diversement
ensemble; au lieu que les étoiles fixes sont toujours dans la même
situation les unes à l'égard des autres. Le Chariot, par exemple, qui est
formé de sept étoiles, a toujours été fait comme il est, et le sera encore
longtemps; mais la Lune est tantôt proche du Soleil, tantôt elle en
est éloignée, et il en va de même des autres planètes. Voilà comme

les choses parurent à ces anciens bergers de Chaldée, dont le grand loisir produisit les premières observations ; car l'astronomie est née dans la Chaldée, comme la géométrie naquit, dit-on, en Egypte, où les inondations du Nil, qui confondaient les bornes des champs, furent cause que chacun voulut inventer des mesures exactes pour reconnaître son champ d'avec celui de son voisin. Ainsi, l'astronomie est fille de l'oisiveté, la géométrie est fille de l'intérêt.

(FONTENELLE.)

2. — Le Système de Newton.

L'espace, qui de Dieu contient l'immensité,
Voit rouler dans son sein l'univers limité,
Cet univers si vaste à notre faible vue
Et qui n'est qu'un atôme, un point dans l'étendue.
Dieu parle, et le chaos se dissipe à sa voix :
Vers un centre commun tout gravite à la fois...
Le compas de Newton, mesurant l'univers,
Lève enfin ce grand voile, et les cieux sont ouverts.
Confidents du Très-Haut, substances éternelles
Qui brûlez de ses feux, qui couvrez de vos ailes
Le trône où votre maître est assis parmi vous,
Parlez : du grand Newton n'étiez-vous point jaloux ?
La mer entend sa voix. Je vois l'humide empire
S'élever, s'avancer vers le ciel qui l'attire ;
Mais un pouvoir central arrête ses efforts :
La mer tombe, s'affaisse et roule vers ses bords [1].
Comètes, que l'on craint à l'égal du tonnerre,
Cessez d'épouvanter les peuples de la terre :
Dans une ellipse immense achevez votre cours ;
Remontez, descendez près de l'astre des jours ;
Lancez vos feux, volez, et, revenant sans cesse,
Des mondes épuisés ranimez la vieillesse.
Et toi, sœur du soleil, astre qui dans les cieux
Des sages éblouis trompais les faibles yeux,
Newton de ta carrière a marqué les limites :
Marche, éclaire les nuits, tes bornes sont prescrites.
Terre, change de forme, et que la pesanteur,
En abaissant le pôle, élève l'équateur.
Pôle immobile aux yeux, si lent dans votre course,
Fuyez le char glacé des sept astres de l'Ourse :

---

[1] Le phénomène des marées.

Embrassez, dans le cours de vos longs mouvemens,
Deux cents siècles entiers par delà six mille ans.
Que ces objets sont beaux! Que notre âme épurée
Vole à ces vérités dont elle est éclairée!

(VOLTAIRE.)

X

Le Repos.

L'homme est né pour l'action, pour le labeur, mais le
repos lui est aussi nécessaire.

Quand on arrive à la vieillesse, après une existence bien
remplie, les forces diminuent, on travaille moins, parfois
même on cesse tout travail. Après une semaine, le corps
se délasse et l'esprit se distrait par la cessation, pendant
vingt-quatre heures, des occupations accoutumées. Après

Fig. 128. — Le coucher du soleil.

la classe, la récréation sonne; après dix mois d'études, les
vacances s'ouvrent; après une journée, le soir arrive et
avec lui l'heure du sommeil. Ainsi toujours une alterna-
tive de travail et de repos.

Mais le repos n'est agréable et utile qu'autant qu'il a été acheté par le travail, dont il est la conséquence naturelle et la juste récompense. Pourquoi le congé du dimanche, les vacances, les récréations, ont-ils tant de prix ? C'est parce que ces intervalles de loisir succèdent à des périodes plus ou moins longues de travail. Voyez l'écolier paresseux, qui uit l'école ou n'y vient qu'à contre-cœur : les jeux même finissent par le fatiguer, car ils perdent leur attrait par la satiété. Voyez l'ouvrier qui néglige l'atelier, son inaction lui pèse : au lieu de jouir d'un repos honnête et mérité, il va demander au cabaret l'emploi d'une lâche et lourde oisiveté. Ainsi la loi du travail et du devoir nous est rendue plus douce, puisque son accomplissement est une condition du plaisir et du bonheur.

Il faut donc s'habituer à distribuer régulièrement le temps de la vie en général et en particulier les heures de la journée, donner à l'action et au repos la part légitime qui leur revient. Les anciens se couchaient de bonne heure et se levaient de même ; ils avaient raison, car il est naturel de commencer le travail avec le jour. Le matin, quand toute la nature semble renaître à la vie, le corps est dispos et l'esprit lucide. Les hommes les plus laborieux ont rempli une partie de leur tâche quotidienne, quand les autres, dans leur indolence, commencent seulement la leur.

Buffon était un grand écrivain et un savant illustre du XVIIIe siècle, il était riche, honoré de tout le monde, et menait l'existence d'un grand seigneur. Tout cela ne l'empêchait pas de se lever tous les jours à cinq heures du matin en été et à six heures en hiver : et il y avait du mérite, car il aimait beaucoup le sommeil. Pour surmonter ce penchant, il avait donné ordre à un domestique, nommé Joseph, de le réveiller par force, et de ne tenir aucun compte de sa résistance, de ses prières, de ses menaces. Il le gratifiait pour cela d'un écu[1] chaque matin.

Un jour, vaincu par le sommeil, il refusait absolument

[1] L'écu d'argent valait environ 3 francs de notre monnaie

de quitter le lit ; Joseph le tira par les pieds. — « Vous êtes un insolent, criait Buffon. Sortez d'ici. » — Joseph sortit, mais pour aller chercher une cuvette pleine d'eau froide qu'il lança sur son maître ; après quoi il s'enfuit au plus vite. Buffon n'en demanda pas davantage, et revoyant son fidèle Joseph quelques heures plus tard : « Tenez, mon ami, lui dit-il, voilà votre écu ; vous l'avez bien gagné. » — « Je dois à ce garçon-là, disait-il vers la fin de sa vie, trois ou quatre volumes de l'Histoire naturelle. » C'est qu'il avait pris l'habitude de se tenir parole à lui-même en se levant et en travaillant dès le matin.

L'habitude, en effet, finit par rendre tout facile. Elle apprend à vaincre non-seulement le sommeil, mais toute espèce de paresse, de dégoût pour le travail et pour le devoir. Par l'habitude, nous arrivons à exécuter, presque sans nous en apercevoir, des choses malaisées, ennuyeuses, pénibles au début : c'est une première récompense de notre bonne volonté ; une seconde, encore plus précieuse, c'est de nous amener à faire toujours notre devoir, comme une chose toute naturelle.

Nous évitons ainsi bien des fautes, par suite bien des regrets et des remords, et nous approchons du bonheur aussi près que cela nous est permis ici-bas. L'enfant est heureux, quand il s'endort sans avoir à se reprocher aucune action mauvaise dans sa journée : il en est de même pour l'homme. L'homme n'est véritablement heureux que quand il peut, sa journée faite, s'endormir le soir sans un remords.

LECTURES.

1. — Pensées du soir.

Ma fille, va prier. — Vois, la nuit est venue,
Une planète d'or là-bas perce la nue,
La brume des coteaux fait trembler le contour ;
A peine un char lointain glisse dans l'ombre... Écoute !
Tout rentre et se repose, et l'arbre de la route
Secoue au vent du soir la poussière du jour.

C'est l'heure où les enfants parlent avec les anges,
Tandis que nous courons à nos plaisirs étranges,

Tous les petits enfants les yeux levés au ciel,
Mains jointes et pieds nus à genoux sur la pierre,
Disant à la même heure une même prière,
Demandent pour nous grâce au père universel.

Et puis ils dormiront. — Alors, épars dans l'ombre,
Les rêves d'or, essaim tumultueux, sans nombre,
Qui naît aux derniers bruits du jour à son déclin,
Voyant de loin leur souffle et leurs bouches vermeilles,
Comme volent aux fleurs de joyeuses abeilles,
Viendront s'abattre en foule à leurs rideaux de lin.

O sommeil du berceau! prière de l'enfance!
Voix qui toujours caresse et qui jamais n'offense!
Douce religion, qui s'égaye et qui rit!
Prélude du concert de la nuit solennelle!
Ainsi que l'oiseau met sa tête sous son aile,
L'enfant dans la prière endort son jeune esprit.

Ma fille, va prier. — D'abord surtout, pour celle
Qui berça tant de nuits ta couche qui chancelle,
Pour celle qui te prit jeune âme dans le ciel,
Et qui te mit au monde, et depuis, tendre mère,
Faisant deux parts pour toi dans cette vie amère,
Toujours a bu l'absinthe et t'a laissé le miel.

Prie ensuite pour moi — afin que je sois digne
De voir passer en rêve un ange au vol de cygne,
Pour que mon âme brûle avec les encensoirs!
Efface mes péchés sous ton souffle candide,
Afin que mon cœur soit innocent et splendide
Comme un pavé d'autel qu'on lave tous les soirs.

Prie, afin que le père et l'oncle et les aïeules,
Qui ne demandent plus que nos prières seules,
Tressaillent dans leur tombe en s'entendant nommer,
Sachant que sur la terre on se souvient encore,
Et comme le sillon qui sent la fleur éclose,
Sentent dans leur œil vide une larme germer!

(V. Hugo.)

2. — La vie heureuse.

Il est facile de se plonger dans le vice. Le chemin est court
pour y arriver, et il est près de nous. Mais la divinité a placé les
travaux et les sueurs sur la route qui conduit à la vertu ; cette

route est longue et escarpée, et, dans les commencements, hérissée d'épines ; mais, à mesure qu'on monte, elle devient plus facile... Livrez-vous au travail, pour que la faim n'ose approcher de vous. La faim est la compagne assidue de la paresse. L'homme plongé dans une oisive paresse ressemble au frelon qui n'a point d'aiguillon et qui consomme sans rien faire le fruit du travail des abeilles. Appliquez-vous donc, autant que vous pourrez, au travail, afin que de bonnes récoltes portent l'abondance dans vos greniers. C'est le travail qui multiplie les troupeaux et la richesse ; c'est le travail qui vous rendra cher à Dieu et aux hommes, car la paresse leur est odieuse. Le travail n'a rien de déshonorant, c'est l'oisiveté qui déshonore.

(Traduit d'HÉSIODE[1].)

Une erreur sans doute bien grossière, c'est de croire que l'oisiveté puisse rendre les hommes plus heureux. La santé, la vigueur d'esprit, la paix du cœur sont le fruit touchant du travail. Il n'y a qu'une vie laborieuse qui puisse amortir les passions, dont le joug est si rigoureux ; c'est elle qui retient sous les cabanes le sommeil fugitif des riches palais. La pauvreté, contre laquelle nous sommes si prévenus, n'est pas telle que nous pensons : elle rend les hommes plus tempérants, plus laborieux, plus modestes ; elle les maintient dans l'innocence, sans laquelle il n'y a ni repos, ni bonheur réel sur la terre.

(VAUVENARGUES.)

S'il y a un homme qui, non content de connaître son devoir, s'efforce de l'aimer et y persévère, ou qui, plus heureux encore, ne puisse en lire les préceptes dans la raison sans se sentir porté par toutes les forces de son âme à l'accomplir ; si, tourné ainsi par le bonheur de sa nature, ou par les longs et persévérants efforts de sa volonté, vers l'amour et la pratique du bien, il ne sent plus que des désirs qu'il puisse avouer sans honte et satisfaire sans crime ; s'il n'a plus d'admiration que pour le beau et d'amour que pour le bien ; si la vertu lui est assez chère pour qu'il soit sûr de trouver, même dans le sacrifice, une noble compensation : la vie de cet homme, sans remords pour le passé, sans inquiétude pour l'avenir, sans troubles intérieurs, sans combats avec lui-même, n'est-elle pas une vie heureuse ?

(J. SIMON.)

---

[1] Poète grec qui vivait plusieurs siècles avant notre ère.

CONCLUSION

L'instituteur, que nous avons vu commencer ses *Leçons de choses* par la salle d'école et par le village, se trouve actuellement transporté assez loin de son point de départ. En traitant, tantôt à la classe du jour, tantôt à la classe du soir, les différents sujets successivement indiqués dans ce petit volume, avec les modifications, les développements commandés par l'âge, l'intelligence, la composition de son auditoire, il est parvenu, sans disserter sur la civilisation, à en donner à ses élèves une idée incomplète sans doute, mais non inexacte. C'était en même temps leur donner l'idée de la vie humaine, de ses conditions et de son but.

En voyant quel a été le début des diverses sortes d'industries, pour ne rien dire des sciences et des arts, combien peu de ressources étaient autrefois à la disposition des hommes, pour subvenir à tous les besoins de l'existence, on se rend compte, en effet, des efforts qu'ils ont dû faire pour s'élever à leur état actuel. La civilisation est le résultat et la récompense de ces efforts ; c'est par le travail qu'elle a été réalisée et qu'elle se poursuit encore tous les jours. Sans le travail, point de progrès possible, c'est-à-dire point de bien-être, point d'instruction, et l'on peut ajouter point de moralité : l'homme reste dans le dénuement, dans la misère, dans l'ignorance ; son intelligence ne peut pas se développer, faute de stimulant, et la créature humaine s'abaisse au-dessous de la brute. Il est heureux pour l'homme que la nécessité l'ait contraint à travailler : il en est largement récompensé, non seulement par le progrès matériel, mais encore et surtout par le progrès moral.

Or, le progrès est, de même que le devoir, en raison de la destinée des êtres, et leur destinée en raison de leur nature. L'homme, doué de sensibilité, d'intelligence, de volonté, tend naturellement au beau, au vrai, au bien : l'humanité cherche d'instinct le progrès ; l'histoire est le spectacle de l'humanité concevant d'âge en âge un idéal toujours plus pur, toujours plus élevé, de science, d'art, de liberté, de moralité, de fraternité, de justice, et employant toutes ses énergies à le réaliser. Mais l'humanité est un être de raison, elle n'existe que par les individus qu'elle renferme, comme une armée par les soldats qui la composent : le progrès humain est la résultante de tous les efforts individuels ; non seulement le progrès, mais la vie sociale de tous les jours. Chacun apporte sa pierre à l'édifice : ce dicton exprime une exacte vérité. Et qu'est-ce que cette pierre, sinon la part de bonne volonté, de moralité, de lumière, que chacun est tenu de produire pour lui et pour les autres? Et pourquoi cette obligation qui incombe à l'homme, et déjà, dans une certaine mesure, à l'enfant qui demain sera un homme? Parce qu'il est un être moral, c'est-à-dire doué de raison et de liberté.

Sans la raison et la liberté, les mots de bien et de mal, de vice et de vertu, n'auraient aucun sens. Aurions-nous des devoirs, si nous n'étions pas libres? Et, n'ayant pas de devoirs, aurions-nous des droits? Le droit, dans son principe, n'est autre chose que le respect de la liberté ; tous les droits émanent d'un droit unique, celui qu'a la personne libre d'être respectée dans l'exercice légitime et inoffensif de sa liberté. Par la même raison, toutes les libertés extérieures, civile, politique, religieuse, n'ont qu'un fondement, la liberté morale. Au fond, il n'y a que celle-là ; elle est la source et le principe de toutes les autres, qui en sortent comme les rameaux d'une tige commune. Elle seule fait leur légitimité et leur force, les fait vivre et progresser à travers toutes les épreuves, assure leur triomphe final sur toutes les sortes de servitude. Sans la liberté morale, l'homme est une chose, c'est-à-dire un être passif, irresponsable, obéissant à des lois fatales, « vertueux sans mérite et vicieux sans crime », n'ayant à se réclamer de rien ni de personne, comme l'esclave. Avec la liberté, il est une personne, c'est-à-dire un être intelligent, volontairement actif, maître de soi et de sa destinée, en ayant conscience, se connaissant comme une cause, au point même de n'avoir d'autre idée de cause que celle qu'il puise dans la conscience de sa propre action. A mesure que la notion de la personnalité humaine et de la liberté morale s'éclaircit et se développe, la notion de la justice et du droit se dégage et s'étend de plus en plus : le servage du moyen âge était déjà un progrès sur l'esclavage antique; la liberté civile a été un acheminement à la liberté politique. Plus s'affirme le respect de la personne humaine, plus s'améliorent les conditions de la vie sociale. Qu'est-ce que le progrès, sinon notre affranchissement graduel des forces extérieures qui entravent ou oppriment cette force consciente et libre qui est l'âme de l'humanité? Le progrès de l'humanité a son expression dans la civilisation, et le progrès de l'individu dans ce qu'on appelle le caractère. Le caractère, c'est le gouvernement de la passion par la volonté libre, c'est la force morale éclairée par la raison et se mettant au service du bien ; de même que la civilisation est le triomphe de la justice et du droit, c'est-à-dire encore de la raison et de la liberté.

QUESTIONNAIRE

SUR LA QUATRIÈME PARTIE.

1. *Le jour et l'année.* — Qu'est-ce qu'une minute? une heure? un jour? une semaine? un mois? une année? — Qu'est-ce qu'un jour au point de vue de la durée? En quoi consiste le mouvement de rotation de la terre? Comment ce mouvement produit-il le jour et la nuit? En quoi consiste le mouvement de la terre autour du soleil? Comment ce mouvement produit-il l'année? — Comment la terre peut-elle se maintenir en équilibre dans l'espace? — Qu'appelle-t-on antipodes? L'atmosphère a-t-elle le même mouvement que la terre? — Quelles étaient les croyances des anciens sur l'univers? En quoi consistait le

système de Ptolémée? Quel fut le premier à découvrir le mouvement de la terre?
Qu'était-ce que Copernic, Galilée et Képler?

II. *Le soleil.* — Par quels effets le soleil se fait-il sentir aux hommes?
Quelle idée les anciens en avaient-ils? Qu'est-il en réalité? Qu'éprouve-t-on
involontairement lorsque la lumière disparait? Qu'est-ce qu'une éclipse? Quelle
est la distance du soleil à la terre? Quelle est la puissance de sa lumière?
Quelle en est la vitesse, comparée à celle d'un chemin de fer? Quelle est la
quantité de chaleur que nous envoie le soleil? Que deviendrions-nous sans la
chaleur et la lumière?

III. *La lune.* — Le mouvement de la lune a-t-il quelquefois servi de base au
calendrier? Quelle est la distance de la terre à la lune? Quel est le volume de
la lune? Quelle est sa masse? Qu'est-ce que les phases de la lune? Comment la
lune est-elle éclairée?

IV. *Les saisons.* — Qu'est-ce qui produit la succession des saisons? Les saisons
ont-elles chacune une durée absolument égale? De quelles circonstances dépen-
dent-elles? Quelle est la cause du plus ou moins de durée des nuits et des différences de température? Quand commence chaque saison? Quelle est la température de chacune d'elles? Quelle influence exerce la succession des saisons sur la
végétation, et par suite sur le règne animal? Que prouve l'ordre régulier des saisons? Est-ce un effet du hasard ou d'une loi intelligente?

V. *Le calendrier.* — A quoi sert le calendrier? En quoi consiste-t-il? Quels
sont les renseignements qu'il fournit? Qu'appelle-t-on jour civil? jour sidéral?
jour solaire? Qu'est-ce qu'une semaine? Faut-il se reposer le dimanche?
Qu'est-ce qu'un mois? Qu'est-ce qu'une année bissextile? — L'année a-t-elle
toujours commencé à la même époque? — Que doit nous apprendre le calendrier? Le temps est-il une chose précieuse? Les enfants et les hommes ont-ils
tort, quand ils perdent leur temps? Qu'est-ce qu'un almanach? Qu'est-ce qu'un
annuaire?

VI. *La mesure du temps.* — A quoi servent les horloges? Quels ont été les
premiers instruments pour la mesure du temps? Qu'est-ce qu'une clepsydre? un
sablier, un cadran solaire? A quelle époque ont paru les premières horloges?
Qu'est-ce qu'une montre? Quels ont été les progrès de l'industrie horlogère? —
Sur quel principe est basée la théorie des horloges? Qu'est-ce que le pendule?
Qui est-ce qui a découvert les mouvements isochrones du pendule? Qui est-ce
qui a complété cette découverte? — En quoi l'horloge est-elle supérieure au
cadran solaire? Quels rapports y a-t-il entre ces deux instruments? — Qu'appelle-t-on chronomètre ou montre marine? — Qu'est-ce qu'une horloge astrono-
mique? Citez la plus célèbre.

VII. *Le prix du temps.* — Quelles sont les deux conditions indispensables
pour le bon emploi du temps? Est-il nécessaire de faire chaque chose à son
heure, et de ne pas perdre de temps? Donnez des exemples. Quelle est l'utilité
des bonnes habitudes d'ordre et de travail? A quel âge faut-il commencer à les
prendre? Quels sont les dangers de l'indolence et de la négligence? Quelle
est l'utilité de la fréquentation de l'école pour combattre ces défauts? Est-il
toujours possible de s'instruire lorsqu'on le veut fortement? Citez des
exemples.

VIII. *Le temps et l'espace.* — Quelle est l'action du temps sur les œuvres de
l'homme? Comment pouvons-nous triompher du temps, suppléer à la brièveté de notre vie, franchir les distances, etc.? — Comment pouvons-nous remplacer la lumière du jour? Quels ont été les premiers modes d'éclairage?
Qu'est-ce que la résine? l'huile? le schiste? le pétrole? la chandelle et la bougie? l'éclairage au gaz? — Quelle est l'utilité de la vapeur comme force
motrice? A quels usages est-elle employée? Qui a inventé les chemins de fer,
les bateaux à vapeur? — Qu'est-ce que la télégraphie électrique? Qu'est-ce

que l'électricité ? Quels sont les inventeurs du télégraphe électrique? — Que prouvent toutes les conquêtes de la science?

IX. *Le ciel.* — Comment l'homme peut-il connaitre les astres répandus dans les cieux? Qu'est-ce que le télescope? — Qu'est-ce que les étoiles? A quel chiffre en évalue-t-on le nombre? A quelle distance sont-elles les unes des autres, et de la terre? Combien de temps faut-il à leur lumière pour parvenir jusqu'à nous? — Qui a découvert les lois qui régissent les mouvements des corps célestes et expliqué ainsi le système du monde?

X. *Le repos.* — Le repos est-il nécessaire à l'homme? A quoi sert le repos du dimanche? A quoi servent les récréations, les vacances? A quelle condition le repos est-il agréable et utile? Par quel moyen l'accomplissement de la loi du travail et du devoir nous est-il rendu plus facile? — A quoi sert le sommeil? Comment doit-il être réglé? Est-il bon de se lever matin? Comment Buffon avait-il fait pour s'y habituer? Quels sont les effets de l'habitude en général? Peut-elle nous rendre plus facile l'accomplissement de nos devoirs? Que faut-il pour pouvoir s'endormir la conscience satisfaite? Quelle est la première condition du bonheur?

Conclusion. — Qu'est-ce que la civilisation? En quoi consiste-t-elle? Est-elle possible sans le travail? Qu'est-ce que le progrès matériel? le progrès moral? Quelle est la destinée de l'homme ?

TABLE DES MATIÈRES

PREMIÈRE PARTIE : Choses du village.

DEUXIÈME PARTIE : Choses de la ville.

TROISIÈME PARTIE : LES OBJETS USUELS.

FIN DE LA TABLE.

9961-87. — Corbeil. Imprimerie Crété.

PÉDAGOGIE

A l'usage de l'Enseignement primaire

PAR

PAUL ROUSSELOT

Ancien professeur agrégé de Philosophie, inspecteur d'Académie.

1 vol. in-12, broché. .... 3 »

Ce livre répond aux besoins de l'heure présente. Les questions pédagogiques prennent de jour en jour une importance plus grande. Dans tous les départements, des conférences cantonales ont lieu entre les instituteurs et les institutrices; dans presque tous, des bibliothèques se forment à leur usage. Il suffit de jeter un coup d'œil sur les sujets de composition donnés aux examens du brevet de capacité, pour voir que ces sujets sont de plus en plus empruntés à la pédagogie; quant aux examens pour le certificat d'aptitude aux fonctions d'inspecteur primaire, de directeur et de directrice d'école normale, ou de professeur dans ces établissements, la liste des questions de cet ordre proposées aux candidats des deux sexes est une nouvelle preuve de ce que nous avançons. Nous ne disons rien des Écoles normales, où l'enseignement de la pédagogie est obligatoire.

DIVISIONS DE L'OUVRAGE

Introduction. Historique. (L'Éducation en Grèce ; Rome ; dans la Gaule ; en France.)

1re *Partie.* — *L'Enfant.*

2e *Partie.* — *L'École.*